社会资本投资天然气
地下储气库的
实现机制和政策体系研究

马　杰　等◎著

RESEARCH ON THE REALIZATION MECHANISM AND
POLICY SYSTEM OF
SOCIAL CAPITAL INVESTMENT IN
NATURAL GAS UNDERGROUND STORAGE

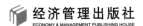

经济管理出版社
ECONOMY & MANAGEMENT PUBLISHING HOUSE

图书在版编目（CIP）数据

社会资本投资天然气地下储气库的实现机制和政策体系研究／马杰等著． -- 北京：经济管理出版社，2024.

ISBN 978-7-5096-9764-1

Ⅰ．F426.22；TE972

中国国家版本馆 CIP 数据核字第 2024UG9469 号

组稿编辑：王玉林
责任编辑：高　娅　王玉林
责任印制：张莉琼
责任校对：陈　颖

出版发行：经济管理出版社
　　　　　（北京市海淀区北蜂窝8号中雅大厦A座11层　100038）
网　　址：www. E-mp. com. cn
电　　话：（010）51915602
印　　刷：唐山昊达印刷有限公司
经　　销：新华书店
开　　本：720mm×1000mm/16
印　　张：18
字　　数：251 千字
版　　次：2024 年 8 月第 1 版　　2024 年 8 月第 1 次印刷
书　　号：ISBN 978-7-5096-9764-1
定　　价：98.00 元

国家社会科学基金项目（项目编号：18BJY076）
江西省社会科学"十四五"重点项目（项目编号：22WT12）

前　言

近年来，以低碳化、清洁化著称的能源转型在新能源及天然气产业的发展过程中起到主导性的作用。为应对环境污染和气候变化等带来的严峻挑战，我国能源业和制造业势必需要加快向低碳清洁方向转型。天然气作为一种既高效又清洁的能源，是我国能源消费品的最佳选择之一。把天然气发展为中国的主体能源之一，是优化我国能源结构、减轻节能减排压力和实现能源供应清洁化最现实的选择。鼓励社会资本参与地下储气库建设，形成多元主体参与的储气库投资体制，对于保障国家能源安全、促进天然气产业健康发展具有重要的现实意义。2012年5月，中石油与全国社会保障基金理事会、城市基础设施产业投资基金、宝钢集团签署的《西气东输三线管道项目合资合作框架协议》，标志着我国在油气管道领域第一次实现了全民资本和民间资本相互融合的多元化投资结构。天然气地下储气库建设的投资主体较为广泛，尽管一些民营企业和地方政府加入了投资建设的行列，但大多数项目仍然由中石油、中石化等国有企业牵头。从2018年开始，地下储气库建设进入加速阶段，国家采取了一系列措施吸引社会资本加入天然气地下储气库的投资建设中，未来，这将成为我国地下储气库发展的必然趋势。

本书主要运用比较分析法、定性分析与定量分析相结合以及文献和理论研究方法，对我国社会资本投资天然气地下储气库的实现机制和政策体系进行研究，并对社会资本参与地下储气库建设的影响因素、政策的需求意愿及后续政策优先序进行定量化实证分析，基于研究结论探讨社会资本参与地下储气库建设的政策优化路径及制度安排，最后对未来地下储气库的发展和研究提出展望。

本书共分为九章：第一章为绪论。主要介绍了本书的研究背景、研究意义、研究内容与研究方法等。第二章为概念界定、理论基础与研究评述。首先，就社会资本和地下储气库的相关概念进行了界定；其次，阐述了研究中涉及的相关理论，如政府规制理论、政策工具理论及政策执行理论等；再次，概述本书所用的研究方法；最后，分别从天然气价格相关研究、社会资本投资相关研究和地下储气库建设支持政策研究三个方面对国内外研究现状进行了阐述。第三章为我国天然气地下储气库建设的发展现状。首先，分析了天然气在我国能源结构中的比较优势；其次，论证了建设天然气地下储气库的必要性，通过回顾我国天然气地下储气库建设的发展历程，将我国储气库建设的发展历程划分为三个阶段；最后，展开说明了我国储气库建设发展面临的主要问题。第四章为我国天然气地下储气库建设的政策内涵与政策实践。通过分析我国地下储气库的支持政策，发现政策在执行中存在的问题，并对国外主要发达国家和地区的地下储气库市场化运营和管理经验进行总结。第五章为社会资本投资天然气地下储气库的实现机制研究。首先，从现实条件、优势分析及模式构建分析了地下储气库支持政策与社会资本投资行为的作用机理；其次，重点梳理了地下储气库支持政策对社会资本投资行为的具体影响；最后，总结了我国当前天然气储气库建设在引入社会资本环节方面存在的不足。第六章为社会资本投资地下储气库意愿及其影响因素分析。首先，总体阐述社会资本投资地下储气库意愿的影响因素；其次，根据相关影响因素，结合技术接受和使用整合理论（UTAUT）与感知风险理论，构建社会资本投资地下储气库意愿的理论模型，设计并发放调查问卷，根据实证结果总结不同因素对社会资本投资地下储气库建设意愿产生的影响。第七章为社会资本参与地下储气库建设政策的需求意愿及后续政策优先序分析。通过采用总分排序法，对社会资本参与地下储气库建设政策的需求意愿进行排序分析，并提出具体的政策建议。第八章为社会资本参与地下储气库建设的政策优化路径及制度安排。第九章为研究结论与展望，总结本书所做的工作，并对未来的研究方向提出一些建议。

本书是在国家社会科学基金项目和江西省社会科学"十四五"重点项目资助下完成的。参与研究的人员还有王玲玲、安昕婧、黄丝兰、常雅宁、徐雨杭、邓芯怡、杨双竹、孙山山等。值此成书之际，感谢东华理工大学多位同事及朋友的关心和勉励！感谢经济管理出版社王玉林编辑为本书出版提供的支持与帮助。

在写作过程中，研究人员对引用的资料、数据、文献等尽可能地在书中进行了标注，在此表示诚挚的谢意。如有遗漏，敬请谅解。对于书中存在的不当之处，笔者文责自负，并敬请各位读者朋友提出宝贵的意见和建议。

马杰

2023 年 12 月 31 日

目　录

第一章　绪论

第一节　研究背景

2000 年以后，随着西气东输、川气东送、海气登陆等一系列天然气输送管道、LNG 接收站的建成，我国大陆地区天然气生产工业进入快速发展阶段，天然气生产量和消费量呈现愈加迅猛的增长势头。一方面，资源分布不均导致供需错配问题加剧。我国天然气资源分布不均，西部是其生产的主要地区，而中东部是天然气消费的主要集中地，资源分布与消费的不匹配导致我国天然气供需不平衡。另一方面，国内天然气产量增速不及消费量增速。国家发展改革委数据统计，2000~2022 年，天然气生产量从 $272×10^8 m^3$ 增加到 $2201.1×10^8 m^3$，其消费量也随之增长，从 $245.03×10^8 m^3$ 上升到 $3663×10^8 m^3$，表明我国对天然气的需求较大。

此外，由于天然气供需不平衡，导致我国对天然气的进口量逐年上升，对外依存度较高。2022 年，天然气进口量为 $1520.7×10^8 m^3$，对外依存度达到 40.2%。[①] 2016 年 12 月，国家发展改革

---

① 资料来源：https://baijiahao.baidu.com/s? id = 1758042145744258626&wfr = spider&for = pc。

委、国家能源局印发的《能源发展"十三五"规划》提出，到2020 年要把全国能源消费总量控制在 50 亿吨标准煤以内，把天然气消费的比重提高到 10%。这进一步提升了我国对天然气的需求，从而导致我国天然气进口量急剧增加。根据测算，从 2010 年起，未来 20 年如果我国国民生产总值翻两番、能源消费翻一番、单位GDP 能源强度降低 50%、天然气在一次能源消费结构中所占比例达到目前世界平均水平的一半（12%）①，届时我国天然气年消费量将达到 $5340 \times 10^8 m^3$。2016 ~ 2022 年，我国（港澳台地区除外）能源消费总量从 43.6 亿吨标准煤增加到 54.1 亿吨标准煤，其中天然气占一次能源消费总量的比重从 6.4%上升至 8.9%②，说明天然气消费量呈上升趋势。由于天然气的生产、供应和消费无法完全同步，因此建设天然气储备是一种有效的方式，可以保证供气安全，同时提高行业运营效率。

2009 年底，"气荒"事件在全国多个城市发生，如杭州、武汉、西安、重庆等。"西气东输"二线要求配套建设 3 座地下储气库，且计划于 2010 年储气能力达到 $20 \times 10^8 m^3$，但我国实际仅建成 $1.9 \times 10^8 m^3$，说明我国在储气调峰设施建设方面存在滞后性问题。此外，2012 年，中国国际工程咨询公司提交的咨询专报指出，我国天然气储备量约为其年消费量的 2%，表明我国天然气消费量远高于储备量。而美国等发达国家的天然气储备量较高，截至 2012 年末，美国地下储气库的数量达到 414 座，总库容超过 $2500 \times 10^8 m^3$，工作气量为 $1280 \times 10^8 m^3$，占美国当年天然气消费量（$7220 \times 10^8 m^3$）的17.75%。③近年来，我国储气库的建设虽然取得了一些成绩，但目前的规模还远远不能满足日益增长的市场需求。根据《中国天然气发展报告（2020）》，截至 2019 年底，我国已经竣工建设 27 座地下储气

①③ 陈守海，罗彬，姚珉芳．我国天然气储备能力建设政策研究［M］．北京：中国法制出版社，2017.

② 资料来源：https：//www.sohu.com/a/123496660_472920。

库,由中石油、中石化和港华燃气运营管理。地下储气库的建成可以提供有效工作气量为 $102×10^8 m^3$,相当于天然气消费量的 3.604%。[①]相较于美国而言,我国天然气地下储气库建设较为薄弱,调峰能力不足,严重影响了我国天然气供应、经济安全及社会稳定。因此,为了保证供气安全,我国需要增加地下储气库的基础设施。

如何将天然气储气库的建设实施落地,国家初步以引进社会资本的方式进行。2012 年 5 月,签署了《西气东输三线管道项目合资合作框架协议》,在西气东输三线的建设中,正式引进社会资本与民营资本,这是我国油气管道领域第一次大胆的尝试。我国所有的油气管道,目前都是由中石油、中石化两家公司掌控,在此之前,虽然民营资本也能参与进来,但因为没有成功的先例,所以企业都持观望态度。2013 年,由民营企业投资建设的第一条跨境天然气管线实现了通气,厦门大学中国能源经济研究中心主任林伯强表示,此举不但有利于打破国有企业垄断输油气线建设的现状,也给民营企业投资天然气管道建设提供了优秀案例,有利于今后提高民营资本投资天然气管线建设的积极性。然而,限制民营资本投资输气管道的是利润,输气管道所需要的资金巨大,投资回报期较长,造成大部分中小型企业负担不起,大型民营资本也不愿意投资输气管道的现状,因此政府应提供相应的政策扶持。

2010 年 5 月,《国务院关于鼓励和引导民间投资健康发展的若干意见》明确提出,要支持民营资本进入垄断行业,如交通、水利、电力、油气、电信等。两年后,《国家能源局关于鼓励和引导民间资本进一步扩大能源领域投资的实施意见》发布,鼓励民营资本与国有石油公司共同投资建设跨区域、跨界油气主干管道工程,通过各种方式建好油气支线管道,煤层气、煤制气、页岩气管道,区域输配网,LNG 生产装置,天然气储存和转运设施等,并提供相关的储存和转运服务。各项

① 资料来源:https://www.shangyexinzhi.com/article/2640647.html。

政策的出台加速了天然气管道的建设进程，建立了一种多元化的天然气管道产权结构，从而打破了市场垄断，有助于形成具有竞争力的市场，近年来我国政府发布的相关政策性文件如图1-1所示。

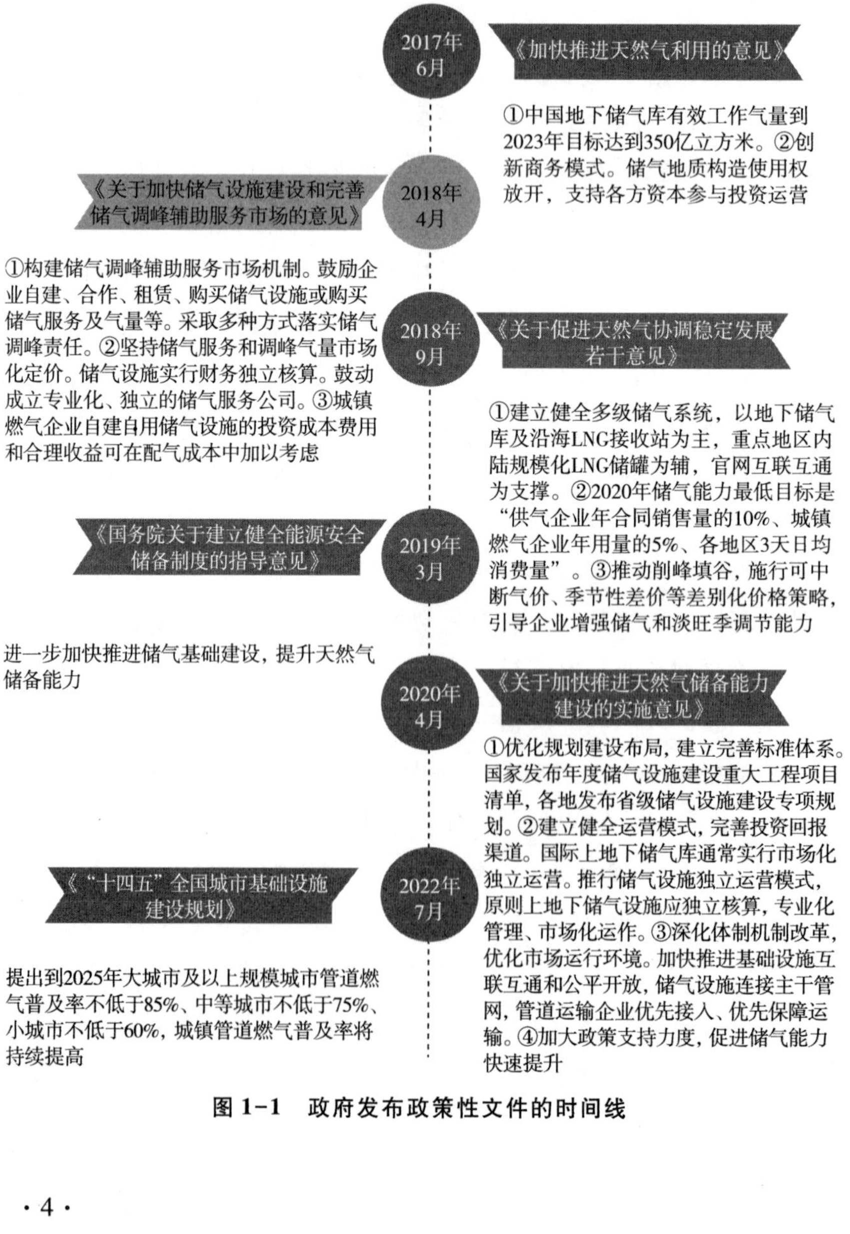

2017年6月　《加快推进天然气利用的意见》

①中国地下储气库有效工作气量到2023年目标达到350亿立方米。②创新商务模式。储气地质构造使用权放开，支持各方资本参与投资运营

《关于加快储气设施建设和完善储气调峰辅助服务市场的意见》　2018年4月

①构建储气调峰辅助服务市场机制。鼓励企业自建、合作、租赁、购买储气设施或购买储气服务及气量等。采取多种方式落实储气调峰责任。②坚持储气服务和调峰气量市场化定价。储气设施实行财务独立核算。鼓动成立专业化、独立的储气服务公司。③城镇燃气企业自建自用储气设施的投资成本费用和合理收益可在配气成本中加以考虑

2018年9月　《关于促进天然气协调稳定发展若干意见》

①建立健全多级储气系统，以地下储气库及沿海LNG接收站为主，重点地区内陆规模化LNG储罐为辅，管网互联互通为支撑。②2020年储气能力最低目标是"供气企业年合同销售量的10%、城镇燃气企业年用量的5%、各地区3天日均消费量"。③推动削峰填谷，施行可中断气价、季节性差价等差别化价格策略，引导企业增强储气和淡旺季调节能力

《国务院关于建立健全能源安全储备制度的指导意见》　2019年3月

进一步加快推进储气基础建设，提升天然气储备能力

2020年4月　《关于加快推进天然气储备能力建设的实施意见》

①优化规划建设布局，建立完善标准体系。国家发布年度储气设施建设重大工程项目清单，各地发布省级储气设施建设专项规划。②建立健全运营模式，完善投资回报渠道。国际上地下储气库通常实行市场化独立运营。推行储气设施独立运营模式，原则上地下储气设施应独立核算，专业化管理、市场化运作。③深化体制机制改革，优化市场运行环境。加快推进基础设施互联互通和公平开放，储气设施连接主干管网，管道运输企业优先接入、优先保障运输。④加大政策支持力度，促进储气能力快速提升

《"十四五"全国城市基础设施建设规划》　2022年7月

提出到2025年大城市及以上规模城市管道燃气普及率不低于85%、中等城市不低于75%、小城市不低于60%，城镇管道燃气普及率将持续提高

图1-1　政府发布政策性文件的时间线

第二节　研究目的

本书通过对社会资本投资天然气地下储气库的实现机制和政策体系进行研究，以期从经验上得出国内外相似政策实施情况对我国的启示，从微观上找到社会资本对政策需求的科学解释，从"政策落地"角度获得社会资本参与储气库建设的具体建议。具体来说，本书的主要研究目的如下：

（1）通过学习和借鉴国内外类似政策，以期获得有关地下储气库支持政策实施方面的经验指导。由于国内对地下储气库支持政策的研究尚处于初步发展阶段，因此对于深层次的问题研究较为有限。例如，地下储气库建设所涉及的税收优惠政策及社会资本对于地下储气库支持政策的需求意愿等方面，需要进行更加系统地探究。但是，国内外关于社会资本投资方面的研究文献较多，涵盖了多个角度，为本书研究社会资本投资地下储气库提供了重要参考。另外，发达国家在储气库建设方面的研究较为完善和成熟，在储气库运行管理模式和利用地下储气库进行调峰方面经验丰富。因此，本书期望通过学习和借鉴国内外类似政策，以促进我国储气库建设向国际化水平发展。

（2）深入探讨社会资本投资天然气地下储气库的实现机制，研究社会资本投资地下储气库意愿和行为的影响因素，以期为吸引更多的社会资本投入地下储气库的建设提供理论指导。研究社会资本投资天然气地下储气库的实现机制，有助于相关主体更加深入地了解社会资本在天然气储气库建设中的作用和重要地位。探究影响社会资本投资天然气地下储气库的因素，相关结论有助于政府制定更加有针对性的政策，以吸引社会资本参与到储气库的投资建设中。

无论是天然气消费市场的变化、天然气地下储气库成本和经济效益，还是天然气产业财税政策、地下储气库投资相关风险等，都有可能会影响社会资本投资天然气地下储气库的意愿。因此，本书旨在通过系统地分析相关影响因素，以期探寻有效的解决之道。例如，便利条件可以直接正向影响投资行为，政府的信贷融资、财政补贴和税收减免等政策，将极大地鼓励投资者参与储气库建设。

（3）结合理论分析和实证研究的结论，为促使社会资本投入地下储气库建设提出一系列对策建议，以期为社会资本及政府等相关机构提供一定的理论参考。现实中，受多种客观现实因素的影响，某些社会资本方存在有投资意愿但不一定会做出实际投资的行为。因此，为进一步研究相关政策对社会资本方投资意愿的影响，本书通过按照管理者对政策需求的强烈程度进行排名，研究社会资本对天然气储气库建设政策需求的影响因素，探究在城市基础设施产业中影响管理者对天然气储气库建设政策需求的主要因素，以及政府在制定相关政策时需要重点关注的方面等，以期进一步推动我国社会资本积极参与地下储气库建设，保障天然气的安全和稳定供给。

第三节　研究意义

我国在建设和发展天然气地下储气库的过程中，为保障天然气的安全和稳定供给，实施了一系列政策以吸引社会资本的参与。但就目前而言，我国仍面临社会资本投资意愿不强及参与合作水平不高等问题。本书运用定性分析和定量分析相结合的研究方法，积极探索社会资本投资天然气地下储气库的实现机制，研究影响社会资本投资地下储气库意愿和行为的因素，并就社会资本参与地下储气库建设后续政策需求意愿及优先序进行分析，这对完善我国社会资本投资天然气地下储气库建设的实现机制和政策优化路径具有一定的理论意义和现实意义。

一、理论意义

第一，有利于丰富我国研究社会资本投资天然气地下储气库的相关理论和研究方法。由于我国对天然气地下储气库基础设施的研究刚起步不久，因此相关理论和实践方面的研究不是很多。而国外储气库发展较为成熟，本书通过对国外天然气储气库合作运营模式等进行分析，构建了我国社会资本投资天然气地下储气库基础设施的合作模式。采用实证方法研究影响社会资本投资地下储气库基础设施意愿的重要因素，并对社会资本参与地下储气库建设后续政策需求意愿及优先次序进行分析，提出了推动政府与社会资本规范合作的各项政策建议，丰富了该领域的研究成果，有助于社会各界对天然气地下储气库建设形成更全面的认知和判断。

第二，从社会资本的角度拓宽投资天然气地下储气库的相关研究。以往的学者在研究天然气投资时，主要从全行业的角度出发，对于政府和相关行业组织来说，得出的结论具有较强的参考意义，但是，对于社会资本投资地下储气库建设来说，相关结论并不具有针对性。本书将社会资本投资天然气地下储气库建设这一领域发展模式作为研究的切入点，为社会资本投资的实施和操作提供理论依据，为天然气项目引入社会资本提供融资模式，从而推动我国天然气储气库建设，拓展和丰富了社会资本投资天然气地下储气库建设的研究视野。

第三，为研究社会资本投资天然气储气库建设政策优化路径提供理论借鉴。就现有的国内外文献来看，关于天然气地下储气库方面的研究主要集中在地下储气库技术领域，针对地下储气库市场化改革政策的研究非常少，目前还没有有关天然气地下储气库市场化改革方面的专著，缺乏全面系统的研究分析。本书根据相关实证结果和分析提出的各种保障性政策建议和制度安排都非常具有可操作性,可以为政府在引进社会资本领域中制定政策路线提供借鉴。

二、现实意义

第一,保障国家能源安全。在经济回稳带动天然气需求快速增长的背景下,不断加快地下储气库建设,提高天然气调峰和应急能力是加快发展天然气产业的必要保障。本书通过研究如何鼓励社会资本参与地下储气库建设,形成多元主体参与的储气库投资体制,加快天然气地下储气库建设,对于保障国家能源安全、促进天然气产业健康发展具有重要的现实意义。

第二,为政府引进社会资本提供参考。以往中国地下储气库的建设、运营和管理一直由中石油、中石化等大型国有企业负责,同时这些企业也掌握了该领域的核心技术和相关服务,这会在一定程度上影响我国储气库的建设和发展,对社会资本进入该领域形成壁垒。因此,为了促进社会资本积极参与天然气地下储气库的建设,本书深入探讨了社会资本投资天然气地下储气库的实现机制,以期从经验上得出国外相似政策实施情况对我国的启示,找到社会资本对政策需求的科学解释,从政策优化路径角度获得实现地下储气库市场化运行的具体建议,充分发挥社会资本的积极作用,为政府在宏观层次上对这类项目的推进和发展提供一定的参考。

第三,解决由于天然气资源分布不均和供需关系不均衡等带来的问题。目前,我国为了满足人民生产生活对天然气的需求仍需要依靠天然气进口。但恶劣的天气条件及其他突发事件等原因,导致天然气的进口环节存在一定风险,且过度依赖进口天然气不利于国家的发展。另外,我国天然气消费具有地域性和季节性差异,加快建设天然气地下储气库,充分发挥其调峰和应急作用至关重要,对保障国家天然气持续供应具有重要意义。

第四节 研究内容

第一章，绪论。主要介绍了本书的研究背景、研究目的、研究意义、研究内容与研究方法等，为后续研究奠定了基础。

第二章，概念界定、理论基础与研究评述。首先，介绍了相关的基础概念，阐述了社会资本和地下储气库的概念、分类等；其次，介绍了政府规制理论、政策工具理论、政策执行理论，并概述了八种研究方法；最后，阐述国内外学者对社会资本投资天然气地下储气库的研究，为本书的研究提供了一定的思路和方法。

第三章，我国天然气地下储气库建设的发展现状。首先，分析了天然气在我国能源结构中的比较优势，对天然气地下储气库建设的必要性进行了论述；其次，以我国天然气地下储气库建设的发展历程及现状为基础进行了分析，将我国储气库建设的发展历程划分为三个阶段；最后，分析我国储气库建设发展面临的主要问题。

第四章，我国天然气地下储气库建设的政策内涵与政策实践。主要是对我国地下储气库支持政策进行分析，发现政策在执行中存在的问题，并通过借鉴国外主要发达国家和地区地下储气库市场化运营和管理经验，来推动中国由采输气调峰向地下储气调峰转型升级。

第五章，社会资本投资天然气地下储气库的实现机制研究。首先，从现实条件、优势分析及模式构建分析了地下储气库支持政策与社会资本投资行为的作用机理；其次，重点梳理了地下储气库支持政策对社会资本投资行为的具体影响；最后，指出当前我国天然气储气库建设引入社会资本在环节上的不足。

第六章，社会资本投资地下储气库意愿及其影响因素分析。首先，总体阐述社会资本投资地下储气库意愿的影响因素，主要从天然气消费市场、地下储气库经济效益、天然气产业财税政策与价格政策对天然气产业的综合影响，以及地下储气库投资风险五个方面进行分析，找出可能会影响社会资本投资天然气地下储气库的因素；其次，根据相关影响因素，结合 UTAUT 与感知风险理论，构建社会资本投资地下储气库意愿的理论模型，设计调查问卷，采用线上线下相结合方式进行调研，运用 SPSS25.0 和 AMOS20.0 软件进行分析，并总结不同因素对社会资本投资地下储气库建设产生的影响。

第七章，社会资本参与地下储气库建设政策的需求意愿及后续政策优先序分析。本书首先将影响社会资本参与天然气储气库建设政策需求优先次序的因素分为五类："储气需求类""建造技术类""盈利能力类""信息服务类""建库资源类"；其次结合社会资本需求，选定天然气储气库建设政策的子政策，对不同行业领域的管理者展开问卷调查，按照管理者对政策需求的强烈程度进行排名，并采用总分排序法，进一步确定政策需求的优先次序；最后将总分排序法与实际调查结果相结合，得到管理者针对天然气储气库建设政策需求的最终次序。

第八章，社会资本参与地下储气库建设的政策优化路径及制度安排。本章基于以上理论分析、实证分析和案例分析的结论，提出发挥社会资本投资经营的优势，从政策优化路径及制度安排上促进社会资本积极参与地下储气库建设。

第九章，研究结论与展望。总结前文的研究结果，阐述研究不足，并对此领域提出建议和展望。

第五节　研究方法

一、文献和理论研究方法

本书通过阅读大量国内外关于社会资本与地下储气库的权威专家和机构的最新论文与书籍，并对其研究方法及结果进行比较分析，逐步形成关于我国区域社会资本及社会资本投资地下储气库的研究思路与方法。在理论方面，运用经济学、统计学和能源领域的相关基础理论知识分析了我国区域天然气储备量及地下储气库的现状，研究了我国区域社会资本参与投资的主要影响因素，提出了促进我国社会资本投资地下储气库建设的建议和措施。

二、比较分析法

首先，进行纵向对比，通过对我国区域地下储气库支持政策的发展历程进行对比，总结发展趋势和特征，对影响我国社会资本进行投资的主要因素进行分析，并针对分析结果给出提升我国社会资本参与度的对策；其次，通过横向对比，借鉴发达国家和地区在地下储气库市场化运营和管理方面的经验教训，分析我国与这些国家和地区在社会资本参与度的提升及政策体系方面存在的差距，提出契合我国实际的社会资本参与度提升与支持政策优化方案；最后，将实际问题与理论进行比较，遵循理论原理和路径，以理论为指导，解决加强我国社会资本投资地下储气库建设所面临的实际问题。

三、定性分析与定量分析相结合的方法

本书采用 UTAUT 模型构建地下储气库建设投资意愿理论模型。

由于在投资领域，收益与风险并存，投资者对风险的识别和把控是较为重要的环节，因此基于社会资本的视角引入感知风险变量，定量评价影响社会资本投资天然气地下储气库建设的因素。为了提升社会资本投资的意愿，针对管理者对于天然气储气库建设政策的需求意愿强度进行排序，运用总分排序法分析管理者的需求，得出需求层次及优先序列，确定影响社会资本投资意愿的后续政策。同时，本书也运用了定性分析法，如指标体系中的具体指标是根据定性理论选择的。

第六节　可能的创新点

能源经济与管理学界有许多有价值的理论和思想，为本书研究提供了良好的基础。然而，还有许多值得探讨的方向。首先，以往的研究者主要从全行业的角度研究天然气投资，并提出相关的观点和结论作为宏观调控的参考建议，这并不适合作为社会资本投资的参考。其次，国内对地下储气库支持政策的研究还处于初级阶段，尤其是对地下储气库建设的税收优惠政策、社会资本对支持政策的需求意愿等方面的深入研究还比较缺乏，而有关社会资本投资的研究则较为丰富，为本书研究提供了重要的借鉴。最后，目前对天然气地下储气库支持政策的研究主要集中于规范研究和定性研究，缺乏实证研究和定量研究，而对社会资本投资行为已有较多的定量研究，但缺乏从天然气地下储气库的视角进行研究。

因此，本书从社会资本的角度出发，拓宽了天然气投资的研究视角，突破了以往的研究不足。相比现有的国内外文献，当前天然气地下储气库方面的市场化改革政策研究尚未得到广泛关注。本书研究有明显的选题新颖性，可以为构建全面的市场化改革政策框架体系，提供有益的借鉴。本书通过大规模的问卷调查，重点研究了地下储气库支持政策下，社会资本投资天然气地下储气库的意愿及其影响因素。此外，研究了社会资本对地下储气库支持政策的需求意愿及后续政策优先序，这是目前尚未有过的研究成果。值得一提的是，本书采用多学科相结合的研究方法，将管理学、循环经济学、计量经济学等领域的研究方法相结合，通过定性研究和定量研究相结合的研究方式，从理论和实证相结合的角度进行分析，相比目前领域内的研究方式具有更高的创新性。

在探究地下储气库支持政策下社会资本投资意愿和影响因素，以及社会资本对地下储气库建设政策的需求和后续优先级分析的基础上，本书针对我国国情提出了优化社会资本参与地下储气库建设的政策路径和制度安排，并对未来地下储气库的建设和研究进行了展望。

第七节　技术路线

根据上述研究内容，本书总体遵循"理论分析—实证检验与分析—提出政策建议"的研究思路。首先，在梳理国内外相关文献的基础上，依据研究背景和文献综述确定所要研究的问题。其次，以我国的经济和政治环境、制度背景为依托，根据相关理论，对研究问题进行理论分析，并根据研究问题构建政府政策、制度环境、企业社会资本投资等的理论关系模型，基于上述结论，开展实证研究。最后，对本书的研究成果进行总结，并给出相应的政策建议。本书的技术路线如图1-2所示。

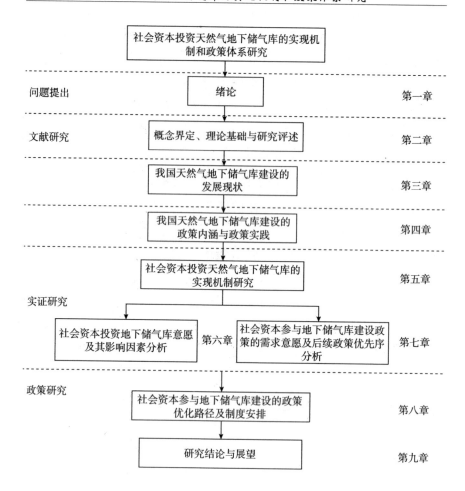

图 1-2　技术路线

第二章 概念界定、理论基础与研究评述

第一节 相关概念界定

一、社会资本

社会资本是与个别资本相对应的资本，也被称为社会总体资本。从政治经济学的角度来看，社会资本是指在市场经济中，相互关联、相互依赖的个体资本的总和。在资本主义社会里，个人投资是一场个体间彼此分开、彼此独立、彼此联系、彼此制约的，各自进行着循环和周转从而达到个体价值增加的运动。在资本主义的生产过程中，个体资本与其他资本的流动相互依赖和制约。每个企业与其供应商和客户均存在联系，这种联系将各种资本组成了一个有机的整体，这就是社会资本。

20 世纪 80 年代，法国社会学家布迪厄第一次将社会资本定义为一种由"制度化关系网"提供的可利用或潜在的资源，它被认为是仅次于人力、物力以外的第三种资本。Putnam（1995）对社会资本概念的内涵进行了进一步的深化和扩展，将社会资本定义为具有

社会组织特征的，由信任、规范和网络三个维度构成的资本，这些组织特征可以通过促进合作来提高社会效率。从那时起，"社会资本"这一概念就被引入经济学、管理学、社会学和政治学等学科的研究中。学术界也从不同学科和角度对"社会资本"的概念进行了探讨，这使"社会资本"的含义日益宽泛。陈静和田甜（2019）提出，当前社会资本的内涵实质主要包括社会关系网络、社会信任、社会参与和社会规则等。

从不同维度划分的社会资本分类有所差异。Bartsch 等（2013）将社会资本划分为微观、中观、宏观三个层面，也就是社会资本的作用主要体现在个体、群体、组织三个层面上。Yu 等（2013）将社会资本划分为个人与团队两个层面，考察了社会资本如何影响个人在团队中的知识分享行为。结果显示，两个层面的社会资本对于个人的显性与隐性知识共享均有联合效应。Lee 等（2013）将社会资本分为内部、外部和内外兼具三个层面，认为只有当内外部要素的组合最优化时，社会资本才对实现团队绩效提升有所帮助。

根据中国的具体情况，国内学者将社会资本分为几种类型。李路路（1995）认为企业社会资本既有国内资本，也有国外资本。贺远琼等（2008）将社会资本分为市场型和非市场型。杨鹏鹏和袁治平（2008）从金融、市场、技术和政府四个角度对社会资本的构成进行了剖析。孙俊华和陈传明（2009）从两个层面展开对企业社会资本的研究：一是从企业网络资源的动员能力层面，二是从企业间的关系网络特征层面。郭立新和陈传明（2011）将社会资本划分为市场型和制度型两种类型。

在选取社会资本的测度方法时，目前学者普遍采用直接测量与间接测量两种方法。张洪兴和耿新（2011）通过李克特量表直接对社会资本划分维度和赋值，将其相加之后得到一个统一的社会资本值。耿新和张体勤（2010）使用间接研究法对制度资本、商业资本、技术资本等不同维度划分的社会资本异质性进行比较。由于研究对象与目标的不同，现在社会资本在维度的划分与测度上存在一定差异。

二、地下储气库

地下储气库是储存天然气的重要场所，它利用注采井来完成对气体的存储和输送，是天然气生产调峰和天然气资源储备的最佳选择。主要用于调整随季节性波动的传统天然气消费需求，随着需求量的增大，这种供需波动幅度也越大。因此，在建设天然气管道及配气系统时，一定要把这种供求关系的变化考虑进去。

1. 地下储气库的工艺流程

一般来说，地下储气库是和长输管线配套建设的。在用气淡季，就把长输管线上的富余天然气储存在地下储气库里，到了用气高峰期，再把它抽出来。考虑到储气库周边用户的需求及长输管道的输气能力等因素，可以将一条长输管道与多个地下储气库配套建设（见图2-1）。

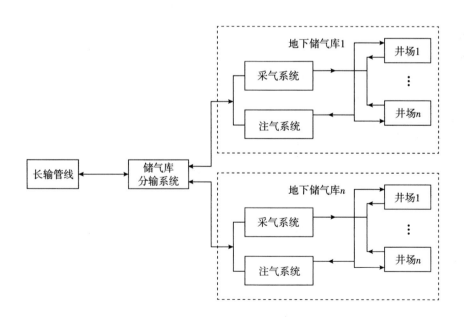

图2-1 地下储气库地面工程结构

地下油藏的位置条件不同，开采出来的油藏成分就会不同。地表处理工艺是根据开采井中的物质成分、温度、压力和外排干气的温度、压力及水露点来确定的。地下储气库包括采气与注气两大工艺。

　　气体注入通常由两个流程组成：气体注入压缩机增压和输送管线管道压力注气（见图2-2和图2-3）。

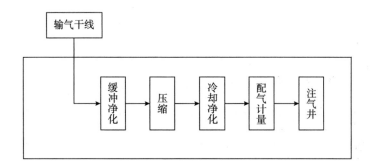

图 2-2　气体注入压缩机增压流程

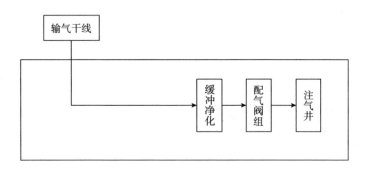

图 2-3　输送管线压力注气流程

　　上述两个流程的不同之处在于是否使用注入气体的压缩机。一般情况下，都会使用注入气体的压缩机，这是因为只有在储气库和输气干线的连接处，压力超过了最大注入压时，才能不使用压缩机注入气体。为了节省投资、简化流程，可以将压缩机放在距离储气库较近的增压站内。

采气工艺一般包括以下两种流程：一种是依靠地层压力将采出气输至输气干线井口处—井口注醇—调压—分离—计量—集气站—脱水—外输。另一种是利用储层及外输压缩机的压力，将采出的天然气用管道输送到井下，经过分离、计量、收集、脱水、升压后进行外运。

两种流程的不同之处在于是否采用外输压缩机。若未设置外输压缩机，则需要最低采气压力达到比外输压力高的程度；而在输气干线管道压力较高时，为了对产出气体中的天然气凝液进行深度回收，并使其膨胀变冷，就必须使用外输压缩机。

2. 地下储气库的作用

地下储气库主要有以下几个方面的作用：

（1）对供需进行调峰和协调。当出现冬夏两季、月、日、昼夜和不同时段对天然气需求不均衡分布时，使用地下储气库能够缓解因负荷变化引起的供气不平衡及周边不同用户对天然气需求的差异。由于冬季部分城市启用供暖系统，热电中心、供暖和燃气设备、工业企业锅炉房、家庭及地区锅炉房等用气量明显增加，突出体现了使冬季天然气消耗的季节性不均衡性。例如，20世纪80年代中叶，当苏联各城市一年的天然气消耗量最小，即夏季时，其用气量仅占管道输气总量的74%；但当冬季来临时，天然气消耗量就达到了一年中的最高水平，约占管道输送能力的133%~156%。随着经济的发展，世界各地的天然气供需不平衡问题也在不断凸显。例如，法国在1987年每月的高峰和低谷消耗比是5:1，到了2003年，竟变成了14:1；又如2004年，北京冬夏月平均消耗比为13:1。从以上实例可以看出，如果仅依靠管道输气系统，无法解决用气量变化如此之大的问题，必须借助地下储气库等其他储气手段对其进行调峰，才能有效地解决供气不稳定等问题。

（2）确保天然气供应的持续性、可靠性，实行战略性储备。当天然气源头出现问题、上游输气设施出现系统故障或停产检修等状况时，都可能造成天然气供应中断，此时，便可以利用地下储气库来提供天然气，即当天然气供给中断时，从地下储气库中抽取当地用户所需的供气能源，就可以保持连续生产及保证生活所需。这对依赖天然气进口的国家非常重要。如今法国的战略性能源储量已经达到近四个月的平均消耗水平、西欧的天然气储量已经达到六个月的供应水平。对于输气国家来说，为履行长期供气合同，即实现长时间连续供应，就必须保证供气过程的稳定、安全和持续。

（3）有助于输气管网和生产系统的优化运行。地下储气库能够使管道供应系统及上游气田生产系统不受市场需求波动的影响。它通过储气设备平衡输送与生产，从而降低运营成本，提高输油管道和上游气田的运行效率。地下储气库对降低输气成本有很大帮助，可以让输气管网的运行和天然气生产系统的操作不受天然气消费淡季或消费高峰的影响，还可以提高管网的输气效率和使用系数，能够充分发挥输气设施的作用，提升备衡作业和生产能力。

（4）向有需要的国家提供商业天然气储存服务。地质条件好、可以大力发展地下储气库的国家，可以为找不到适合建造地下储气库地质条件的国家提供富余储气的租赁服务，从而使租用国满足天然气储备的战略要求。在欧洲国家，如法国的 EBEZ 储气库、奥地利的 ZWEMDORF 储气库和斯洛伐克的部分储气库等均提供地下储气库商业储气服务，由此可知，这已成为一项重要的商业业务。

（5）通过对天然气价格的影响，达到天然气价格套利的目的。可以说，天然气的价格受到地下储气库的直接影响。随着大规模现货市场的形成，以及供气环节的激烈竞争，将会使各环节的价格差别越来越大，即在天然气淡季时降低价格，在天然气高峰期时提高价格。供气商通过天然气季节性价格变化所产生的价差来赚取高额利润，从而形成价格套利。具体来说，是供气方在供气淡季加大储备或储气不售，等到用气高峰期到来时再抬高价格售出；用气方在供气淡季购买并储存或租赁储气库，当用气高峰供气价格上升时，将其抽取出来使用，这样可以避免高价购买。

（6）提供应急服务。地下储气库的出现能够减小因供应或天然气输送中断而产生的合约风险。地下储气库还能为长期和临时用户暂时增大的天然气需求提供紧急供应服务。在现今的天然气交易中，通常会把储气合同和输气合同结合签订。FEAC636号命令规定用气大户和配气公司必须在自己的天然气输送区域内建立储气设施。在美国，储气库已经成为天然气行业中的一项基本设施，它也是整个天然气输送网络中不可或缺的一部分。

在中国日益增长的用气需求和城市能源结构不断改变的背景下，建设适合中国经济发展和能源发展的地下储气库是非常必要的。

第二节　相关理论基础

一、政府规制理论

"政府规制"的概念已逐渐演化为由政府通过法律手段对服从其管理的社会经济主体的行为和活动进行影响、干预和限制的一种综合表达。史普博（1999）认为："规制是指由政府机关制定和执行的一般性规定或特殊行为，它能够直接干预市场分配机制或者间接地影响公司和消费者的供需决策。"金泽良雄（1985）提出，政府规制指的是"基于市场机制的经济体系中，对经济主体的行为进行干预，以达到纠正其内在缺陷的一个过程"。在对政府规制概念的表述中，该文献还明确地对规制的主体、规制客体和规制的缘由进行了详细论述。

在对国外学者关于规制的观点进行归纳与借鉴的基础上，我国学者对政府规制的内涵做出了相关探讨。樊纲（1995）提出，政府规制是指政府对私营经济部门活动进行的某种规制或管控，如价格规制、数量规制或经营许可等。李郁芳（2003）从规制目的角度论述了政府规制的概念，也就是为了解决因个人决策而导致的社会福利损失和市场失灵问题，政府部门在法律法规的指引下，对公司的市场行为进行干预。与之相反，谢地（2003）认为政府规制的执行是以实现公共政策目标为出发点的，具体来说就是政府规制者（或管制机构）（包括一些普通的社会公共机构和组织）为了达到治理市场失灵或克服忽略社会利益的个人决策等目标，会按照相关的法律法规对公司的市场行为进行外部干预。苏东水和苏宗伟（2021）对政府规制进行了较为详细的论述，认为规制是指政府依照相关的法律法规，对各种不同的市场主体，如公私部门的企业组织、事业单位、个人所采取的一种管制措施。

综上所述，政府规制指的是政府规制执行者根据相关法律法规对被规制者实施的一种监管活动，其目标在于对市场失灵进行管制，但必须以法律为基础，其管制的对象可以是公共部门，也可以是私营部门。

研究政府规制理论的几个流派根据政策目标、手段等，将其划分为直接规制与间接规制（见图2-4）。直接规制是指以政府认可或授权的法律工具，对经济主体的决策进行直接干预；间接规制并不直接干预经济主体的决策，只是对妨碍市场机制正常运作的财政、税收和金融政策进行约束。直接规制由相关政府部门直接实施，间接规制主要由司法部门实施。根据干预政策的本质差异，直接规制可以分为经济性规制和社会性规制。谢地（2003）认为，经济性规制是指政府规制机构通过法律法规，对被管制产品和服务，如数量、质量和价格等加以管制，其目的主要是防止垄断或资源分配不均衡。植草益（1992）将社会规制定义为，为实现保护工人和消费者的安全、健康、卫生、保护环境和预防灾难的目的，对与其有关的各种活动制定某种标准，并对特定的行为加以禁止和限制的管制。

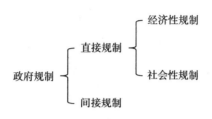

图 2-4 政府规制的类别

二、政策工具理论

起源于 20 世纪 80 年代的政府工具研究，已经成为当代西方公共管理学及政策科学的研究热点，同时出现了许多相关研究和衍生理论。最常见的定义是 Hood（1983）提出的政府工具就是达成政府目标的一种手段。尽管"内部管理""人力资源政策""网络管理""政策实验"等可以在一定程度上被视为政府工具，但最好还是将政府工具限定在实现政府目标手段这一特性上。此外，在《公共管理导论》中，欧文（2001）将政府工具界定为政府通过某种途径以调节其行为的机制和手段。我国学者对政府工具理论也进行了相关的阐述。在《公共管理学》一书中，张成福和党秀云（2001）也认为，政府工具是把政府的实际目的转变成具体行动的一种方法和机制。陈振明（2003）认为，政府工具是人民为解决社会中出现的问题或者达到某种目标而采取的一种手段和方式。

综上所述，此处将政策工具的概念定义为，行政机关或政府部门为达成某一政策目标、解决某一公共问题而采取的手段和工具。要将政策意图较好地转化为具体行政行为，需要制定出合理的公共政策。同时，为了更好地达到政策目的，在具体实施过程中需要使用相应的政策工具。可以说，政策制定和政策实施都离不开政策工具的支撑。其中，政策工具的实施主体是政府，目标则是政府为实现政策而采取的一系列的手段、方法、机制等。

在《政府工具》中，Hood（1983）给出了一个系统化的分类体系，他根据政府活动将政府工具分为四类：信息类工具、资金工具、权威性标志和组织工具，政府通过这些工具来处理公共事务。在《公共管理导论》一书中，欧文（2001）指出，大部分的政府干预是由政府供给、政府补贴、政府生产和政府管制四种经济工具来实现的。Salamon（2002）等从三个方面提出了政府工具的三要素：一是工具理论，它是反映各种工具的运作特点和供给模式的理论；二是选择理论，它是根据不同的政治情境和公共行为目的来选择相应的工具的理论；三是运行理论，即如何使用最有效的政府工具来实现目标的理论。张成福和党秀云（2001）依据政府参与的程度，把政府管理工具划分为政府部门直接提供财货和服务、政府部门委托其他部门提供合同外包、政府补助或补贴、政府授权经营特许权、政府贩售特定服务、自我协助、志愿服务和市场运作。陈振明（2003）将政府工具分为三大类：以市场为导向的工具、以工商管理技术为导向的工具和以社会为基础的工具。

三、政策执行理论

政策执行是实现决策目标的关键环节，公共政策执行是在公共政策完成制定之后，将其付诸实践的过程，它是将一个书面政策转换为现实的过程。公共政策只有通过执行，才能够对具体内容进行不断调整，最终实现政策目标。1973年普雷斯曼和威尔达夫斯基出版了《执行》一书，标志着政策执行理论正式兴起。他们认为，"要想使政策科学成为行动科学而不仅仅是理论科学，就必须关注执行问题。也就是说，既要重视政策执行本身，也要关注政策制定与政策执行之间的密切关系"。

关于公共政策执行，各个领域的学者都有各自不同的看法。John（1998）提出政策执行是一个为了更好地执行某项政策而采取各种措施的过程，并将政策实施视为一个阶段性的过程，即把政策意图转化为行动的过程。De Leon（1999）将政策实施视为一种发生在政策预期与政策结果之间的活动。陈振明（2003）对政策实施的理解是把政策意向转化为政策成果的行为过程。

综上所述，政策执行指的是为了实现一定的政策目标，政策执行者通过建立组织，运用政治资源，采取解释、宣传、实验、协调与控制等手段，将政策理念的内容付诸实施的一系列政策活动。政策的实施，从狭义上讲，是指将决策和决议从概念向行动转变的贯彻落实；从广义上讲，是指政策执行者在实施政策内容时，根据决策所设定的目标而做出的努力，最终实现目标的活动及过程。

政策研究学者从不同的视角对政策执行进行了探讨和分析，形成了不同的政策执行理论，其中比较有代表性的有七种理论：一是行动理论。它将政策执行看作一种对公共政策进行组织、解释和贯彻的综合行为。二是因果理论。它把政策执行看作一种假设存在因果性关系并进行验证的过程。该理论认为政策中的潜在因果假设有政策执行能力和技术能力两个要素。三是组织理论。它强调组织是政策执行的核心，没有组织就无法执行。四是管理理论。它提出政策执行就是一种管理的过程。五是博弈理论。它认为在提出政策问题、制定政策目标、拟定政策方案等方面，由于存在许多不确定性因素，参与者之间会产生冲突和矛盾，因此提出了该理论，对在实际执行过程中出现的问题进行调节，让每个参与者都能得到最大限度的收益，把损失减到最小。六是系统理论。它认为政策执行可以理解为政策系统从外部环境中吸取物质、能量、信息，由政策实施结果和反馈来提供政策评价与再输入的过程。七是交易理论。它把政策执行看作一个政治上达成某种妥协、让步和理解的过程。

第三节 研究方法概述

一、状态空间模型

状态空间模型的主要思路包括三个方面：一是引入状态变量的概念；二是建立描述状态变化的模态方程；三是利用观测公式，给出一种新的状态信息传递方式。状态方程用来刻画相邻时刻中的物态移动和变化，即观察资料与物体状态的关系。与状态空间模型有关的概念将在下文中给出定义。

定义 1（状态向量 x_t）：x_t 用于反映动态系统在 t 时刻的内在特征，被称为系统的状态变量。一般为随机的、不可观测的。x_t 取值于 N_x 二维欧氏空间中的点，即 $x_t \in R^{N_x}$，其中 R^N 表示状态空间。一般地，把状态在时间 $t = 1$，2，$\cdots$，s 内的序列记为 $x_{1:s}$，即 $x_{1:s} = \{x_1, x_2, \cdots, x_s\}$。

状态是一种更具弹性的概念，适用于多变量系统。系统的状态变量是指那些能反映系统特点和状况的参量。在许多工程与经济领域，状态向量常被用来表示一些具有实际物理与经济含义的事物。例如，在金融学中，我们可以把金融资产波动率和市场无风险利率等当作状态变量来研究。状态变量在某些情况下并不具有特殊的物理意义或者经济学意义，仅仅是为了模型的方便。例如，ARMA 模型也可以用状态空间的形式表示，在这种情况下，状态变量不具有特定的经济意义，而是被用于刻画某些观察变量的复杂产生过程。在此基础上，结合具体的条件和需求，对状态变量的维度进行划分。

定义 2（观测向量 y_t）：y_t 代表一个动力系统。受噪声的影响，它通常也具有随机性。但是不像状态变量，它是可以被观察的，我们看到的数值只是它的一种表现形式。同样，我们用 $y_{1:t} = \{y_1, y_2, \cdots, y_t\}$ 表示在时刻 $t = 1, 2, \cdots, s$ 内的观测序列。

很明显，为了简单地表示就没有对随机变量和它的实施符号进行严格的区别。马尔可夫是刻画系统状态变量在时间上行为特性的一种重要性质。

定义 3（马尔可夫性质）：一个离散时间过程 $\{x_t\}$ 具有一阶马尔可夫性质。

$$p(x_{t+1} \mid x_{0:t}) = p(x_{(t+1 \mid x_t)}) \tag{2-1}$$

也就是在时间 t 时，状态过程的实现包含了过去的全部信息，状态未来的值只与现在的状态相关，而与过去的状态没有任何关系。当一个动力系统满足一次马尔可夫性质时，它的状态模型可以用下面的方法来表示：

$$x_{t+1} \sim p_\theta(x_{t+1} \mid x_{0:t}) = p_\theta(x_{t+1} \mid x_t) \tag{2-2}$$

其中，$p_\theta(x)$ 表示由 θ 参数化的一簇概率密度函数，$p_\theta(x_{t+1} \mid x_t)$ 表示状态随时间推移的变化过程。一般情况下，它是非高斯且非线性的。初始状态假设服从概率密度函数 $p_\theta(x_0)$，通常称为先验。如果静态参数 θ 未知，则需要对它进行估计。在已有观察的基础上，估计出未知的参数，这就是系统辨识问题。

状态进程 $\{x_t\}$ 是一个无法观察的（隐式）的马尔可夫进程。有关这一进程的资料只能通过观察 $\{y_t\}$ 间接获取，它们之间的联系则可以通过观察模型来解释：

$$y_t \sim p_\theta(y_t \mid x_t) \tag{2-3}$$

以上可以用隐式马尔可夫模型（HMM）来加以说明。

隐马尔可夫模型定义如下：

$$x_t \sim p_\theta(x_t \mid x_{t-1}) \tag{2-4a}$$

$$y_t \sim p_\theta(y_t \mid x_t) \tag{2-4b}$$

该模型是比较常见的，在具体的应用中，经常会碰到一些特殊的情况。如果用显式表示该模型，则会得到我们所说的状态空间模型。图 2-5 是该模型结构原理。

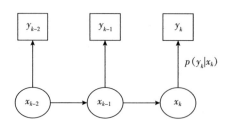

图 2-5　状态空间模型结构原理

二、时间序列法

时间序列法是把相同的数值按照出现的先后次序排列起来的一系列数据。时间序列主要是利用已有的资料来预测和估计未来。20世纪 70 年代，随着 Box-Jenkins 方法的引入，以时间序列为基础的预测方法在预测领域中得到了极大的重视，在这些模型中，自回归求和滑动平均（Auto-Regressive Integrated Moving Average，ARIMA）模型、自回归滑动平均（Auto-Regressive Moving Average，ARMA）模型和带外部输入的自回归滑动平均（Auto-Regressive Moving Average with External Input，ARMAX）模型已经在时间序列的建模和预测中得到广泛的应用。

ARMAX 和 ARMA 两种方法都适合于对时间序列的一致性进行预测，而 ARIMA 方法则可以对不一致性进行建模和预测。这些预测模型一般由三个部分组成，分别是模型识别、参数估计、模型假设测试，如此反复三次，直至得到满意的结果。但 ARIMA 模型对初值的敏感性较强，且随着时间的推移，其误差会逐渐积累，因此这种方法只能用于短期的预报。例如，Niu 和 Yang（2009）提出了一种以 DS（Dempster-Shafer）为基础的多步正量时间序列预测算法。这种方法可以被用来对非线性和混沌的时间序列进行预测，是一种具有广泛应用前景的时间序列预测方法。

三、聚类分析法

聚类（Clustering）是把一组物理或抽象的对象，按照其相似性，划分成几个群体，从而使相同组中的数据对象有较高相似度，而不同组中的数据对象无相似度，即一系列具有相同性质的物体组成的集合。根据"物以类聚"的原理，将类似的指数聚集在一起，形成一种新的分类方法。

在分类学中，必须确定不同物种间的相似性程度和差异性程度。在很多实际问题中，我们常常把一个类内的所有数据看作一个整体。这个整体经常被用于选择评估指标。

进行聚类分析的步骤如下：对各指标权重进行标准化之后确定相似关系矩阵，根据各指标选取聚类方法，之后求聚为一类的几个方案中各指标的中位数，再把它归一化即可得出所要求的各指标的权重。

聚类分析按其对象可分为 R 型聚类和 Q 型聚类；根据分类方式可分为系统聚类、动态聚类、序指数聚类、模糊聚类等。

聚类的严格数学描述如下：

被研究的样本集为 E，类 C 定义为一个非空子集，即

$C \subset E$，且 $C \neq \phi$

聚类就是满足下列两个条件的类 C_1，C_2，$\cdots$，C_k 的集合：

（1）$C_1 \cup C_2 \cup \cdots \cup C_k = E$。

（2）$C_i \cap C_j = \phi$（对任意 $i \neq j$）。

由起初的条件可知，此套样本中的每个样本只能属于一个种类，并对其进行了分类。大部分聚类方法采用以下两种数据结构：

第一种是数据矩阵（Data Matrix）。数据矩阵是一个对象——属性结构。设聚类问题中有个对象 $x_i (i = 1, 2, \cdots, n)$，对每个对象

选择了 p 个变量，第 i 个对象的第 j 个变量的观测值用 x_{ij} 表示，则这 n 个对象的所有 p 个变量的观测值可以看成如式（2-5）所示的 $n \times p$ 矩阵：

$$\begin{bmatrix} x_{11} & x_{12} & \cdots & x_{1p} \\ x_{21} & x_{22} & \cdots & x_{2p} \\ \vdots & \vdots & \ddots & \vdots \\ x_{n1} & x_{n2} & \cdots & x_{np} \end{bmatrix} \qquad (2-5)$$

第二种是相异度矩阵（Dissimilarity Matrix）。相异度矩阵是一种客体——客体结构。它存放所有 n 个对象两两之间所形成的差异。一般采用式（2-6）所示的 $n \times n$ 矩阵表示。

$$\begin{bmatrix} 0 & & & & \\ d(2,1) & 0 & & & \\ d(3,1) & d(3,2) & 0 & & \\ \vdots & \vdots & \vdots & \ddots & \\ d(n,1) & d(n,2) & d(n,3) & \cdots & \end{bmatrix} \qquad (2-6)$$

其中，$d(i, j)$ 表示对象 i 和对象 j 之间的差异（不相似程度）。通常，$d(i, j)$ 为一个非负数，且有 $d(i, j) = d(j, i)$ 及 $d(i, i) = 0$。当对象 i 和对象 j 满足 $0 \leqslant d(i, j) \leqslant 1$ 时，$d(i, j) = d(j, i)$ 及 $d(i, i) = 1$。当对象 i 和对象 j 彼此非常相似或非常"接近"时，该数据接近 0；相反，该数值越大，就表示对象 i 和对象 j 越不相似。

一种与相异度矩阵相似的数据结构是相似性矩阵，通常表示为：

$$\begin{bmatrix} 1 & & & & \\ d(2,1) & 1 & & & \\ d(3,1) & d(3,2) & 1 & & \\ \vdots & \vdots & \vdots & \ddots & \\ d(n,1) & d(n,2) & d(n,3) & \cdots & \end{bmatrix} \qquad (2-7)$$

其中，$r(i, j)$ 表示对象 i 和对象 j 之间的差异（不相似程度）。当满足 $0 \leqslant r(i, j) \leqslant 1$ 时，$r(i, j) = r(j, i)$ 及 $r(i, i) = 1$。当对象 i

和对象 j 彼此非常相似或非常"接近"时，该数据接近 1；相反，当对象 i 和对象 j 相似性越小时，该数据越接近。常用的相似性度量方法有 Personal 相似系数、夹角余弦等。

通常，数据矩阵又被称作双模矩阵，相似性矩阵被称作单模矩阵，这是因为前面的线条表示的是两个完全不同的实体，后面的线条表示的是两个完全一样的实体。

四、Logistic 回归

Logistic 回归也叫 Logistic 回归分析，是在线性回归分析模型上加入 Sigmoid 映射函数的一种广义线性回归分析模型。

Kucsicsa 和 Dumitric（2019）提出了 Logistic 回归，该回归被广泛应用于社会学、生物统计学、临床、数量心理学、计量经济学、数据分析挖掘、疾病诊断、药效判断、经济数据分析、宏观局势预测等领域。

Logistic 回归主要是将分类变量设定为因变量（如耕地、林地、草地等土地利用类型，评定为好、中、差）进行回归分析，它们都是类别变数，并非连续变数。在 Logistic 回归模型中，自变量可以分为类别变量和连续变量。对于具有两个自变量的情况，我们称为二元 Logistic 回归；对于具有多个自变量的情况，我们称为多变量 Logistic 回归。在现实生活中，不同于数学模型的连续性、随机性和定量分析，很多事物都具有离散性，需要进行定性分析。

运用 Logistic 回归对资料进行处理时，需要建立一个以定性变量为因变量、一些相关影响因素为自变量的模型。首先，预言一件事情发生与否或其发生的可能性。这么做的目的是当 Logistic 回归模型被建立后，在不同自变量因素的影响下，可以通过该模型预测某个事件发生的概率，或者是在一个客观发生后，由其导致的另一个客观发生的概率事件。随后，对相关因素进行识别并展开分析。Logistic 回归模式可以用来从众多可能的因子中寻找显著的因子，也可以用来检验某个因子对事件的影响。它能够区分并预测一件事情真正发生的概率。

五、可视图算法

可视化模型是从网络角度对时间序列进行分析提供的一种工具。在此基础上，提出了一种基于直方图的时间序列分析方法。如果在某一时间点上对应的柱顶满足某一可见关系，那么该时间节点将构成一条连线。该方法的优点是能够保持原数据中的节点及节点间的交互关系。目前，在对时间序列进行可视化的模型中，主要有可视图、水平可视图和有限可跨越可视图三种方法。

2008 年，Lacasa 提出了可视图算法（Visibility Graph，VG），它实现了将任意时间序列转换成网络的功能。可视图算法是以物理中的透视原理为基础，定义了一种两条边相连与否的判定方法，即可视化规则。下面给出一种构建可视图的算法：

首先，输入有 N 个观测值的时间序列 y_1，y_2，y_3，…，y_n（在可视图中，每一个时间序列的数据点都是一个节点），得到可视图节点集合 $y_{ii^n=1}$。

随后，通过可视规则判断节点之间是否存在连边。由可视图算法可知，相邻节点之间有连边；对于不相邻的节点，满足式（2-8）的两个节点之间存在连边。

$$y_c < y_b + (y_a - y_b)\frac{t_b - t_c}{t_b - t_a} \tag{2-8}$$

其中，y_i 代表原时间序列上第 t_i 个样本点处的观测值。可以用简单的连线来说明可视规律：判断节点 y_a 和节点 y_c 是否可见，用一条直线将两个节点的顶部连起来，如果节点 y_a 和节点 y_c 之间所有的观测值都在这条直线下，则节点 y_a 和 y_c 之间具有可视性；否则这个节点就不可见。

通过可视图算法构造的网络具有如下特性：

一是不确定性：可视图的网络没有确定的方向，是一个不确定的网络；二是连通：每一个节点都至少与它的左邻右舍有联系；三是仿射变换的一致性，即按一定的比例尺改变纵轴和纵轴的比例尺，或者在纵轴上做一次仿射变换，都不影响图形的清晰度。图2-6显示出在视觉图中仿射变换的一致。

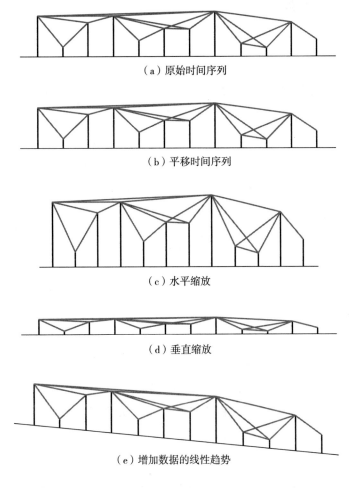

（a）原始时间序列

（b）平移时间序列

（c）水平缩放

（d）垂直缩放

（e）增加数据的线性趋势

图2-6　时间序列经过若干变换，可见性图保持不变

在将时间序列转化为网络的过程中，既保持了其原有的信息量特征，又利用网络的结构对其特征进行了刻画，此时每个时间节点都必须是独立的。因此，不同的网络结构可以刻画出不同的时间序列，规则网络代表着周期，随机网络代表着随机性，无尺度网络代表着分形时间序列。

六、VAR 模型

矢量自回归模型（Vector Autoregressive Model，VAR 模型）是 20 世纪 80 年代初期兴起的一种计量经济模型，它与传统计量经济学模型最大的不同是向量自回归模型是一种单一的时间序列回归模型，它选择了具有较强相关性的经济变量，建立了一个向量系统，向量中各变量之间的相互关系主要通过变量的多级滞后回归来解释。目前，国际上已有许多学者将 VAR 模型应用于时间序列系统的预测、随机扰动对系统的动态影响等方面，并以此来解释各种经济因素对系统结构的影响。VAR 模型的基本思想为：

假定某线性动态系统中产出向量 X_t 由 n 个变量元素组成，并满足：

$$X_t = C_t + A_1 X_{t-1} + A_2 X_{t-2} + \cdots + A_p X_{t-p} + \varepsilon_t \qquad (2-9)$$

$$\varepsilon_t \sim N(0, \Sigma)$$

其中，C 为 $n \times 1$ 的决定项矩阵（如常数、时间趋势及季节性虚拟变量），A 为 $n \times n$ 的系数矩阵。输出向量 X 中包含谷内生产总值、投资、通货膨胀率等多种预测变量。误差向量 ε 由各方程的随机误差项构成，这些误差满足标准正态分布，即具有零均值和协方差阵 Σ。下标 t 代表时间。因为模型包括各变量的 p 阶滞后值，故称为 VAR 模型。

在弱正则性条件下，通过下列总体正交性条件来确定模型等式中的各个变量系数 A：

$$E[\varepsilon'(t)X(t-j)'] = 0(j=1, \cdots, p) \qquad (2-10)$$

在此模型中，对于 n 个等式，其解释变量均相同，且各自相关变量均为 $1\sim p$ 次，各自相关变量均为确定因子；然后，确立了一个新的向量自回归模型。向量自回归模型方程的估计方法（以 $X_{1,t}$ 为例）如下：

假定模型中产出变量的估计值 $\hat{X}_{1,t}$ 满足：

$$\hat{X}_{1,t}=a_{11}^{1}X_{1,t-1}+a_{12}^{1}X_{1,t-2}+\cdots+a_{1p}^{1}X_{1,t-p}+a_{21}^{1}X_{2,t-1}+\cdots+a_{np}^{1}X_{n,t-p}$$

由式（2-9）得到：

$$X_{1,t}-\hat{X}_{1,t}=\varepsilon_{1t}$$

显然，使误差项、最小的估计值 $\hat{X}_{1,t}$ 是最优估计。同理，由 n 个元素构成的向量 X 的最优估计必定满足使误差项矩阵 ε 的方差协方差最小。这样就得到方程组的估计方法。

向量自回归模型是一种非严谨的经济学分析方法，不要求参数为 0，且其解释变量不含当期变量。无约束 VAR 模型的一个重要应用就是预测。由于在 VAR 模型中，每一个等式的右侧均不包含当期变量，因此，在使用该模型进行预测时，无须对预测范围内解释变量的取值做任何预测。VAR 模型分析法可以研究不同变量间存在的动态和长期均衡关系，大多用于研究面板数据。

七、因素分析法

因素分析法多用于分析企业信用状况。这是一种用统计指标体系来对整体的影响因素和影响程度进行分析的一种统计分析方法，它可以把反映事物性质、状态、特点等的变量转化为反映事物内在联系的变量。

因素分析法的研究方法主要有两种：一种是财务因子分析法，另一种是信贷因素分析法。财务因素分析法以评级对象的财务报表等资料为基础，对企业的经营成果、信用状况展开分析和评价。通过企业财务报表中的资产负债表、现金流量表、利润表及附注展开分析，对企业的偿债能力、盈利能力、运营能力等指标进行评估，从而得出信用评级状况。信贷要素分析法是指在信贷条件下,通过对信贷条件进行评估,确定被评估对象的信贷条件,并对评估指标进行动态调整的方法。常见的分析方法有5P元素分析法、5C元素分析法、5W元素分析法(见表2-1)。

表2-1　信贷要素分析法分类

5C 要素分析法	5P 要素分析法	5W 要素分析法
Character(品格)	Personal(个人因素)	Who(借款人)
Capacity(能力)	Purpose(目的因素)	Why(借款用途)
Capital(资本)	Payment(偿还因素)	When(还款期限)
Collateral(抵押)	Protection(保障因素)	What(担保物)
Condition(条件)	Perspective(前景因素)	How(还款)

八、UTAUT 模型

UTAUT 模型是在技术接受模型(TAM)的基础上结合与 TAM 相关的八个模型发展而来的。

具体是按照图2-7所示的基本逻辑构建的。个体对使用网络技术做出的反应,不仅会影响他们使用网络技术的行为意愿,还会影响他们对使用网络技术的行为。

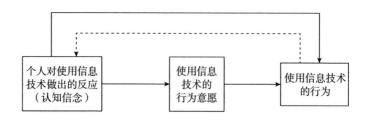

图2-7　UTAUT 模式下的用户技术采纳逻辑原理

UTAUT 模型是一个综合了心理学、行为学、社会学、资讯系统等各领域的一种新的研究方法。根据对使用者的使用意愿和技术采纳度的解释能力，UTAUT 模型具体有八个相关模型，具体情况如表 2-2 所示。

表 2-2　UTAUT 的八个相关模型

模型名称	研究文献	主要变量
理性行为理论（TRA）	Fishbein 和 Ajzen（1975）	态度、主观规范
技术接受模型（TAM）	Davis（1986）	感知有用性、感知易用性
动机模型（MM）	Davis 等（1989）	外在动机、内在动机
计划行为理论（TPB）	Ajzen 和 Fishbein（1980）	态度、主观规范感知行为控制
整合的 TAM-TCP（C-TAM-TCP）	Taylor 和 Todd（1995）	对行为的态度、主观规范感知有用性
PC 使用模型（MPCU）	Thompson 等（1991）	工作适用性、长期结果、复杂性、行为意愿（情感）、系统条件、社会因素
创新扩散理论（IDT）	Agarwal 和 Prasad（1999）	结果期望—绩效
社会认知理论（SCT）	Compeau 和 Higgins（1995）	焦虑、情感

UTAUT 基于之前的研究，将影响用户接受或采纳的因素划分为绩效预期、支付预期、社会反响和促进条件四类，比较清晰地描述了多个因素对用户接受行为的影响。将各个要素分为不同维度，各个维度的表现形式如表 2-3 所示。其中，四个控制变量（性别、年龄、经历和自愿程度）对绩效预期、支付预期和社会影响力都有明显的影响，且激励条件则对绩效预期、支付预期和社会影响力有直接影响。由于采用了控制变量，使这一模型具有更广泛的应用范围，具有更高的可预测性。

表 2-3　UTAUT 的维度

维度及表述	源自	含义
绩效期望：个人相信 IT 的使用可以帮助其在工作上获得更好表现的程度	感知有用性（TAM）	使用者认为系统的使用可以改善工作绩效的程度
	外在动机（MM）	使用者对可能获得提升工作绩效、提高工资或者提升等的期望，而实施某一行为的认知
	工作适配（TTF）	系统可加强个人工作绩效的程度
	相对优势（IDT）	使用者使用创新技术可使自己工作得更好的程度
	成果期望（SCT）	行为的结果期望，可以分为绩效期望和个人期望
努力期望：个人认为系统是否易用	感知易用性（TAM）	使用者感觉系统易用的程度
	复杂性（MPCU）	系统难以理解与使用的程度
	易用（IDT）	使用创新技术时，使用者感觉难以使用的程度
社会影响：个人意识到他人认为其是否应该使用新信息技术的程度	主观准则（TRA）	对于自己比较重要的人认为其是否应该进行某一行为的认知
	社会因素（MPCU）	在特定的社会语境中，个体内化群体的主观文化并形成特定的社会认同的程度
	社会形象（IDT）	使用新的变革可以提升个体在社会系统中的形象与地位的程度
促进条件：个人想象现有组织与技术结构能够支持 IT 使用的程度	行为控制认知（TRA）	个体感受到的内外部情境对自身行为的约束
	促进条件（MPCU）	使用者认为可促成 IT 使用的客观因素
	兼容性（IDT）	使用者所感受到的创新技术与自身的价值观、需求及经验一致性的程度

第四节　国内外研究现状

在过去几十年里，全球对能源供应的需求呈现快速增长的趋势。面对这一持续增长的需求，地下储气库作为一种关键的能源储存和调节手段，正扮演着越来越重要的角色。然而，地下储气库的建设和运营不仅面临技术、环境和安全等方面的挑战，还需要充足的资金和有效的政策支持。在这个背景下，社会资本投资作为一种重要的投资方式，为地下储气库的可持续发展提供了新的机遇和解决方案。

本节旨在阐述社会资本投资与地下储气库领域的研究现状，以深入了解社会资本投资对地下储气库可持续发展的作用和影响。通过对天然气价格、社会资本投资和地下储气库支持政策研究现状的分析，为进一步推动社会资本投资天然气地下储气库的实现机制和政策体系研究提供重要参考。

一、天然气价格相关研究

1. 天然气价格驱动因素

大多数研究多关注石油与天然气价格之间的关系，后期研究者得出油气之间的协整关系相对较弱的结论，那么天然气价格的驱动因素究竟是什么？针对这个问题，国内外学者展开了实证研究。

李亮和徐凌（2018）采用 EG 两步法和误差校正模型分析油价和天然气的协同效应以及库存中断、天气、供应等因素对油价短期波动的影响。研究表明，石油对天然气价格的影响越来越小；由于天然气供应量增加、极端天气等因素的影响，二者之间的长期协整关系也发生了变化。

Wang 等（2019）利用 DMA（Dynamic Model Analysis，DMA）法分析了美国亨利枢纽结算市场中的天然气定价影响因素。以 2001~2018 年的时间序列数据为例，实证检验了油价对天然气定价的影响正在下降。通过对美国天然气价格的分析，发现供需因素、股票市场的波动、投机性行为等因素，都在不断地影响着美国的天然气价格，也表明其金融化的趋势正在逐步加强。

Nick 和 Thoenes（2014）为德国天然气市场开发了 VAR 模型并指出天然气价格会受到每日温度差异、供应量问题、石油和煤炭价格等因素影响，且气温变化和供给冲击对天然气价格的影响仅为短期，但是在更长的时期内，油价的变化与石油和煤的价格对天然气价格带来了长期影响，这说明交叉商品的影响是非常重要的。

可以看出，各研究者对天然气价格影响因素的分析并未涵盖方方面面，并且在实验研究中并未将直接和间接的影响因素、同期和滞后的影响因素进行区分，从而导致研究的结果出现了不同程度的差异。

2. 天然气价格定价机制

由于天然气资源与消费的不均匀性及其特殊的属性，使国际天然气市场的交易和价格机制与其他大宗商品出现了些许不同，加之各地域在天然气行业的发展水平、使用结构、气源结构、产业规制等方面的差异，使世界上产生了三个主要的交易市场：北美、欧洲、亚太市场以及完全市场导向、油价指数和价格规制三个价格体系。

20 世纪 60 年代国外学者开始了对天然气价格的研究，Neuner（1960）、Macavoy（1962）对天然气管制和垄断问题进行了深入细致的分析。七八十年代，学者关注到管制引起的天然气短缺问题，因而展开了系统的研究。发展到 21 世纪，虽然如北美、英国和欧洲、日本等天然气产业发展比较成熟的国家的价格体系有所不同，但大体都是由垄断型向市场型转变，并且都有较为健全的价格控制体系。

龙彼刚和莫浩华（2009）对美国天然气价格管理总结后发现，在天然气市场化的北美，其天然气价格正采用竞争式定价。

周建双和王建良（2011）认为，虽然这种价格体系没有和可替代能源（石油）直接联系起来的，但是仍旧存在不同的可替代能源。如果替代能源的价格上升，就会导致对天然气需求的上升；从供求和价格的关系来看，这会在一定程度上提高天然气的价格。同时，通过对北美地区天然气市场变化的分析可以发现，其变化规律和其他可替代能源的变化趋势基本一致。由此可知，天然气的供需不仅会受到季节、气温等天气因素的影响，还会受到替代能源价格变化的影响。

郑玉华等（2007）认为，与北美的市场化模式不同，英国率先在天然气的每一个环节都实行了充分的竞争并实现了完全的市场化。英国率先实行了"第三方进入"制度，对天然气行业的每一个环节都实行了市场化的管制，确保了每家供气公司都享有同等的权利，从而达到了"气气竞争"的目的。同时，在终端市场上，不管用气多少，均可自由选择供气公司，其价格是基于英国全国平衡点（NBP）的实时价格由供方和供方共同确定的。

关于天然气定价，与北美以及英国、日本、韩国等国由下游市场所使用的替代品市场价值决定天然气价格的模式相比，欧洲各国以"场净回值"为主。该定价方法先根据终端市场中替代能源的当量价格来确定终端用户价格，再用终端用户价格减去城市口站到终端用户间的所有费用，就可以得到城市口站价格，最后再扣除从井口或者液化天然气接收站到城市门站间的所有成本，就可以得到天然气市场净回值。这类国家天然气产量比较少，主要依靠进口液化天然气来满足自身的需求，导致天然气价格与油价出现直接联系，因此天然气价格走势和原油价格走势基本是相似的。

由于国际天然气市场环境相对平稳，因此像北美以及英国、日本、韩等国家对天然气价格体系的研究已经较少，当前他们更关心天然气的价格走势，相关研究主要集中在天然气价格变化趋势和预测、影响天然气价格变化的因素，包括天气因素、替代能源价格、可再生能源、天然气储量等、天然气价格变动对"温室气体"排放的影响和天然气需求价格变化的测算几个方面。

中国从 20 世纪 90 年代就开始对天然气定价问题进行研究，典型的是四川石油管理局对天然气工业价格政策的持续跟踪研究。随着国内天然气行业的迅速发展，越来越多的机构和个人参与到天然气价格的研究中，如政府层面的能源研究所、三大石油的研究机构、高等院校的能源研究机构和个人。目前，我国对天然气定价的研究主要集中在对上游市场的放开、对管网的严格监管和对下游的激励方面。

在放开上游市场、促进下游竞争的问题上，马惠新（2011）、彭赟等（2012）等提出要对天然气上游市场进行放开、对中游管网加强政府对其的监督并提高下游的竞争水平，并在此基础上引进市场净回值定价方法，拓宽石油价格指数方法的适用范围。赵映川（2012）对天然气管网运输价格模式提出进一步的看法，即在勘探开发环节，上游市场并不具备自然垄断性，进而需要促进各企业间进行充分有效地竞争；由于管道输送的中间环节具有垄断性，因此需要建立一个合理的管道输送价格的调节机制和许可制度，对进入下游行业的公司实行一定的管制并逐渐放宽政府对天然气出厂价的管制。

在严格管网监管方面，胥永（2010）、常琪（2008）提出需要将天然气生产、运输和销售三个环节区分开来，建立两部天然气管网价格规制路径：对于强垄断的管输环节必须严格管制，对于弱垄断的生产和销售环节则需要逐步实现价格规制的放松，对于民用天然气则实施激励性规制。丁浩等（2012）等依据"两广地区"的燃气改革试点对燃气公司的成本与利润进行了进一步的规范，并对此进行了补充，即根据能源的消费类别进行成本评估，计算出各个消费群体的成本并确定补贴群体范围，量化能源补贴，将中游管道资产从油公司中剥离出去，成立独立的管输公司，强制实行管网第三方准入，从而实现对管输价格的严格控制。

许月潮（2006）、魏媛媛（2009）指出，我国对天然气产业规制并未跟上经济发展的步伐。为了与新阶段的要求相适应，在借鉴国外天然气产业价格的基础上，以天然气产业规制的现状及缺陷为依据，结合我国天然气行业的特点，对我国天然气产业政府规制问题展开了详细的分析，并对市场结构与进入规制、价格规制和法律规制等几个方面的规制提出了改进建议。

在市场结构与进入规制方面，曹琛（2007）认为，在中国，天然气价格机制的市场化和社会化将是今后天然气价格机制改革的主要方向。建议取消"双轨制"，选取有资格的开发商进行天然气资源开发，以减少开发费用；并在此基础上提出了将天然气价格与其他能源价格联系起来的指数公式。在中游实施"第三准入"制，将管道企业的运销分开，对管道运销收费实行透明化的"两部制"。在下游对天然气用户进行分类，既要鼓励大客户使用天然气，又要考虑到小用户的利益，构建起上游生产者与下游消费者之间的对话机制，协商确定天然气的供应价格进行。

杜连勇（2009）、金素（2006）均认同胥永与常琪对管网格规制路径，并认为我国最适合采用的激励性规制模式是区域间比较竞争模式。认为在进行天然气产业规制改革的过程中，我国还必须建立一个多层级、相互制约的专门管制组织，并制定一套综合性的管制改革计划，对天然气法律进行健全，这样才能确保我国的天然气行业管制改革能够顺利进行。

在价格规制方面，周国栋（2004）认为，应对传统的价格管制进行改革，引入以价格为主的诱导性管制，并在适当的时候放宽管制。在法律规制方面，孔祥文（2006）、江文（2011）提出，我国应逐步从经济管制转向社会管制，同时为保证有关管制改革政策的有效实施，应从建立和完善独立的天然气行业管制制度入手。李汉卫（2009）针对我国天然气行业的管制改革，提出了一些关于天然气行业在生产、管道输送、营销等环节的准入管制及价格管制的改革，如特许经营的竞争机制、限价定价机制等。

3. 天然气价格波动因素

随着世界天然气消费量的不断增加，理论界对天然气价格波动这一现象给予了充分的关注并进行了大量的研究。Blazquez 等（2017）认为，除石油价格能够对宏观经济造成破坏之外，天然气和煤炭冲击也是影响宏观经济的重要因素。

随着天然气消费的持续增长，天然气价格也呈现明显的季节性变化。国内学者主要通过进行格兰杰因果检验，构建 VAR 模型、CGE 模型等方法，明确天然气价格冲击的经济后果及传导机制。研究结果显示，天然气价格波动会对国内生产总值及其增长率产生显著负向影响，我国进口天然气后出现的价格波动主要对居民消费与非居民的天然气消费存在一定的影响。

在进口液化天然气价格上涨的背景下，一方面居民的生活成本会随之增加；另一方面厂商的生产成本也会上升，最终一般物价水平会随之一起上涨。我国天然气价格不仅与国内生产总值（GDP）之间存在交互的正向影响关系，与天然气相关产业的价格也存在相同的影响关系。肖建忠和王璇（2019）在一项我国液化天然气现货到岸价格研究中，通过构建 VAR 模型提出国际天然气价格会显著影响我国进口液化天然气价格，但是我国进口液化天然气价格并不会导致国际天然气价格产生波动的研究结论。为了解国际天然气价格波动对经济及产业结构的影响，赫永达和孙巍（2017）通过构建 CGE 模型进行了情景模拟。研究发现，如果没有政府的调控措施，就会引起天然气价格出现的波动通胀，但是它也会带来一些好处，如它能够促进国内的产业结构优化。薛凤和黄圣明（2018）通过构建 VAR 模型详细分析了天然气价格波动与我国经济、消费及工业产品价格等之间的关系，并证实天然气价格的上涨会导致工业产品价格的上涨。王震等（2017）指出，因为天然气价格波动是有季节性的，所以，建设天然气储气库是非常重要和迫切的。姬强等（2016）运用协整验证对国际油价和天然气价格的协同效应进行分析，并得出在金融危机时期国际石油价格与天然气价格之间的协整关系发生了结构性变革的研究结论。李德山等（2017）基于四川省投入产出表，通过设定价格变化分析了各个产业产出的变化情况，认为在天然气价格冲击传导的过程中，市场并不能很好地发挥其资源配置的功能。

二、社会资本投资相关研究

天然气地下储气库作为一项重要的基础设施建设，对于能源存储和供应的稳定性至关重要。因社会资本投资地下储气库的研究文献相对有限，为了进一步了解社会资本投资对地下储气库建设的实现机制，可以从社会资本投资基础设施的角度出发。通过借鉴这些研究成果，我们可以将社会资本投资基础设施的理论和实践经验应用于地下储气库建设领域，以推动其可持续发展以及为能源市场提供更稳定的供应。

20 世纪 80 年代初期，学者开始对社会资本在基础设施领域的投资问题进行了研究，较为系统地论述了成本交换和产权明晰对经济组织和社会制度的重要意义，并指出产权明晰将不可避免地造成市场机制失效。

90 年代之后，学者对这方面的研究已经趋于成熟，他们开始从经济学、行政学、公共学等方面着手，对政府与市场之间的关系进行了清晰的界定。他们认为，社会资本投资基础设施领域主要依靠市场的宏观调控作用，和资源配置优化及政府完全无关。但是，垄断性作为基础设施领域建设的一大特性，使其和市场竞争主体产生了一定的对立，从而造成政府与市场投资之间的相互对立局面。学者建议通过设立产权明细制度等类似的政策制度、法律法规及规章制度来实现市场宏观调控及机制改革创新。

同一时期，公共选择理论开始兴起。该理论主要观点为，当政府成员和市场成员存在一致的利益目标时，很可能会出现以个人利益为中心的情况，这就会导致在追求个人利益最大化的过程中，可能会对集体、公共利益造成不利的影响。这必然会对公众的利益造成不良的影响。Seaman（2005）对社会间接资本进行研究，认为各产业活动中所自然形成的基础设施和基础服务是社会间接资本的来源，同时基础属性和先进属性是社会基础设施领域的两大特性。

21世纪以来，我国基础设施建设领域出现了一种由政府资金与社会资金共同出资的新格局。这表明，在基础设施建设投资方面，投资合作的方式越来越多元化。在政府部门的高效运作之下，企业的产品与服务持续地进行着优化与创新，为基础设施领域的建设提供了坚实的基础保障。

Coase（2013）以巴西国有和民营两类供水企业为研究对象，对其经济效益进行了分析，发现除了两者的边际成本存在显著差异，其他方面的效益表现都比较均衡。Gassner（2009）为了了解社会资本在城市水电基础设施领域建设投资方面的现状，将全球70多个国家1200多个企业作为研究对象，通过将企业类型划分为私营、国有两种，并对它们的效率和效率展开分析评价，最终得出私营企业的效率和绩效水平一般都要比国有企业高的结论。Wallsten（2001）从沉没成本角度出发研究社会资本投资效益及其风险，重点对民营企业进入国有企业中面临的风险作出较为系统的分析与归纳。分析结果显示，若私有成本反复循环地投入到沉没成本较高的国有企业中，很可能导致其不能顺利退出，从而使国有企业在市场竞争中的收益下降，甚至出现亏损的情形。在以上分析的基础上，如果将私有成本投入到国有垄断产业中，就容易面临较大的市场竞争性风险。Andres（2011）认为，社会资本在投资基础设施建设领域过程中，可以通过将已完工的基础设施转让给私营企业以筹集资金，进一步将筹集到的资金用于新一轮的基础设施领域的投资。

Clarke（2013）认为，由于基础设施并不具备竞争性和排他性，因此调控难度大，极易引发市场价格波动，进而出现市场失灵。与此同时，他的研究还发现，信息不对称和自然垄断性并不只是基础设施的特征，社会资本投资天然气产业也具有这类特性。例如，杨凤玲等（2004）分析发现，天然气产业中下游领域的自然垄断属性是由天然气输配送技术所带的技术壁垒、特许经营权构成的法律壁垒和天然气输配管道的单一性这三个因素所决定的。在当前输配技术条件下，这一特性能够产生一定的规模经济，但是会出现部分企业无法实现可持续发展、行业的发展受到一定限制及终端用户价格较高等弊端，最终导致政府难以构建起完善的控价体系，进而不能保证社会资本的合理配置与目标效益最大化。

随着社会资本在基础设施领域中的投入力度越来越大，这项工作越来越被世界各国政府所重视，并把它视为一项改革与发展重要目标，为从根本上减轻基础设施领域的建设资金压力，主要采用了拓宽融资渠道、创新融资模式等方式来确保有充足的专项建设资金。当社会资本对基础设施进行投资时，只有在确保可以获得更大收益和更高利润的时候，借款方才会愿意向社会资本申请资金。在这种情况下，为了提高借款方的信用等级，可以在项目规划、建设和运营过程中对借款方进行信贷配置。大量的实践表明，项目融资是社会资本投资的一种主要方式，也是未来投资、建设的一大趋势所在。

与西方发达国家对于社会资本投资基础设施领域的研究相比，我国学术界对该领域的研究开始得相对较晚，重点研究主要集中在三个方面：一是基础设施建设与经济、社会发展之间的关系；二是城市基础设施建设的原则、方法和融资渠道；三是城市基础设施建设投资、融资方式的改进与优化。

第一，关于社会资本投资方面，学者从不同的层面分析了社会资本投资问题及成因，并提出了相应的对策。王晓燕（2013）通过对前人研究成果的总结和梳理，从社会资本投资方向、社会资本与经济发展关系、社会资本投资的优劣势、社会资本投资和融资方式等方面着手展开了研究；靳大勇（2014）则从政治、经济、社会、文化等方面对社会资本进行研究，并将其视为助力经济增长、社会发展和文化创新不可或缺的一部分。

第二，关于基础设施建设资金来源的研究方面，对于我国当前融资格局——以政府单项投资为主的模式下，田春丽（2012）通过研究基础设施领域建设资金来源渠道，提出为了解决基础设施建设融资难、投资难等现有问题，应该积极引导与鼓励社会资本进入基础设施建设投资领域，以进一步扩大融资渠道，实现项目融资与产业发展的联结。刘毅（2013）对我国基础设施建设资金的来源结构进行了分析，认为各级政府在基础设施领域建设过程中，存在传统思维观念与融资理念，这要求政府在观念上进行一定的转变。同时，政府还需要通过设立政府政策和制度来支持和保证民营资本投资这一现状，最终实现民营资本投资利润最大化的目标。许亮（2012）也认为，为了缓解建设资金压力，各级政府需要进一步通过完善相关机制，以积极引导和鼓励社会资本投资基础设施建设领域，只有这样，才能提升基础设施建设水平，最终实现经济持续增长、社会快速发展的目标。

第三，关于社会资本对基础设施建设领域的投资作用方面，我国学者在此方面的研究主要集中在两个层次上：一是在了解不同区域的社会资本发展现状的基础上，针对当地的社会资本发展，提出相应的政策建议；二是运用有关专业知识，着重分析社会资本投资基础设施领域存在的问题，并分析其成因，为制定具体可行的应对策略提供依据。

在分析社会资本投资相关问题、分析成因并提出建议方面，秦虹和盛洪（2006）、曹亚楠（2014）认为，社会资本投资存在产权不明晰、政策及法规体系不完善和人力资源管理水平不够高等问题，并探究了出现这些问题的原因且提出针对性的建议。

关于社会资本投资内涵和重要性方面，刘江日（2015）在已有关于社会资本内涵的界定上，从社会资本来源渠道及社会资本基础形态两个角度展开，将论者进一步划分为宽派、中派和窄派三种。在社会资本重要性角度上，陈冬（2014）对民营资本及其在基础设施建设领域中的效益问题进行了重点分析，最后得出民营资本的投资不仅对提升基础设施建设水平有好处，还对经济所有制方式转变存在一定影响的结论。王丽娅（2013）认为，无论从效率还是效益角度来看，私营资本在社会资本投资中的作用要比国有资本大得多，因而其逐渐成为促进社会经济可持续发展的重要力量。

程成（2014）认为，在社会资本投资对经济、社会发展产生影响过程中，经济的持续增长、社会的发展及科技的进步反过来都为社会资本投资基础设施建设提供了更加有利的条件及更加宽松的环境，并且能够助力其朝着国际化的方向不断发展。

李洪斌（2014）提出，在解决各种矛盾与冲突的前提下，项目建设应凸显资源协同作用，为此，应从项目管理的角度，从项目流程、组织结构、资源规划、机制创新等方面，对项目建设中出现的一些问题进行改善与优化。与此同时，研究还选择了上海浦东机场的基建工程进行相关的研究，并指出，在基建工程中，一定要有先进的思想，并在此思想的指引下，不断地完善自己的方式、方法和手段。不仅如此，还从项目模式、风险、成本、所有权、经营权等层面出发，对社会资本投资基础设施领域建设所处的政治、经济、文化、法律、社会等环境进行了研究。

王亚莉和孔金平（2009）收集到部分天然气开发投资的实际资料，在对其进行分析后，基于此前天然气投资开发所面临的投资总量过快、开采难度大、投产区块品位变差、气田产能建设开发工作量激增及宏观经济环境变化造成的不确定性增加等问题，有针对性地提出以下几点建议：①制定有利于低级矿产资源开采的价税政策；②对融资方式进行科学的调整以及逐渐拓宽融资渠道；③建立健全法规体系，营造良好的投资环境。

综上所述，受到所在国家政治、经济、社会、文化等因素的影响，国内外学者关于社会资本投资基础设施建设方面的研究依旧存在进一步研究的空间。特别是，在社会资本对基础设施的投资过程中，政府应如何在政策制度、法律法规等层面上发挥积极的作用，这些都需要后续学者进行系统、全面的研究和探析。

三、地下储气库建设支持政策研究

天然气作为清洁高效能源，是我国能源行业一体化发展过程中不可替代的组成部分，对保障国家能源安全与"双碳"目标的实现发挥着重要的作用。2019 年 12 月，国家石油天然气管网集团有限公司的成立标志着干线管网独立运营，油气输销业务实现分离，这一改变给天然气储气库运营带来了前所未有的发展机会，同样也带来了全新的挑战。2022 年 3 月，国家发展改革委、国家能源局发布了《"十四五"现代能源体系规划》，强调要统筹推进地下储气库、液化天然气（LNG）接收站等储气设施建设。在此形势下，国内其他储气库运营发展方向也发生了转变。

因为欧美国家早已实施天然气价格相关改革，所以地下储气库的文献相对较多。例如，Galbi（2001）、Hawdon（2003）介绍了欧美政府对储气费的管控历程；吕森（2019）概括了欧洲储气库受中央政府管理的方式，政府主要审核服务规则和储气库价格机制，监控库容商品的价格水平。

张颢和杜波（2018）等讨论了储气库独立运行后面临的储气费形成机制和费率设计问题。Cavalier 等（2013）在对当时欧洲天然气市场所使用的储气量配置规则进行分析时，发现在不完全竞争条件下，能够最大限度地提高储气量的最优配给机制。在这个框架下，对三种常见的社会福利分配制度（分别实行税收、集中配给和拍卖）进行对比后得出结论，即在一个相对自由的市场上，最优的分配制度是将储气库容量优先分配给新进入市场的企业。

随着欧美国家天然气市场第三方接入技术的开发和应用，越来越多的学者将其视为一种具有战略意义的方法，并以此来影响市场力量。一般认为，即便允许第三方进入，在纵向整合的情况下，供方也会利用储气库的优先使用权来阻止第三方进入储气库，这将有碍于市场开放。Esnault（2003）的研究结果显示，对于像法国这样储藏丰富的天然气进口国家，开放第三国进入市场，需要设立一些法规和条例以实现有效的竞争，否则其作用将会大大降低。Ejarque（2011）对丹麦、意大利等国的天然气资料进行了分析，结果表明，如果政府对第三方储气商实施了战略性储备的限制，则会使其成本上升，从而对储气库的投资和建设不利，这是因为战略性储备的增多会挤占储气库的空间，削弱储气商的套利能力。Durand-Vie（2007）的研究结果表明，虽然允许第三方使用储气库可以提升天然气市场的竞争程度，但是现有的石油公司会对新公司的进入造成障碍。

从当前我国储气库的运营现状来看，国内天然气储存与其产业存在发展不平衡的现象，多位学者也对此展开了广泛且深入的研究。张光华（2018）、丁国生等（2015）等分别介绍了我国地下储气库的发展历程；魏欢等（2015）介绍了我国储气库的经营主体和普遍的经营模式。

郭洁琼等（2022）在传统管理的背景下，对我国地下储气库的经营模式展开了分析，并对绑定租赁储气模式、淡旺季差价储气模式、存贷气储气模式、异地存取储气模式进行了深入的对比剖析，为储气库市场化提供了实操性参考。文习之等（2022）对佛山市天然气储气调峰、储备能力建设的现状进行调研与分析，进一步提出加强储备能力建设方面的对策建议。全俐颖和马远（2022）对我国天然气海外供应体系多元化及战略储备进行了研究，提出我国现有天然气储备、储气库运营等方面存在的问题，也进一步提出了对策建议。

张孝松（2000）研究了天然气管道输送的定价依据和方法并进行了比较，我国的天然气管道通常实行"基于允许收益"的"一部制"等收费方式；秦冬冬（2016）根据新气管道、王学军等（2004）根据西气东输管道研究分析了我国现行的管输定价机制；宋建林和陈韶华（2001）研究了我国的天然气管道输送的定价方法，同时指出当前我国储气费用多包含在管输费中。

综上所述，该节通过对天然气价格、社会资本投资和地下储气库支持政策研究现状的详细分析，发现社会资本投资在地下储气库领域具有重要的影响和作用。通过天然气价格的研究为确定合理的价格机制提供了基础，为社会资本投资者提供了更具可预测性的投资环境，也给地下储气库支持政策为社会资本投资者提供了更好的政策环境和激励机制，促进了投资者的参与和投资活动。未来应继续关注社会资本投资天然气地下储气库的推动因素、政策设计和风险管理等方面，以促进地下储气库的可持续发展和社会经济效益的最大化。

第五节　本章小结

近年来，中国各地政府及有关企业均十分关注储气库的投资建设及经营管理，使其得到了快速发展。在天然气工业发展和制度变革的重要阶段，有必要对中国近几年颁布的有关储气库建设的政策和法规进行整理，并结合中国学界的相关研究成果，进行系统的整理。

在本章中，首先，简单阐述了社会资本和地下储气库的概念、分类等；其次，介绍了政府规制理论、政策工具理论、政策执行理论，包括定义和各理论分类等；再次，概述了八种研究方法，即状态空间模型、时间序列法、聚类分析法、Logistic 模型、可视图算法、VAR 模型、因素分析法和 UTAUT 模型；最后，对当前天然气价格、社会资本投资、地下储气库建设支持政策进行了综述研究。

随着 2019 年末国家石油天然气网络公司正式挂牌，中国进入天然气行业快速发展期、天然气行业市场化渐进期、天然气行业体制机制改革的关键时期。这"三期叠加"的特殊发展阶段，要确保中国天然气储备项目的建设进度与质量，特别是未来天然气地下储气库的运作与管理体制，需要对其进行深入研究，认真制定，并尽早出台相关配套政策。

第三章　我国天然气地下储气库建设的发展现状

第一节　天然气在我国能源结构中的比较优势

"十四五"时期是我国传统能源向清洁化转型的关键期。2020年9月22日，习近平总书记在第75届联合国大会一般性辩论上宣布，中国力争于2030年前使二氧化碳排放达到峰值，努力争取2060年前实现碳中和。实现"双碳"目标最好的办法就是摒弃化石能源，使用可再生能源。但是，受限于资源储备、现有技术和能源安全等问题，我国暂时无法完全用可再生能源替代化石能源。天然气作为一种低碳清洁的化石能源，具有二氧化碳排放量低、经济实惠、储量丰富等优势，是我国在传统能源向清洁能源过渡期的最佳能源消费品种之一。因此，当前我国能源转型的重点在于减少煤炭的消费量，提高天然气在能源消费结构中的占比。

一、绿色环保

根据《中华人民共和国 2022 年国民经济和社会发展统计公

报》，2022 年我国消费了 54.1 亿吨标准煤的能源，较 2021 年增加了 2.9%。其中，煤炭在我国能源消费结构中的占比为 56.2%，同比增长 4.3%。以煤炭为主的能源消费结构，导致我国在国际气候变化谈判中话语权不高。此外，由于大量生产和消费煤炭，我国空气、土壤及水环境被消耗或污染。

为应对环境污染和气候变化等带来的严峻挑战，我国能源行业和制造业势必需要加快向低碳清洁方向转型。在传统能源向清洁能源过渡期，天然气作为一种既高效又清洁的能源，是我国能源消费品中的最佳选择之一。在实现"双碳"目标前，天然气无疑是我国能源转型的重要抓手，必将发挥重要作用。

天然气之所以被称为"能源转型"的重要抓手，是因为其含碳量比煤炭、柴油、原油等常用燃料低，二氧化碳的减排潜力较大，具有绿色环保的优势。煤、柴油、汽油和天然气等常用燃料的含碳量如表 3-1 所示。天然气按其产生的原因不同，可划分为常规天然气与非常规天然气。按天然气的运输方式不同，还可以将天然气划分为一般天然气、液化天然气和压缩天然气三类。天然气大量产生于油田和天然气田，其次是煤层。燃料是天然气的最主要用途，可以用来制作炭黑、石油气和化学药品等，是工业领域最为重要的原料之一。

表 3-1　常用燃料的平均含碳量

燃料种类	含碳量（t·TJ-1）	燃料种类	含碳量（t·TJ-1）
无烟煤	26.8	柴油	20.2
烟煤	25.8	汽油	18.9
原油	20.0	天然气	15.3

天然气、标准煤和原油的典型热值及其产生的二氧化碳如表 3-2 所示。如果要产生同样 10000 千卡的热量，就需要燃烧约 1.176m³

天然气，产生约 2.217kg 二氧化碳；如果是燃烧标准煤，则需要约 1.428kg，从而产生约 3.743kg 二氧化碳；如果是燃烧原油，则需要约 1.087kg，从而产生约 3.370kg 二氧化碳。因此，在发热量相同的情况下，天然气的碳排放量大约是标准煤的 59.23%，是原油的 65.79%。实际上，陕北和内蒙古的典型发电用的煤炭热值是 5500 千卡/kg，每千克产生 2.620kg 二氧化碳。在同样产生 10000 千卡的热量时，陕北和内蒙古需要消耗的煤炭为 1.818kg，产生 4.763kg 二氧化碳，是天然气二氧化碳排放量的 2.15 倍。由此可见，用天然气代替标准煤和原油分别可以减少碳排放量 40% 和 35%，在陕北和内蒙古用天然气代替标准煤可减少 50% 以上。

表 3-2　天然气、标准煤和原油的典型热值及其产生的二氧化碳质量

燃料种类	典型热值	二氧化碳（kg）
天然气	8500 千卡/m³	1.885
标准煤	7000 千卡/kg	2.620
原油	9200 千卡/kg	3.100

资料来源：https://baijiahao.baidu.com/s? id=173928561267058038。

作为清洁高效的化石能源，天然气燃烧时除了产生的二氧化碳比其他化石燃料少，还减少了将近 100% 的二氧化硫、粉尘以及 50% 的氮氧化物，因此产生酸雨的可能性较低。因为煤炭中含有较多氮，所以燃烧时产生的氮氧化物也较多，为 255~857g/GJ；与之相比，因为天然气中基本不含氮，所以燃烧时产生的氮氧化物比较少，仅为 67~267g/GJ。此外，煤炭燃烧时还会产生较多的烟尘，而天然气则不会。因此，天然气具有较大的烟尘减排潜力。

根据国家标准 GB 17820-2018《天然气》，一类气总硫应低于 20mg/m³，硫化氢应低于 6mg/m³；二类气总硫应低于 100mg/m³，硫化氢应低于 20mg/m³。按照煤中硫的含量 1% 来计算，煤炭每 MJ

就含有硫 340mg，而天然气每 MJ 仅含硫 0.54mg，煤、石油、天然气的燃烧排放物比较如表 3-3 所示。这表明，天然气在减少二氧化硫排放方面的潜力较大。而且，天然气无论是作为民用燃料，还是作为工业燃料，其热效率均比煤炭高。

表 3-3　煤、石油和天然气的燃烧排放物比较

排放物	煤	石油	天然气
二氧化硫（SO$_2$）	6（已脱 80% 硫）	20（未脱硫）	
二氧化氮（NO$_2$）	11（工业用）	6（工业用）	4（工业用）
二氧化碳（CO$_2$）	4.5~20	6~30	0.53~3
未燃烧物	0.3	0.5	0~0.45
灰分	220		
飞灰	1.4		

天然气的节能减排还体现在其利用效率上。天然气的热值为 36.9MJ/m³，比煤炭高 7.6MJ/kg，如表 3-4 所示。无论是在发电领域、工业锅炉领域，还是在民用领域，天然气的热效率远高于煤炭。尤其是在民用领域，煤炭的热效率仅在 15%~30%，而天然气是 55%~65%，是煤炭的 3 倍左右。此外，在发电领域、工业锅炉领域，天然气的热效率也比燃料油高。由此可见，天然气的热值较高，燃烧效率好。

表 3-4　煤炭、燃料油和天然气在不同领域的利用效率

燃料种类	热值	发电效率（%）	工业锅炉热效率（%）	民用热效率（%）	化工能耗（kg 标准煤/t-氨）
煤炭	29.3（MJ/kg）	34~38	65~80	15~30	1800~1570
燃料油	41.5（MJ/kg）	40~55	80~90		1210~990
天然气	36.9（MJ/m³）	44~58	86~90	55~65	1210~990

资料来源：陈璐（2014）。

为进一步分析天然气的节能减排效率及热效率，此处以调峰电厂为例。通过天然气发电的热效率高达90%，但其投资成本仅是煤炭发电的2/3。此外，天然气发电厂不仅建设工作量小、维修成本低、操作简便，而且造成的环境污染小，不同的燃料发电厂废气排放量如表3-5所示。在燃烧过程中，天然气不仅没有排放二氧化硫，而且没有产生碳氢化合物和飞灰。与煤发电厂相比，天然气发电厂的二氧化碳排放量减少了50%，二氧化氮减少了63%，颗粒物减少了95%。由此可见，天然气非常适合作为调峰电厂的燃料。

表3-5　不同燃料电厂年废气排放量比较

污染物	煤发电厂（kg）	石油发电厂（kg）	天然气发电厂（kg）
二氧化硫（SO_2）	6（已脱80%硫）	20（未脱硫）	
二氧化氮（NO_1）	11（工业用）	6（工业用）	4（工业用）
二氧化碳（CO_2）	4.5~20	6~30	0.53~3
醛类	0.3	0.5	0~0.45
碳氢化合物（HC）	220		
飞灰	1.4		

综上所述，相比于煤炭，天然气燃烧时排放的二氧化碳、二氧化硫和二氧化氮等较少，节能减排效果显著。更何况，当前全球变暖已经对人类社会的可持续发展造成了严重的威胁，各国早已开始高度重视温室气体的排放。其中，温室气体的主要产生来源就是燃烧煤炭和石油等化石能源。因此，大力开发和利用天然气，是我国应对全球气候变暖和实现"双碳"目标的必然选择。

二、经济实惠

在发展低碳经济时代，不仅要考虑能源的节能减排效果，也要考虑其经济性，评价其是否经济实惠非常重要。为进一步分析天然气的经济性，此处采用李丹华等（2011）的研究方法，针对我国天然气、煤炭（无烟煤）、汽油、柴油、液化石油气等常用的能源品种进行更深入的研究与分析。根据国家标准 GB 17820-2018《天然气》，天然气高位发热值由 2012 年的 31.4MJ/m³ 增至 2018 年的 34.4MJ/m³。各能源的发热值参数如表 3-6 所示。

表 3-6 各能源的发热值参数

燃料种类	计量单位	单位热量	热值比较
天然气	Nm³	34.44	1.00
煤炭（无烟煤）	kg	29.26	0.85
汽油	L	31.62	0.92
柴油	L	39.59	1.15
液化石油气（LPG）	Nm³	45.05	1.31

当不考虑能源利用效率时，

$$\omega = \frac{c_n}{c} - HV$$

其中，ω 表示经济性系数；c_n 表示其他各能源的一个计量单位价格（元）；c 表示天然气在一个计量单位中的价格（元）；HV 表示热值的比较值。

当 $\omega > 0$ 时，天然气的经济性比其他能源高；

当 $\omega = 0$ 时，天然气的经济性与其他能源相同；

当 $\omega < 0$ 时，天然气的经济性比其他能源低。

站在居民用户的角度分析，随着天然气消费量在城市居民领域的快速增长，目前我国城市气化率处于高水平，管道天然气和瓶装液化石油气是主要的用气形式。由于各地区天然气的价格略微不同，为了更加准确地评价各能源的经济性，这里主要以各能源价格的中间值为例进行比较和分析。在不考虑能源利用效率时，居民用户使用瓶装液化石油气、煤炭（无烟煤）和天然气的经济性分析如表3-7所示。可以看出，液化石油气的经济性系数高达2.26，天然气比其低很多，但与煤炭（无烟煤）相比还有一定的差距。

表3-7　居民用户使用各能源的经济性分析

类别	液化石油气	煤（无烟煤）	天然气
价格	10元/kg	1.2元/kg	2.8元/Nm³
热值	45.5MJ/kg	29.26MJ/kg	34.4MJ/kg
热值比值	1.31	0.85	1.00
经济性系数	2.26	-0.42	0

站在酒店、餐饮和商场等商业用户的角度分析，热水锅炉和大灶是它们使用天然气的主要设备，商业用户使用不同能源的经济性分析如表3-8所示。液化石油气和柴油的经济性系数分别为2.26和1.33，均比天然气的经济性高。由此可见，除了煤炭（无烟煤），天然气比其他能源更加经济实惠。在商业用户领域，天然气或许可以完全替代除煤炭以外的各种能源。

表3-8　商业用户使用不同能源的经济性分析

类别	柴油	液化石油气	煤炭（无烟煤）	天然气
价格	7.2元/L	10元/kg	1.2元/kg	2.8元/Nm³
热值	42.6MJ/kg	45.05MJ/kg	29.26MJ/kg	34.4MJ/kg
热值比较值	1.07	1.31	0.85	1.00
经济性系数	1.33	2.26	-0.42	0

站在工业用户的角度分析，烘烤、焙制和干燥等生产工艺，以及冶炼炉、加热炉和熔化炉等工业锅炉是工业用户的主要用气形式。工业用户使用不同能源的经济性分析如表3-9所示。天然气与其他能源相比，价格仅高于煤炭（无烟煤），但其热值高于煤炭

（无烟煤），二者的经济性系数相差不大。虽然柴油和液化石油气的热值比天然气高，但是其价格是天然气的好几倍，导致其经济性系数远高于天然气。因此，如果工业领域要降低煤炭的消费占比，那么选择天然气代替煤炭的可能性最大。

表 3-9　工业用户使用各能源的经济性分析

类别	柴油	液化石油气	煤炭（无烟煤）	天然气
价格	7.2 元/L	10 元/kg	1.2 元/kg	2.8 元/Nm^3
热值	42.6MJ/kg	45.05MJ/kg	29.26MJ/kg	34.4MJ/kg
热值比较值	1.07	1.31	0.85	1.00
经济性系数	1.33	2.26	-0.42	0

综上所述，与其他能源相比，虽然天然气的经济性不及煤炭，但是比柴油和液化石油气都更加经济实惠。结合上一节的分析，天然气不仅在各能源中温室气体排放量最低，而且利用效率更高，综合效益更好，进而具有较大的经济优势。因此，从目前我国的能源现状来看，天然气是替代煤炭甚至石油的最优选择，极有可能在改善大气环境、实现"双碳"目标中发挥重要的作用。

三、储量丰富

一直以来，"富煤、贫油、少气"是形容我国能源现状的最常用语。但是，经过查阅相关数据及国际能源网的新闻报道，得出的结论却相反：我国天然气资源不但多，而且非常丰富。只不过，早些年我国处于天然气勘探开发的初期，天然气资源的开采程度和探明率不高，导致较多人认为我国天然气资源匮乏。近年来，随着我国天然气勘探开发持续发力，天然气新增探明地质储量逐年提高。目前，我国常规天然气的探明地质储量在世界排名第六。

俄罗斯是众所周知的天然气资源强国，其天然气储量久居世界第一，我国天然气探明地质储量排名第六。根据英国石油公司 2021 年的报告数据①，俄罗斯的天然气探明储量占全世界的 28%，高达 $370000 \times 10^8 m^3$，稳居世界能源强国榜首。天然气储量排名第二的是以石油出口为主要经济来源的伊朗，2020 年底其天然气探明储量占全球总量的 17.1%，约为 $320000 \times 10^8 m^3$。卡塔尔以 $246810 \times 10^8 m^3$ 的天然气探明储量排在了世界第三，该国拥有优越的地理位置以及丰富的天然气和石油的资源优势。排名第四、第五的国家分别是土库曼斯坦、美国，天然气探明地质储量分别为 $194860 \times 10^8 m^3$、$138320 \times 10^8 m^3$。中国的天然气探明地质储量为 $124680 \times 10^8 m^3$，位居世界第六。

"十三五"时期，随着数个千亿方级的气田和亿吨级的油田陆续被探明，我国非常规能源的探明储量急剧上升。我国在这一时期累计有 $56000 \times 10^8 m^3$ 新增天然气探明地质储量，即平均每年有超过 $10000 \times 10^8 m^3$ 新增储量②。其中，常规天然气、页岩气和煤层气的新增探明地质储量分别为 $39700 \times 10^8 m^3$、$14600 \times 10^8 m^3$ 和 $1600 \times 10^8 m^3$。2020 年是"十三五"规划收官之年，天然气探明地质储量新增 $12900 \times 10^8 m^3$。

在国家"碳达峰、碳中和"的背景下，为加快能源结构升级，我国高度重视天然气探明储量，促使我国天然气的新增探明储量持续保持在高峰水平。2014～2020 年，我国新增天然气探明地质储量从 $3816 \times 10^8 m^3$ 上升至 $12948 \times 10^8 m^3$，呈现逐年攀升的趋势，如图 3-1 所示。尤其是在 2016 年，我国天然气探明储量首次突破 $50000 \times 10^8 m^3$，高达 $51939.5 \times 10^8 m^3$，并从这一年后一直保持在 $50000 \times 10^8 m^3$ 的高水平。直到 2020 年，我国新增探明地质储量取得了重大突破，首次超过 $10000 \times 10^8 m^3$，天然气探明储量超 $60000 \times 10^8 m^3$。

---

① 资料来源：https：//news.bjx.com.cn/html/20220114/1199563.shtml。
② 资料来源：http：//news.cnpc.com.cn/system/2021/09/10/030044358.shtml。

图 3-1　2012~2020 年我国天然气探明储量

资料来源：https：//chinagas. org. cn/4628/202007/3504. html。

　　根据《中国天然气发展报告（2022）》，我国天然气勘探开发持续发力，新增天然气探明地质储量逐年递增。2020~2022 年，我国天然气新增探明储量均超过 $10000×10^8 m^3$。其中，2021 年新增 $16300×10^8 m^3$，同比增加 26.32%，创历史新高[①]。2021 年，我国常规气（含致密气）的新增探明地质储量高达 8051 亿 m^3，占我国天然气新增探明地质储量的 49%[②]，占比排名第一；其次是页岩气，新增探明地质储量约为 $7454×10^8 m^3$，占比为 46%；剩下 5% 则是煤层气，约为 $779 m^3$，如图 3-2 所示。

　　根据 2018 年 5 月联合国贸易和发展会议发布的报告，我国页岩气储量排在世界首位[③]，高达 $316000×10^8 m^3$；位列第二至第五的分别是阿根廷、阿尔及利亚、美国和加拿大，页岩气储量分别为 $227000×10^8 m^3$、$200000×10^8 m^3$、$177000×10^8 m^3$ 和 $162000×10^8 m^3$。当前，全世界可供开采的页岩气储量合计约 $2145000×10^8 m^3$，相当

[①]　资料来源：https：//www. gov. cn/xinwen/2022-09/30/content_5713963. htm。

[②]　资料来源：https：//www. gov. cn/xinwen/2022-08/26/content_5706882. htm。

[③]　资料来源：https：//www. guancha. cn/industry-science/2018_07_11_463619. shtml。

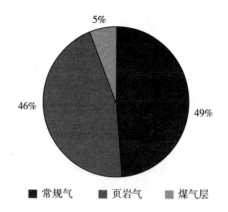

图 3-2　2021 年我国天然气新增探明地质储量占比

于全世界天然气 61 年的消费总量。该报告的相关数据与美国能源情报署的预测报告一致，这表明我国有可能成为世界上最大的页岩气储备强国，且远超当前页岩气储备量位列全球第二的阿根廷。

我国页岩气探明储量最高的气田是川南页岩气，2020 年该气田的天然气产量高达 $116.1×10^8 m^3$，同比增加了 $35.8×10^8 m^3$，是我国天然气增量的 1/3[①]。2012~2020 年，川南页岩气年产量从 1 亿 m^3 迅速上升至百亿 m^3 以上。此外，我国还有四个页岩气探明储量上千亿 m^3 的大气田，累计探明地质储量高达 $1.8×10^8 m^3$。但是，以上页岩气田的探明率非常低，仅为 5.7%，这表明我国勘探开发处于初级阶段。

不仅是页岩气，我国天然气水化物（可燃冰）储量也很丰富，位居全球第一。可燃冰是一种新型的能源品种，其能力密度高，对环境污染小，拥有世界上最清洁的能源美誉。因为它的外表像冰，遇火就会被点燃，所以被称为"可燃冰"。2020 年，我国在南海神狐海域试采可燃冰打破了世界纪录[②]，产气总量高达 $861400 m^3$，日

---

① 资料来源：http：//www.sasac.gov.cn/n2588025/n2588124/c16436428/content.html。
② 资料来源：https：//m.163.com/dy/article/H7OOSM5R0517P51E.html。

均产气量接近 $30000m^3$。

2023 年，我国能源局发布的《2022 年全国油气勘探开发十大标志性成果》显示，我国在持续加大新气田勘探开发力度，坐稳常规天然气主体地位，推动非常规气快速上产。2017～2022 年，我国天然气产量连续六年增产超 $100 \times 10^8 m^3$，其中 2022 年天然气产量约 $2200 \times 10^8 m^3$。苏里格气田不断创新技术，推进高质量二次加快发展，首次实现天然气产量超 $300 \times 10^8 m^3$。安岳气田、普光气田、元坝气田及博孜—大北气田持续加大勘探力度，加强剩余气精细挖潜，分别保持在 $100 \times 10^8 m^3 \sim 150 \times 10^8 m^3$ 稳产。

第二节　天然气地下储气库建设的必要性

根据《中国能源大数据报告（2019）》《中国能源大数据报告（2020）》《中国能源大数据报告（2021）》，2018～2020 年，我国天然气表观消费量三年分别是 $2803 \times 10^8 m^3$、$3259.3 \times 10^8 m^3$、$3240 \times 10^8 m^3$，同比增长分别为 10%、7.6% 和 5.6%。由此可见，我国天然气消费量近年来呈现快速上升趋势。在此背景下，我国天然气储备能力不足的问题却越加凸显。加大天然气储备、建设天然气地下储气库是保障天然气调峰应急和保供能力的重要手段之一。因此，加快储气库的建设不仅是实现碳达峰碳中和战略目标的迫切需求，更是保障天然气调峰应急和保供能力的现实选择。

一、储气调峰需求大

天然气储备是通过建设天然气地下储气库、液化天然气储气罐和高压气罐等手段，在天然气供应较充裕时和用气量低谷时，把多余的天然气储存起来，用于满足天然气用气高峰时期，或者天然气供应意外中断时。天然气储备的作用是保障天然气产业链的正常、高效运转，包括调节用气峰谷差、应对天然气供应意外中断和作为战略储备，提高天然气行业运营效率和企业经营效益。地下储气库具有建设周期短、存储量大等优势，成为最重要的储气手段之一。

与地面上的球形储气罐比起来，虽然天然气地下储气库的建设成本高，但是地下储气库具有储存量大、使用时间长、安全性高、灵活性大等诸多优势。我国天然气地下储气库的基本运作方式是以年为周期的，冬、春两季采集，夏、秋注入。简单地说就是，夏天用气量少的时候将多出来的天然气存起来，冬天用量增加的时候再从库中采出来使用，既保证了能源安全，又能在消费端随取随用。

在国际上应对全球变暖的气候变化以及国内生态环境的双重压力下，我国在努力控制能源消费总量的同时，积极改善能源消费结构。《关于加快推进天然气利用的意见》提出，逐步将天然气培育成我国现代情急能源体系的主体能源之一，实现天然气在 2030 年的消费量占一次能源消费总量的 15% 左右，天然气地下储气库要形成 $350 \times 10^8 \text{m}^3$ 的有效工作气量。

随着天然气消费量和天然气消费在能源消费结构中所占比例的不断上升，供气安全对于我国能源安全、经济安全和社会稳定的重要性不断提高。所谓供气安全，就是天然气以可接受的价格持续、稳定供应。如果供气面临被中断的危险，那么就存在供气不安全的问题。天然气储备对供气安全的作用体现在调峰和应急两个方面。

天然气在生产和运输过程中必须平稳和连续，才能实现天然气经济效益的最大化。然而，天然气的消费量具有较强的不均衡性，它会随时间的波动而波动，包括月与月、季与季之间的不均衡性，甚至日与日、小时与小时之间的不均衡性，这是由于人们的生活规律和方式所造成的。小时与小时和日与日之间的不均衡性取决于人们的工作和休息时间，一天中由于大量天然气用于做饭、采暖，通常在下午 6~8 点达到用气高峰，上午 9~10 点为用气低谷。月与月

（季与季）之间的不均衡性主要是由气温的季节性变化引起的，由于使用天然气取暖，通常冬天用气量较高，夏天用气量较低。随着越来越多的天然气用于发电，夏季空调用电需求引起天然气消费量的上升，不需要天然气取暖的地区可能面临夏季用气高峰。

我国工业用气较均衡，天然气调峰需求主要来自城市燃气，包括居民生活用气和商业用气以及城市集中供暖。在我国天然气消费结构中，城市燃气所占比例较高，增速较快。随着我国供气管网改造的持续推进，城市燃气的普及率也在逐渐提高，而且城市燃气优先选择天然气，燃气消费主要以天然气为主。根据国家统计局数据，我国城市燃气普及率从 2009 年的 91.41% 上升到 2021 年的98%[①]，如图 3-3 所示，我国燃气普及率已处在高水平。城市天然气的消费量和占比逐年上升，对我国天然气储气调峰提出了更高要求。

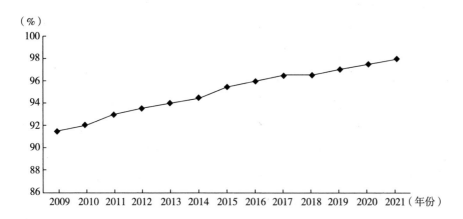

图 3-3　2009~2021 年中国城市燃气普及率情况

资料来源：国家统计局、前瞻产业研究院。

尽管目前我国天然气产业已迈向迅速发展的道路，但是随着我

---

① 资料来源：https://finance.sina.com.cn/roll/2023-04-27/doc-imyruzsx4414406.shtml。

国天然气进口量和消费量的持续快速增长，天然气储气调峰需求日益凸显。解决天然气储存和调峰矛盾的最主要、最有效的手段就是建设天然气地下储气库。储气库主要用于天然气储存、调峰和安全供气，是保障国家能源安全的基础设施。因此，在"双碳"目标背景下，为解决天然气储存和调峰矛盾，促进天然气产业的高速发展，加快建设天然气地下储气库显得尤为重要。更何况，天然气地下储气库作为天然气上、中、下游全产业链中的重要基础设施，对于保障我国能源供应安全和能源消费安全至关重要。

根据《关于加快推进天然气利用的指导意见》，2020 年我国天然气能源消费量占比为 8.4%，未来将通过新增消费领域来加快推进天然气的使用，包括城市燃气、工业燃料、天然气发电和交通运输等领域，预计在 2030 年天然气消费量将提高到 15%。在此背景下，我国能源消费体系的改变和天然气消费领域的扩大，势必会加大天然气储备调峰保供的需求。根据地下储气库最低工作气量计算方法，天然气储量应达到消费总量的 12%，最低应达到 10%。但是，2020 年我国仅有 $147 \times 10^8 m^3$ 的储气库工作气量，仅占全国消费总量的 4.5%[①]，远不足以应对天然气调峰保供的严峻挑战。

目前，全球地下储气库建库分布不均衡，全球地下储气库数量地区分布如图 3-4 所示。中国作为世界上第三大天然气消费国，现有的储气库数量仅占全球储气库总量的 3.5% 左右，大约是美国的储气库总量的 6%。截至 2021 年底，全球共建 622 座地下储气库[②]，其中美国和欧洲等发达国家和地区的建库数量比较多。仅在北美地区，就集中了全世界超过 2/3 的地下储气库数量，共 439 座。由此可见，与世界平均水平相比，我国天然气储气库数量偏低，储气能力较差。

---

① 资料来源：https：//news.bjx.com.cn/html/20210616/1158388.shtml。
② 资料来源：https：//www.sohu.com/a/550089166_120928700。

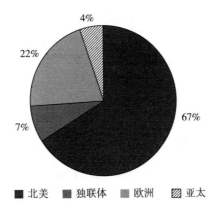

图 3-4　全球地下储气库数量地区分布

资料来源：https://www.163.com/dy/article/H84FONRG0552SV13.html。

截至 2020 年初，全国已建成 27 座天然气储气库[①]，其中大部分储气库坐落于环渤海和长三角等天然气消费市场区和重点管道附近。但是，目前的储气库调峰能力较低，储量约占全国天然气消费总量的 5%，亟须建设更多储气来进一步满足天然气调峰保供需求。预计到 2035 年，我国天然气消费总量有可能会达到 $6200\times10^8\mathrm{m}^3$。因此，要想保障我国能源供应安全和天然气使用安全，我国天然气储气量必须从百亿 m^3 级向千亿 m^3 级过渡。

根据《中国天然气发展报告（2021）》的预测，我国天然气消费规模将在 2025 年超过 $4300\times10^8\mathrm{m}^3$；在 2030 年，消费规模将超过 $5500\times10^8\mathrm{m}^3$；随后，我国天然气消费量呈稳定增长趋势；直到 2040 年左右，我国将会进入天然气发展平台期。根据天然气储气库工作气量不得小于消费总量 10% 的红线原则，2030 年我国最少要有 $500\times10^8\mathrm{m}^3$ 的工作气量。然而，截至 2020 年，我国只有 100 余亿 m^3 的工作气量。这就要求我国未来十年内要增加近 $400\times10^8\mathrm{m}^3$ 的工作气量，也意味着未来十年将是我国储气库建设发展高峰期和战略机

----

① 资料来源：http://www.nea.gov.cn/2020-01/22/c_138726679.htm。

遇期。

二、天然气市场供需紧张

英国石油公司（BP）于 2022 年 6 月发布的《BP 世界能源统计年鉴 2022》显示，2021 年，我国能源消费总量排在世界首位，约是全世界消费总量的 26.5%。2021 年，全世界能源消费总量较上年上升了 5.8%，其中我国同比增加了 7.1%。能源消费总量排名前十的国家共计消费量是全世界消费总量的 67%，其中排名前三的国家分别是中国、美国和印度，如表 3-10 所示。

表 3-10　2021 年全球前十大能源消费国

国家	2021 年（艾焦）	2020 年（艾焦）	同比增幅（%）	全球占比（%）
全球	595.15	564.01	5.8	100.0
中国	157.65	147.58	7.1	26.5
美国	92.97	88.54	5.3	15.6
印度	35.43	32.19	10.4	6.0
俄罗斯	31.3	28.88	8.7	5.3
日本	17.74	17.13	3.8	3.0
加拿大	13.94	13.82	1.1	2.3
德国	12.64	12.36	2.6	2.1
韩国	12.57	11.99	5.2	2.1
巴西	12.57	12	5.0	2.1
伊朗	12.19	12.02	1.7	2.0

资料来源：http://www.sxcoal.com/news/4655769/info。

2021 年，全世界生产煤炭总量高达 81.73 亿吨[①]，较上年增加了 6%。2021 年，全世界排名前十的煤炭生产国的煤炭产量较上年

---

① 资料来源：https://finance.sina.com.cn/jjxw/2022-07-01/doc-imizmscu9629582.shtml。

均有增长。其中，我国煤炭产量和同比增长率都居首位，生产了
41.26亿吨的煤炭，超过全世界煤炭生产总量的50%，如表3-11
所示。

表3-11　2021年全球前十大煤炭生产国

国家	2021年（亿吨）	2020年（亿吨）	同比增幅（%）	全球占比（%）
全球	81.73	77.32	6	100
中国	41.26	39.02	6	50.5
印度	8.11	7.59	7.1	9.9
印度尼西亚	6.14	5.64	9.2	7.5
美国	5.24	4.86	8.3	6.4
澳大利亚	4.79	4.70	2.1	5.9
俄罗斯	4.34	4	8.8	5.3
南非	2.35	2.46	43	2.9
德国	1.26	1.07	17.6	1.5
哈萨克斯坦	1.16	1.13	2.3	1.4
波兰	1.08	1.01	7.2	1.3

2021年，全世界消费了160.10艾焦的煤炭，较上年增加
6.3%。除了南非煤炭消费量小幅下降，全世界排名前十的煤炭消费
国的煤炭消费量较上年均有增长，其中我国煤炭消费量较上年增加
了约4.9%，是全世界消费总量的53.8%，如表3-12所示。

表3-12　2021年全球前十大煤炭消费国

国家	2021年（艾焦）	2020年（艾焦）	同比增幅（%）	全球占比（%）
全球	160.10	151.07	6.3	100
中国	86.17	82.38	4.9	53.8
印度	20.09	17.4	15.8	12.5

国家	2021年（艾焦）	2020年（艾焦）	同比增幅（%）	全球占比（%）
美国	10.57	9.2	15.2	6.6
日本	4.80	4.57	5.2	3.0
南非	3.53	3.56	0.5	2.2
俄罗斯	3.41	3.29	4.0	2.1
印度尼西亚	3.28	3.25	1.2	2.0
韩国	3.04	3.02	0.7	1.9
越南	2.15	2.10	2.5	1.3

随着全球能源供给体系的持续改革，大多数国家的天然气和其他清洁能源的消费占比在持续增加，非清洁能源的占比则在下降。具体来看，1965~2021年，全世界的天然气消费量在一次能源消费结构中所占的比重从14.56%上升至24.42%，增加了约10个百分点。同期，其他清洁能源的消费量在一次能源消费结构中所占的比重从6.62%上升至17.73%，增加了约11个百分点。石油和煤炭的消费占比则与之相反，即均呈现下降趋势，前者的比重从41.55%降至30.95%，后者的比重从37.27%降至26.90%，均下降超过10个百分点。在各国持续加大能源转型力度的背景下，预计未来全世界的煤炭和石油消费占比会进一步下降，高效清洁的天然气和其他清洁能源的比重会持续上升，并在能源转型过程中发挥重要作用。

天然气的发展通常会经历启动期、发展期和成熟期三个阶段：启动期，天然气的发展增速较慢；发展期，天然气的增速较快，通常经历30年左右；成熟期，天然气的发展增速放缓。例如，美国经历了25年的快速发展期[①]，从1945年天然气消费量突破$1000 \times 10^8 m^3$发展到1970年$6000 \times 10^8 m^3$，年均增长接近$200 \times 10^8 m^3$。我国是在2004年才开始进入天然气发展期，可见我国天然气发展比较晚。2010 年，我国天然气消费量首次突破 $1000\times10^8\text{m}^3$；2021 年，我国天然气消费量达到 $3726\times10^8\text{m}^3$。在此期间，我国天然气消费量年均增加 $199\times108\text{m}^3$。可见，我国当前仍处于天然气发展期，并在未来一段时间内不会改变。因此，未来我国天然气需求量有比较大的增长空间。

《中国天然气发展报告（2022）》显示，2021 年世界天然气消费量约 4 万亿 m^3，同比增速由 2020 年的 -1.6% 上升至 2021 年的 5.3%；同年，我国天然气消费量为 $3690\times10^8\text{m}^3$，同比增长高达 12.5%。可见，我国天然气消费量增速比世界平均水平快，且对外依存度较高。这意味着，我国能源安全将面临巨大挑战，建设天然气地下储气库的需求将更加迫切。自 2000 年我国建成第一座储气库开始至今，历经 20 余年的艰苦卓绝、攻坚克难，地下储气库的建设在工作压力、注采井深、地层温度高和地层压力四个方面打破了世界纪录，破解了"注得进、存得住、采得出"的重大难题，建设地下储气库的技术处于世界先进水平。但是，目前我国地下储气库的工作气量只有消费总量的 4.5%，距离最低 10% 的消费红线较远。

目前，我国建设的地下储气库分布不均衡。截至 2020 年初，我国共建成 27 座地下储气库，累计调峰供气量突破 500 亿 $\text{m}^3$①，储气库（群）主要设计参数表如表 3-13 所示。我国东南部地区是天然气消费的主要城市，中西部地区却是地下储气库建设的主要地区，即呈现"供需分离"的现状。尽管我国"西气东输"的战略工程能够在一定程度上缓解天然气"供需分离"的问题，但是运输成本较高。因此，我国还是应当提高建库技术，充分挖掘东南部地区的建库资源，以充分发挥地下储气库在保障天然气安全供给方面的重要作用。

---

① 资料来源：http：//www.nea.gov.cn/2020-01/22/c_138726679.htm。

表3-13　中国储气库（群）主要设计参数表

储气库（群）	地理位置	库容/亿	工作气量/亿 m³	形成调峰能力/亿 m³	企业主体
会群库	黑龙江大庆	4.3	2.7	0.5	中国石油
辽河双6	辽宁盘锦	55.2	30.0	20.5	
辽河雷61	辽宁盘锦	5.3	3.4	0.5	
双驼子	吉睥原	11.2	5.1	0.3	
华北苏桥	河俱清	67.0	23.0	10.0	
大港板南	天津滨海	7.8	4.3	2.0	
长庆陕224	陕西靖边	10.4	5.0	3.3	
长庆苏东39-61	陕西靖边	19.2	8.0	0.1	
长庆榆37	陕西靖边	6.0	2.7	0.1	
新疆呼图壁	新疆呼图壁	117.0	45.0	29.0	
西南相国寺	重庆市渝北区	43.0	23.0	23.0	
中原文96	河南濮阳	5.9	3.0	3.0	中国石化
江苏金坛	江苏金坛	11.8	7.2	1.5	
江汉黄杨	湖北潜江	2.3	1.4	0.5	
大港库器	天津大港	69.0	30.4	19.0	国家管网
华北库群	河帰清	18.7	7.5	7.5	
江苏金坛	江苏金坛	26.0	17.1	7.8	
江苏刘庄	江苏刘庄	4.6	2.5	2.5	
中原文23	河南濮阳	84.3	32.7	22.0	
金坛	江苏金坛	12.0	7.0	1.7	港华储气有限公司

资料来源：https://www.163.com/dy/article/H84FONRG0552SV13.html。

三、"双碳"目标及政策驱动

2020年9月22日，习近平总书记在第七十五届联合国大会一般性辩论上郑重宣布，中国将提高国家自主贡献力度，采取更加有力的政策和措施，二氧化碳力争2030年前使二氧化碳达到峰值，努力争取 2060 年前实现碳中和（以下简称"双碳"目标）。此后，我国开始积极制定相关政策并采取有力措施，确保实现"双碳"目标，清洁能源的使用成为实现这一目标的必然要求。

在当前以化石能源消费为主的能源结构下，天然气作为最清洁低碳的化石能源，是化石能源向清洁能源过渡的最佳选择。天然气经济实惠、资源丰富、使用灵活，在供应端和消费端具有较大优势，可以为实现"双碳"目标提供基础保障。建设地下储气库既可以缓解天然气季节性调峰和事故应急供气，还可以为供应清洁能源和实现国家能源战略提供重要保障。天然气地下储气库作为天然气上、中、下游全产业链中的重要基础设施，对于保障我国能源供应安全和消费安全至关重要。与地面球罐等方式相比，地下储气库具有以下优点：储存量大，机动性强，调峰范围广；经济合理，虽然造价高，但是经久耐用，使用年限长达 30~50 年或更长；安全系数大，安全性远远高于地面设施①。

2018 年 4 月，国家发展改革委、国家能源局联合印发了《关于加快储气设施建设和完善储气调峰辅助服务市场机制的意见》，要求天然气供应方的储气能力必须达到合同年销售量的 10%。"十四五"时期，我国明确要加快建设天然气地下储气库的步伐，确定了相关的总体规划。其中，2025 年我国需要实现 550 亿~600 亿 m^3 的天然气储气量，2030 年要实现 600 亿~700 亿 m^3 的天然气储气量，2035 年要实现 700 亿~800 亿 m^3 的天然气储气量。作为天然气产业中的重要角色，地下储气库在寒冷天气、突发事件和能源储备战略中不可或缺，对保障天然气供应和能源安全至关重要。

综上所述，为持续推进天然气的健康发展，我国积极出台了多项政策，主要涉及我国能源结构改革、天然气市场化改革、天然气储备设施建设等方面。2021 年 1 月至 2022 年 5 月，国家层面天然

---

① 资料来源：https://xueqiu.com/9803086374/174515571。

气行业相关的政策重点内容解读如表 3-14 所示。在"双碳"目标及诸多政策的推动下,我国天然气地下储气库的建设需求必将迎来高峰,加快地下储气库的建设已经迫在眉睫。

表 3-14 近年国家层面天然气行业相关的政策重点内容解读

发布日期	发布部门	政策名称	主要内容
2022 年 4 月	教育部	《加强碳达峰碳中和高等教育人才培养体系建设工作方案》	以一次能源清洁高效开发利用为重点,加强煤炭、石油和天然气专业人才培养
2022 年 4 月	应急管理部	《"十四五"应急管理标准化发展计划》	加快制修订海洋石油天然气开采安全、陆上石油天然气开采安全、高风险井井控安全等方面的安全标准
2022 年 3 月	国家能源局	《2022 年能源工作指导意见》	到 2022 年,全国能源生产总量达到 44.1 亿吨标准煤左右,原油产量 2 亿吨左右,天然气产量 2140 亿 m^3 左右
2022 年 1 月	交通运输部、科学技术部	《交通领域科技创新中长期发展规划纲要(2021—2035 年)》	开展基于多源数形的交通运输能耗、温室气体和大气污染物排放监测与评估技术研发,推广应用液化天然气等清洁能源
2022 年 1 月	国家发展改革委、国家能源局	《"十四五"现代能源体系规划》	到 2025 年,国内能源年综合生产能力达到 46 亿吨标准煤以上,天然气年产量达到 2300 亿 m^3 以上;全国集约布局的储气能力达到 550 亿~600 亿 m^3,占天然气消费量的比重约 13%
2022 年 1 月	国家发展改革委、国家能源局	《关于完善能源绿色低碳转型体制机制和政策措施的意见》	推行大容量电气化公共交通和电动、氢能、先进生物液体燃料、天然气等清洁能源交通工具;因地制宜建设既能满足电力运行调峰链需要,又能对天然气消费季节差具有调节作用的天然气"双调封"电站
2021 年 12 月	国务院	《"十四五"现代综合交通运输体系发展规划》	加快全国干线天然气管道建设,完善原油、成品油管网布局,推进东北、西北、西南等地区老旧管道隐患治理
2021 年 12 月	国务院	《"十四五"节能减排综合工作方案》	稳妥有序推进大气污染防治重点区域燃料类煤气发生炉、燃爆热风炉、加热炉、热处理炉、干燥炉(窑)及建材行业煤炭减量,实施清洁电力和天然气替代

续表

发布日期	发布部门	政策名称	主要内容
2021年10月	国务院	《2030年前碳达峰行动方案》	有序引导天然气消费，优化利用结构，优先保障民生用气，大力推动天然气与多种能源融合发展。因地制宜建设天然气调峰电站，合理引导工业用气和化工原料用气；引导企业转变用能方式，鼓励以电力、天然气等替代煤炭
2021年4月	国务院	《2021年能源工作指导意见》	到2021年，全国能源生产总量达到42亿吨标准煤左右，石油产量196亿吨左右，天然气产量2025亿m^3左右，非化石能源发电装机力争达到11亿千瓦左右
2021年3月	国务院	《中华人民共和国国民经济和社会发展第十四个五年规划和2035年远景目标纲要》	完善煤炭跨区域运输通道和集疏运体系，加快建设天然气主干管道，完善油气互联互通网络；夯实国内产量基础，保持原油和天然气稳产增产，做好煤制油气战略基地规划布局和管控
2021年2月	国务院	《国务院关于加快建立健全绿色低碳循环发展经济体系的指导意见》	进一步放开石油、化工、电力、天然气领域节能环保竞争性业务，鼓励公共机构推行能源托管服务；加快天然气基础设施建设和互联互通
2021年1月	国务院	《国务院关于新时代支持革命老区振兴发展的意见》	有序规划建设支撑性清洁煤电项目、煤运通道和煤炭储备基地，加快建设跨区域输电工程，持续完善电力骨干网架，推动石油、天然气管道和配套项目建设，保障革命老区能源稳定供应

资料来源：https：//new.qq.com/rain/a/20220608A0ASUP00。

第三节　天然气地下储气库建设发展现状分析

一、模仿借鉴期（1992~2000年）

在欧美发达国家，天然气地下储气库的建设已经有一个世纪的历史。早在 1915 年，加拿大首次在 Wellland 气田开展建设储气库的试验。我国最早是在 20 世纪 60 年代末开始尝试建设地下储气库，在大庆油田第一次开展储气试验，于 1975 年建成了我国第一座天然气地下储气库，即喇嘛甸储气库。但是，由于该储气库基于气顶而建设，有着非常典型的天然库存特征，所以不足以缓解天然气季节性用气量不均的问题，也难以保证油气界面稳定。因此，喇嘛甸储气库并没有发挥有效的储气调峰的作用，该储气库的建设只能算是一次尝试。

直到 90 年代我国发现了陕甘宁靖边气田，才开始了真正意义上的建设天然气地下储气库。如何高效快速地开发和利用陕甘宁靖边气田，成了石油建设者的第一大难题。由于当时急需改善中国首都（北京）的能源结构，所以建设者希望将陕甘宁靖边气田的天然气输送至北京，以保障北京天然气稳定供应的问题。在这一背景下，在陕甘宁靖边气田建设天然气地下储气库便提上了议事日程。

从 1992 年开始，我国着手在陕甘宁靖边气田建设天然气地下储气库。但是，由于缺乏实践经验，储气库的建设者不得不面临储气库的建设类型和建设规模等一系列难题，其中首要解决的难题就是天然气地下储气库的选址。于是，建设者开启了储气库建设的模仿借鉴期。一方面，通过多次访问国外、咨询国外储气库建设专家、调研国外的储气库，学习国外成功建设储气库的经验。另一方面，对首都周边的煤矿坑、华北油田的油气藏及含水层构造区等多地进行深入考察。最终 1999 年决定在大港油田利用枯竭凝析气藏，建设我国第一座天然气地下储气库，即大港大张坨储气库，如图 3-5 所示。

大港大张坨储气库位于我国天津滨海新区，主要用于保障京津冀地区的天然气安全平稳供应，尤其是满足冬季调峰需求。2000 年，港大张坨储气库成功建好并投入使用，成为我国第一座大型、商业性质的天然气地下储气库，具有天然气应急储备和季节调峰等

图 3-5　大港大张坨储气库

多种功能。大港大张坨储气库，既是我国天然气产业布局的关键基础设施，又是京津冀地区能源储备体系的重要保障。截至 2022 年 7 月，大港大张坨储气库完成 22 个周期的注采任务，累计注入超过 100 亿 m³ 天然气[①]，将近我国 5000 万个家庭的一年天然气消费量。

　　综上所述，1992～2000 年是我国天然气储气库的模仿借鉴期。大港大张坨储气库为京津冀地区的冬季天然气调峰保供及应急供气提供了重要保障，尤其是为北京及周边区域的能源消费提供了源源不断的天然气。自大张坨储气库成功建设以来，我国逐渐掌握了天然气地下储气库的建设技术，摸索出了一套"住得进、存得住、采得出"全流程技术。大港大张坨储气库的成功建设，拉开了我国建设天然气地下储气库的序幕，不仅标志着我国储气库的建设取得了首次成功，更标志着我国天然气地下储气库的建设进入了全新的起步阶段。

----

　　① 资料来源：http://life.china.com.cn/web/cjsh/detail2_2022_07/11/3497580.html。

二、探索实践期（2000～2010 年）

2000 年，大港大张坨储气库成功投产，将我国天然气地下储气库的建设推向了探索实践期。自此，我国政府开始高度重视天然气的储存和利用，加快推进天然气管道建设工程的步伐，尤其是陕京二线和陕京三线，以及西气东输一线、二线和三线的建设，使对天然气地下储气库的建设需求更加迫切。2000～2020 年，我国储气库的建设者对地下储气库的选址、工程建设、注采运行等方面展开了深入研究与探索。①

在工程建设方面，我国储气库的建设者在充分调研国外建库技术的基础上，结合我国实际情况，包括我国建库工艺、地质条件和设备能力等，因地制宜地探索出了一套适合我国国情的储气库建设工艺和技术。这些技术包括但不限于地下储气库钻井完井工艺技术、注采气工程技术、地面注采装置工艺等，为我国天然气地下储气规模建设打下坚实基础。

在注采运行方面，天然气地下储气库高速注采模式和天然气低速开采模式大相径庭。一般情况下，地下储气库的注采速度是采气速度的 20～30 倍，那么传统的天然气开采模式势必不能达到地下储气库的高速注采的要求。因此，基于储气库储气调峰和用气高峰期安全供应的原则，我国不断加强注采和开采技术，以充分发挥地下储气的调峰保供作用。

在选址研究方面，我国储气库的建设者对油气藏、盐穴、水层等区域开展了不同的地下储气库选址研究。针对油气藏区域的建库选址，建设者在我国北方选择了呼图壁和相国寺等油气藏作为储气库库址；针对盐穴区域的建库选址，建设者在云南、河南、江苏和江西等地区进行选址研究，最先选择了河南平顶山，其次是江苏金

① 资料来源：https://xueqiu.com/1212782157/136449426。

坛和淮安等地区；针对水层区域的建库选址，建设者对首都的凤和营和江苏的真武等地区展开了选址研究。其中，建设者在湖北的潜江和江西的麻丘等地区的选址探索中取得重大突破。

在运行管理方面，我国不断创新储气库的运行管理模式，为完善天然气供储销体系提供了有力支撑。为适应储气库的运营管理要求，我国在充分借鉴国外储气库运营管理的经验后，将天然气的管道建设与地下储气库的建设紧密结合在一起，为我国天然气储气库的建设提供了强大动力。我国地下储气库的建设规模不断加大，以及我国建库地质环境复杂，促使油气田公司和管道建设公司共同运营管理地下储气库，有效推动了我国天然气地下储气库的建设进程。后期，由于我国天然气管网体制改革，所以将储气库的运营管理交给油气田公司全权负责，增加了天然气地下储气库的建设动力。

2005 年，我国首次成功利用盐穴建设了天然气地下储气库，即港华金坛储气库，如图 3-6 所示。该储气库坐落于江苏省常州市金坛区，是我国第一个由城燃企业建成的盐穴储气，拥有"中国盐穴储气第一库"的美誉，在长三角地区天然气应急保供中发挥了重要作用。港华金坛储气库项目一期工程规划建设十口注采井，约有

图 3-6　港华金坛储气库

$4.6×10^8 m^3$ 的储气库容量，约 $2.6×10^8 m^3$ 的工作气量[①]，最高供气能力可达到每日 $5×10^6 m^3$。截至 2023 年 1 月，该储气库累计突破 $5×10^9 m^3$ 的天然气采气量。如果每个家庭每天消费 $1.5 m^3$ 的天然气，$50×10^8 m^3$ 的采气量可以满足 1600 万个家庭的燃气需求。

三、创新突破期（2010 年至今）

2010 年以来，我国储气库的建设进入了创新突破期。我国是大面积的陆相含油气盆地[②]，含油气盆地面积高达 $104×310 km^2$，地质条件复杂，导致储气库建设者在气藏型储气库选址方面面临巨大的困难。长期以来，我国在储气库选址上，主要是借鉴国外的储气库选址经验，选择在埋藏浅、构造简单、无断层等条件好的区域建设储气库。其他国家 700 多座储气库的埋藏深度主要集中在 2500 米以内，并且其中有 80% 是在 2000 米以内的深度，其储层很少有断层，构造完整，孔渗条件好。然而，我国拥有如此完美的油气藏构造寥寥无几。因此，我国要想在储气库的建设上取得重大进展，势必要突破国外的储气库选址标准，必须要敢于创新、勇于创新。

在此阶段，我国储气库建设者勇于突破、大胆创新，经过科学论证和高效建设，成功建设了许多打破世界纪录的天然气地下储气库。尤其是在我国经历了自然灾害导致天然气供应紧张的磨难后，以中国石油集团为代表的天然气供销企业从 2010 年开始，积极响应党中央的号召和要求，在天然气地下储气库的建设之路上不断加速。在我国石油企业强有力的推动建设下，我国仅在 2~3 年内就建成了六个天然气地下储气库。其中，我国当前最大的天然气地下储气库（呼图壁储气库）仅耗时两年就成功建好并立即投产，可谓是

---

① 资料来源：http://fgw.changzhou.gov.cn/html/fgw/2020/BBAOLMPL_1013/37423.html。

② 资料来源：http://www.adearth.ac.cn/article/2020/1001−8166/1001−8166−2020−35−1−52.shtml。

世界储气库建设史上的奇迹①。呼图壁储气库如图 3-7 所示。

图 3-7　呼图壁储气库

2013 年 6 月，呼图壁储气库开始投产，属于中石油较早投产的天然气地下储气库。作为西气东输二线上的第一座天然气地下储气库，呼图壁储气库具有应急保供、储气调峰等诸多功能，不仅为打破新疆北部冬季用气紧张的困境发挥了重要作用，而且对保障天然气西气东输稳定供应提供了重要支撑。呼图壁储气库不仅拥有调节工作气量大、储藏量大等诸多优势，而且其建设成本低、安全性高。呼图壁储气库外输天然气至新疆北部城市，如乌鲁木齐、昌吉等地区，有效缓解了新疆北部冬季用气紧张的局面。除此之外，为保障居民生活需要和企业安全生产，呼图壁储气库的天然气还会被输送至北京和上海等地区。

---

① 资料来源：https：//www.cxyinfo.com/cms/show-11610.html。

　　虽然国外将埋藏浅作为储气库建库标准之一，但是由于我国地质条件复杂，所以无法在埋藏浅和孔渗条件好的区域建设储气库。因此，我国储气库建设者不得不挑战极限，在埋藏深的区域大胆尝试，最终建成了华北油田苏桥储气库群，苏桥储气库如图 3-8 所示。在建设该储气库的过程中，建设者攻坚克难，克服了固井难度大、地层压力高和地面注采管道压力高等诸多困难，使苏桥储气库顺利建成并投产，为保障北京天然气平稳供应做出了巨大贡献。该储气库群的主体储气库是我国当前埋藏最深的储气库，埋深超过 4500 米。北油田苏桥储气库群坐落于河北省廊坊市境内，主要由苏桥储气库和京 58 储气库组成，拥有 $8.4 \times 10^9 m^3$ 的库容，日采气量最高可达 $2.4 \times 10^7 m^3$[①]，是西气东输管网的重要配套设施。截至 2023 年 2 月，华北油田储气库群已累计注采气超 $200 \times 10^8 m^3$。

图 3-8　苏桥储气库

　　不含酸性气田也是国外储气库建库选址的重要标准之一，但是

---

　　① 资料来源：http://news.cnpc.com.cn/system/2023/02/15/030093515.shtml。

由于我国复杂的地层流体，所以储气库建设者不得不在高含硫气藏建设储气库。其中，最具有代表性的就是陕 224 含硫气藏、华北永 22 高含硫气藏。为保障京津冀天然气的平稳供应，储气库建设者们敢于挑战困难，持续创新脱硫技术，最终成功建设了高含硫气藏储气库。针对建设复杂的盐层储气库，我国储气库建设者也毫不畏惧，敢于技术攻关，打造了一套夹层盐穴与高杂质盐层精细造腔技术。在江苏金坛，我国进行了复杂采卤老腔改建储气库的试验，这是我国第一次也是世界上第一次把采卤老腔改建成盐穴储气库，取得了重大成效。在江苏淮安，我国第一次尝试 12 米厚泥岩隔层溶蚀垮塌工艺并取得了成功。我国在建库道路上大胆创新还体现在特殊储层条件建库上，最典型的就是在深层火山储层上进行选址建设，并取得了成功。这些大胆的尝试与创新，开创了我国在复杂条件建设储气库的先河，弥补了我国储气库建库资源匮乏的缺陷。

四、储气库建设现状

经过二十余年的不懈努力和攻坚克难，在充分学习国外建库经验及敢于创新的基础上，我国走出了一条独具中国特色的储气库建设之路。截至 2020 年初，我国已建成 27 座储气库，并投入调峰运行。其中，中国石油建设了 23 座储气库[①]，其次是中国石化建设了三座，剩下一座由港华燃气建设。这 27 座储气库已形成 $130×10^8 m^3$ 的年调峰能力，日供气量最高可达 $1.3×10^8 m^3$，相当于 8000 多万个家庭的天然气消费量；累计调峰供气超过 $5×10^{10} m^3$，代替 $5×10^7$ 吨的标准煤，节能减排约 $1×10^8$ 吨。

这 27 座天然气地下储气库覆盖了我国 10 余个省区市，为 4 亿多居民的生活用气提供了有力保障，为城镇燃气调峰做出了巨大贡献。作为一个依赖天然气地下储气库保障冬季安全供气的典型城

---

① 资料来源：http：//news. cnpc. com. cn/epaper/sysb/20201111/0147419004. htm。

市，北京冬季超过 40% 的用气量来源于天然气地下储气库，为京津冀地区雾霾治理和安全供气发挥了重要作用。相国寺储气库作为我国供气能力最强的天然气地下储气库，累计调峰供气超过 $1.1 \times 10^9 \mathrm{m}^3$①，日供天然气量最高可达 $2.4 \times 10^7 \mathrm{m}^3$。天津大张坨储气库作为我国第一座地下储气库，日供气量最高可达 $2.1 \times 10^7 \mathrm{m}^3$。

截至 2020 年底，我国已建成 27 座天然气地下储气库，形成的工作气量约占天然气消费量的 4.3%，为我国调节区域平衡供气方面做出了重要贡献，中国储气库（群）主要设计参数如表 3-15 所示②。其中，12 座天然气地下储气库（群）是中国石油天然气集团建成的，拥有 $127 \times 10^8 \mathrm{m}^3$ 的调峰能力；3 座是中国石油化工集团建成的，拥有 $6.4 \times 10^8 \mathrm{m}^3$ 的工作气量。

表 3-15　中国储气库（群）主要设计参数

储气库	地理位置	工程设计参数				形成调峰能力 $(\times 10^8 \mathrm{m}^3)$
		库容 $(\times 10^8 \mathrm{m}^3)$	工作气量 $(\times 10^8 \mathrm{m}^3)$	注气能力 $(\times 10^8 \mathrm{n}^3 \mathrm{d}^{-1})$	采气能 $(\times 10^8 \mathrm{n}^3 \mathrm{d}^{-1})$	
辽河双 6	辽宁盘锦	57.5	32.2	1200	1500	19.5
辽河雷 51	辽宁盘锦	5.3	3.4	200	360	0.5
大港库群	天津大港	69.0	30.3	1860	4260	21.2
大港板南	天津滨海新区	7.8	43	240	400	4.0
华北库群	河北永清	17.4	7.8	400	600	4.0
华北苏桥	河北永清	67.4	23.3	1550	2100	10.6
长庆陕 224	陕西靖边	8.6	3.3	165	420	3.3
新疆呼图壁	新疆呼图壁	107.0	45.1	1550	2800	35.0
西南相国寺	重庆渝北区	42.8	22.8	1380	2800	21.0
吉林双坨子	吉林松原	10.7	5.3	300	500	0.1
江苏金坛	江苏金坛	26.4	17.1	900	1500	7.0

① 资料来源：http://www.nea.gov.cn/2020-01/22/c_138726679.htm。

② 资料来源：http://www.pmweb.com.cn/news/5339.html。

续表

储气库	地理位置	工程设计参数				形成调峰能力（×10^8 m^3）
		库容（×10^8 m^3）	工作气量（×10^8 m^3）	注气能力（×10^8 n^3 d^{-1}）	采气能（×10^8 n^3 d^{-1}）	
江苏刘庄	江苏刘庄	4.6	2.5	150	200	1.1
中原文96	河南濮阳	5.9	3.0	140	245	1.8
江苏金坛	江苏金坛	11.8	7.2	450	1500	0.6
中原文23	河南濮阳	104.2	403	1800（一期）	3000	4.0
金坛	江苏金坛	4.0	23	400	600	0.8
合计		550.4	250.2	12685	22785	134.5

注：由于储气库主体有所不同，所以同一储气库名称并非指相同储气库。此表为刘烨等（2021）原文所用表。

1975 年至今，经过不断的技术攻关，我国地下储气库实现了从无到有、供气量实现了从小到大，储气库的建设已经取得了伟大成就。我国天然气地下储气库的建设打破了多项世界纪录，包括地层温度最高、地层压力最大、注采井最深等，破解了"注得进、存得住、采得出"的重大难题，拥有超百亿 m^3 的工作气量，结束了我国"有气无库"的历史。以中国石油为代表建设的储气库，近三年提供了超 $200 \times 10^8 m^3$ 的调峰采气量，惠及我国十余个省份近 4 亿居民，创造了近 250 亿元的经济效益。[①]

综上所述，尽管我国建设天然气地下储气库的起步较晚，但是我国在迈向天然气储气库强国的路上大步向前，用了二十余年的时间，走过了国外五十余年的发展道路，取得了令世界瞩目的辉煌成就，推动了我国由采输气调峰向地下储气调峰的历史性转型升级，开发出一整套符合我国国情的储气库建库技术，建成了百亿 m^3 的调峰能力，开拓了中国复杂地质条件下储气库技术创新之路，奠定了中国天然气战略储备格局的基础。

---

① 资料来源：https://www.cxyinfo.com/cms/show-11609.html。

第四节 储气库建设发展面临的主要问题

随着我国经济的高速发展，能源需求日益增长，天然气地下储气库在能源安全消费中扮演着重要角色。虽然经过二十余年的发展，我国建成了二十余座地下储气库，建库技术有了较大提升，但是我国目前已建成的储气库的工作气量仍然不足天然气消费总量的10%，运行能力低于其他国家的平均水平。而且，我国天然气地下储气库建设还面临着诸多挑战，主要体现在建库技术、建库资源和运营模式等方面。

一、建库技术不成熟，体系不完善

成功建设天然气地下储气库，需要满足非常多的条件，其中最为严苛的条件之一就是地质条件。地下储气库有多种类型，具体可分为油藏、气藏、岩洞、盐穴、废弃矿坑、含水层等，对地层力学性质、构造圈闭和盖层封闭性等地质条件要求极其严苛。由于我国是陆相含油气盆地，地质条件无法与欧美国家相比，因此我国必须要摸索出一套符合我国地质条件的高水平建库技术。例如，如何高效利用孔隙空间、如何提高复杂低渗储层的单井产能、如何通过储层改造工艺保持地质体的完整性等问题，是当前我国地下储气库建设过程中急需解决的关键技术难题。

相比于欧美发达国家，我国建设天然气地下储气库的技术较为落后，经验不够丰富。尽管我国已初步形成气藏和盐穴型储气库技术，但整体水平仍然较低。一是针对水层、含硫气藏等复杂气藏，目前我国还未形成完善的建库技术。例如，我国缺乏高含硫气藏开发技术、注采计量技术和地面高压大型注采等核心技术，储气库建设者对气藏中的硫化氢含量、变化规律及置换周期的认识还不够到位。二是目前我国缺乏先进的天然气注采和处理装置。例如，我国大多采用小规模、多套并联的储气库注采和处理装置，缺乏地面高压大型注采设备和高效先进的处理装置，以至于设备的投资、运行和维护成本高且效益低；高含硫气藏的开发风险高、气水关系复杂，需要先进的地面脱硫装置做支撑，但是我国对地面脱硫装置的投资力度不够大。

二、建库资源缺乏，建设难度大

我国天然气建库资源分布与天然气消费市场不匹配，对地下储气库的地址筛选提出了很高要求，导致我国天然气地下储气库建设难度大。众所周知，我国天然气资源分布与消费结构二者极不均衡，建设天然气地下储气库可以缓解该问题。然而，建设储气库首要解决的问题就是库址的选择，它需考虑地质条件、环境保护、资源分布、国家需求及战略部署等多方面因素。

虽然我国西北部地区建库资源和天然气资源丰富，但是这些地区天然气消费量较少；相反，虽然东部沿海地区天然气消费量较大，但是建库资源和天然气资源较匮乏。因此，东部地区天然气消费潜力和季节调峰需求大，如果在这些地方建设天然气地下储气库，就能发挥比较大的作用。但是，东部沿海地区的油气藏地质构造较少，满足建库要求的区域早已纳入了建设范围。因此，我国面临天然气地下储气库的建库资源与市场需求不均衡、地质条件不符合建库要求的相关问题。

具体来看，长三角、中南部及东南部地区近年来的天然气消费增长较快，但这些地区普遍存在含水层勘探程度低和油气资源匮乏等问题。值得庆幸的是，这些地区具有丰富的盐矿资源，倘若要在这些地方建设储气库，那么盐穴储气库将是第一选择，长三角、中南部及东南部地区部分盐矿基本信息如表3-16所示。

表 3-16　长三角、中南部及东南部地区部分盐矿基本信息

盐矿	埋深（m）	含带地层总厚（m）	含矿层地层占比或厚度	平均品位或可溶物占比（%）	夹层特征及其他
金坛	860~1300	80~260	>80%	73~85	两个主要夹层，不超过 5m
淮安	800~2200	>200		>60	夹层多且厚
平顶山	1100~1900	300~460	63%	>90	夹层多，但多数较薄
丰县	800~1700	200~500	45%~51%	75.10	上盐层存在超 10m 厚夹层
清江	800~1100	250	40%~50%	60~70	夹层多且薄
三水	1210~1450	200~450	—	69.23	一般小于 5m
潜江	1900~3600	>800	—	>85	存在厚夹层
肥城	700~1200	250	50%	60	夹层多厚度多为 5~9m
衡阳	800~1100	250	—	>60	夹层较少较薄，品位一般
小根	800~1500	800~1500		>90	夹层较少较薄，品位一般
长宁	3500	300~500	>90%	>90	基本无夹层，埋深过深
宁晋	2500~2700	150~227	85%~90%	—	位于邢台地震带
云应	400~800	—	—	50~77	夹层杂质多
安宁	369~730			58.86	不溶物含量高
桐柏	840~930	2.3	—	—	
周田	320~600	200~250	—	—	局部塌陷及地面沉降
长寿	2700~3000	30~62	—	—	
高峰	2900~3000	60			
成西	800~1800	15~44	15~44m	>95	单层离

　　截至 2021 年底，在南方地区，江苏、江西、湖北、湖南和广东等地方拥有较大的井矿盐，盐岩资源较为丰富，埋深几十米到几千米。不过，这些地区建设盐穴储气库的条件不佳，主要是因为其存

在夹层多且厚、夹层杂质多、不溶物含量高等诸多问题。因此，我国在天然气消费规模大的地区缺乏优质的建库资源。

我国的地质条件极其复杂，在综合考虑储气库建设的地质条件、投资成本和资源布局等因素下，我国当前比较适合建设储气库的地方主要是东北三省和西部地区，而长三角和珠三角等天然气消费强劲的东南沿海地区建库资源十分有限。截至 2020 年初，我国已经建成的地下储气库中有 19 座位于京津冀和东北地区[①]，仅有 2 座位于长三角地区。由此可见，经济发达且天然气需求高的东南沿海的地下储气库非常稀缺。毋庸置疑，我国未来必将在这些地区兴建储气库，投资成本将越来越高，建设难度将越来越大，调峰负担将越来越重。此外，埋藏越来越深、储层条件越来越差、流体组分越来越复杂、构造愈加破碎等问题，也是我国目前建设地下储气库所面临的严峻问题。

三、运营模式不佳，投资主体单一

我国地下储气库的运营模式不佳，尚未最大限度地发挥储气调峰作用。由于我国储气库建设起步较晚，发展历程较短，积累的经验不够丰富，因此储气库的建设和运营模式主要借鉴于国外，这就不可避免地导致储气库的调度运行和组织管理等方面不能完全适应我国国情，进而不能充分发挥储气库的作用。此外，我国天然气地下储气库的投资主体、建设主体和运营主体三者没有实现统一，导致沟通协调不畅、职责过于分散等诸多问题出现，无法充分发挥储气库的整体效能。因此，需要进一步调整天然气地下储气库的整体联动机制。

我国天然气地下储气库的投资主体比较单一，缺少社会资本参与。地下储气库的建设通常具有投资成本高、风险高和现金流回收周期长的显著特点，且建设技术壁垒非常高，以至于一些无法承担高资本投入的私营企业，以及厌恶风险的民间资本不敢轻易接触。

---

① 资料来源：https://zhuanlan.zhihu.com/p/106399819#。

在此背景下，当前我国地下储气库的投资主体主要是中国石油天然气集团有限公司和中国石油化工集团公司，均属于大型国有企业。这两家国有企业规划和建设地下储气库尚不能完全满足我国天然气的储气调峰需求，且对外提供服务的能力不足。但是，目前只有这两家国有企业掌握了储气库建设的核心技术，在一定程度上造成了市场垄断，久而久之必然会阻碍我国天然气地下储气库的发展。

第五节　本章小结

本章首先分析了天然气在我国能源结构中的比较优势，发现天然气具有绿色环保、经济实惠及储量丰富等诸多优势；其次对天然气地下储气库建设的必要性展开研究，研究表明，由于我国天然气储气调峰需求大、天然气市场供需紧张以及"双碳"目标及政策驱动，我国亟须加快建设地下储气库的步伐；再次对我国天然气地下储气库建设的发展历程及现状展开分析，将我国储气库建设的发展历程划分为以下三个阶段：模仿借鉴期（1992~2000年）、探索实践期（2000~2010年）、创新突破期（2010年至今）；最后剖析了我国储气库建设发展面临的主要问题，主要体现在建库技术、建库资源和运营模式。

"十四五"时期是我国能源向清洁化转型的关键期。受限于现有技术政策和能源安全等问题，我国暂时无法用可再生能源完全替代化石能源，天然气便成为我国目前能源消费品种的最佳选择之一。天然气具有绿色环保、经济实惠及储量丰富等诸多优势。因此，为应对环境污染和气候变化等带来的严峻挑战，以及能源消费结构转型升级的要求，我国必须要减少煤炭消费量，提高天然气在能源消费结构中的占比。

目前我国天然气产业已迈向迅速发展的道路，我国天然气进口量和消费量的持续快速增长，对我国天然气安全供应和应急保供提出了更高的要求。随着我国供气管网改造工程的持续推进，以及城市天然气消费量和占比的逐年上升，天然气储气调峰需求日益凸显。更何况，我国能源消费总量排在世界首位，约占世界能源消费总量的1/4。在此背景下，我国必须要加快建设天然气地下储气库的步伐，以提升天然气储备调峰和应急保供能力。

我国储气库建设的发展历程可划分为三个阶段：一是模仿借鉴期（1992~2000年）。相较于欧美发达国家，我国天然气地下储气库的建设起步较晚。加拿大早在1915年就开展了储气库建设试验，而我国1975年才开始建造首座储气库，且遗憾的是该储气库建设失败。直到1999年，我国才开始步入建设地下储气库的正轨，并于2000年建成并投产。二是探索实践期（2000~2010年）。我国从地下储气库的选址、工程建设、注采运行等方面展开了深入研究与探索。在充分学习国外建库技术的基础上，结合我国建库工艺、地质条件和设备能力等实际情况，因地制宜地探索出了一套适合我国国情的储气库建设工艺和技术，并成功建设了一批储气库。三是创新突破期（2010年至今）。受制于我国复杂的地质条件，国外建库选址和建库技术并不适用，因此在这个阶段我国储气库建设者们勇于突破、大胆创新，最终建成了许多打破世界纪录的储气库，弥补了我国储气库建库资源匮乏的缺陷。

历经20余年的技术攻关，我国地下储气库实现了数量从无到有、规模从小到大，储气库的建设取得了举世瞩目的伟大成就。但是，我国储气库的工作气量和运行能力仍然远低于世界平均水平，储气库的建设还面临诸多问题，主要体现在以下三个方面：一是我国建库技术不成熟，体系不完善；二是建库资源缺乏，建设难度大；三是运营模式不佳，投资主体单一，缺少社会资本的参与。因此，我国天然气地下储气库的建设仍然任重道远。

第四章 我国天然气地下储气库建设的政策内涵与政策实践

第一节 我国地下储气库支持政策分析

近年来，随着天然气产业的迅速发展，我国居民对天然气的消费需求不断攀升，天然气作为生产生活中的重要能源，在国家能源体系中的地位日益增强。再加上国家"双碳"战略目标的驱动，清洁能源的使用成为经济社会低碳转型的必然要求。然而，天然气储气基础设施建设滞后、分布不均及储备能力不足等问题愈加突出，成为制约我国天然气安全稳定供给及产业健康发展的主要"瓶颈"。为了加速储气基础设施建设，进一步提高储气库容量，近年来国家发展改革委及能源局不断出台各类支持政策，主要涉及地下储气库的建设、调峰能力、投资主体等方面的战略部署。

一、地下储气库支持政策内涵

1. 加快天然气地下储气库建设

我国幅员辽阔、人口众多、南北气候差异较大，天然气在冬夏两季供需不匹配的问题严重影响了社会生产和居民生活。为缓解部

分地区冬季出现天然气供给不足的局面，天然气地下储气库的建设
成为关键举措。储气库能够将夏季多余的天然气储存在地下，到冬
季再取出使用，满足人们在冬季对天然气的需求。如图 4-1 所示，
2021 年我国天然气消费量达到 $3671.2 \times 10^8 \mathrm{m}^3$，对外依存度达
44.1%，创历史新高，这说明我国天然气产能还无法实现自给自
足。因此，出于消费需求和能源安全的考虑，国家对天然气地下储
气库的建设提出了相应要求。

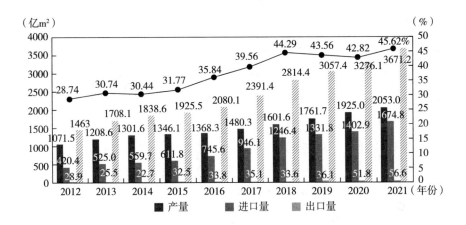

图 4-1　2012～2021 年我国天然气供需情况

　　第一，加大扩容和新建力度。提高地下储气库建设速度和扩容
力度，是推进我国天然气产业发展的基础性工作。早在 2014 年，
国家发展改革委就出台了《关于加快推进储气设施建设的指导意
见》（以下简称《指导意见》），指出当时国内天然气地下储气库
建设严重滞后于天然气消费的增长速度，因此需要扩大天然气地下
储气库的储气容量，到 2020 年，天然气地下储气库总储气能力要
达到 $150 \times 10^8 \mathrm{m}^3$，从而提升国家天然气能源安全级别。该《指导意
见》对扩建天然气地下储气库提出了具体目标和措施，包括加强科
技创新、加快项目审批、完善政策制度等，以推进天然气地下储

库建设。

2017 年，国家发展改革委和国家能源局组织出台了《天然气发展"十三五"规划》，提出到 2020 年，天然气地下储气库的总储气能力应达到 $350\times10^{8}\mathrm{m}^{3}$，相较于指导意见，对地下储气库的容量提出了更高要求。《天然气发展"十三五"规划》强调，要以国内主要天然气消费地区为重点，在已初步形成的京津冀、西北、西南、东北、长三角、中西部、中南、珠三角八大储气基地的基础上，加大地下储气库扩容改造和新建力度。

2018 年 4 月，国家发展改革委和国家能源局印发了《关于加快储气设施建设和完善储气调峰辅助服务市场机制的意见》（以下简称《储气设施建设意见》），明确指出要加快天然气储气设施建设，推动储气能力达到 $400\times10^{8}\mathrm{m}^{3}$，并且要能够应对气荒等紧急情况，提升国家天然气储备能力和应急能力。与《指导意见》和"十三五"规划相比，储气设施建设意见提出的储气能力目标更高。为了实现这个目标，储气设施建设意见将构建多层次储气系统作为重点任务，加大地下储气库扩容改造和新建力度，并将储气设施建设任务在全国范围内推广，加快全国地下储气库的库址筛选和评估论证，加强对储气设施技术研究和开发的支持，并提高储气设施的安全性和可靠性。同时，储气设施建设意见着重强调要加强储气设施建设的安全、监管和管理，以进一步保障国家的能源安全。

2020 年 4 月，为进一步加快推进我国储气基础设施建设，国家发展改革委、国家财政部、国家自然资源部、国家住房城乡建设部和国家能源局五部门联合印发了《关于加快推进天然气储备能力建设的实施意见》，要求到 2025 年，天然气地下储气库总储气能力要达到 $500\times10^{8}\mathrm{m}^{3}$ 的目标，以保障能源安全和应对短期天然气供需紧张局面。该文件要求提高我国天然气地下储气库建设速度，增强天然气储备能力，通过提高储气装置安全、调峰能力和新储气业态的推广等多种措施，提高运营和管理水平，加强监管，确保天然气能源供应稳定和安全，以满足国家能源安全需要。

截至 2020 年初，我国共建成了 27 座地下储气库，累计调峰供气量突破 $500 \times 10^8 \mathrm{m}^3$，但与国内天然气消费水平相比仍存在巨大差距。因此，地下储气库的扩建将会是我国能源战略中的长期工作。

第二，合理安排布局。我国天然气主要消费城市位于东南部地区，但储气库则集中分布在中西部地区，供给与需求之间存在较大的空间错配。因此，合理布局储气库对于保障天然气供需平衡大有裨益。根据李建君（2022）的研究，储气库选址应该综合考虑多方面因素，包括地质条件、资源分布、交通运输与管网建设、环境保护、区域发展、国家需求和战略部署等，通过对各个因素进行分析与监控，降低建库过程中的风险成本。

为加强规划统筹，构建多层次储气系统，国家发展改革委和国家能源局于 2018 年印发了《关于加快储气设施建设和完善储气调峰辅助服务市场机制的意见》，首次提出要加快全国地下储气库的库址筛选和评估论证，但仍缺乏对储气库选址的具体规划，也并未对全国储气库布局进行进一步的平衡。

2020 年，国家发展改革委对储气库建设布局作出了更明确的要求，在《关于加快推进天然气储备能力建设的实施意见》中指出，要加快推进天然气地下储气库的建设，调整储气库布局，推动形成区域集群，建设安全高效的储气设施。

通过多年的实践探索，目前，储气库的布局建设已经形成了较为成熟的全局意识，并落实到具体建设工作中，各地区的建设部门能够根据当地的地质条件、建设类型及建设作用来制定科学合理的规划。马万军和杨炜樱（2019）通过研究认为，在一些需求量大的地区应多建设地下储气库，而在一些需求量少的地区，可以建设小型经济实用的地下储气库，从而实现天然气地下储气库的科学合理安排，促进我国天然气的发展。

第三，引进数字化技术。随着大数据时代的快速发展，我国天然气地下储气库的建设要顺应时代的步伐。但从实际的情况来看，我国储气库建设起步较晚，在建设、设计及运行过程中与发达国家之间仍存在很大差距。为此，在地下储气库建设工作中，应充分运用现代化信息技术，建立大数据化的数字地下储气库。2022 年，国家发展改革委和国家能源局出台了《"十四五"现代能源体系规划》，鼓励能源基础设施进行数字化升级，加快推动信息技术与能源产业的融合发展，实现能源产业与大数据接轨。同时，加强新一代信息技术在能源领域的推广应用。例如，通过人工智能探查储气库选址及运用云计算、物联网、区块链等技术对储气库建设运营保持全过程监控等，在储气库建设中对设备设施和工艺流程进行智能化升级，提高能源系统感知度和生产运行效率。在国际储气库建设中，数字化的引进必然会成为推进天然气基础设施建设的重要手段，我国要追赶国际水平和发达国家的发展步伐，应顺应时代将新一代信息技术、人工智能和云计算等融入国家能源的战略规划中。

第四，提升天然气储备和调节能力。面对我国天然气消费日益增长的需求，各个地下储气库的储备和调峰能力与消费需求之间的不协调问题更加明显。为补足这个短板，早在 2017 年，国家发展改革委和国家能源局就针对当时我国储气设施储备和调峰能力不足的情况，在《天然气发展"十三五"规划》中提出了明确要求，提出到 2020 年天然气调节能力达到 $350×10^8 m^3$ 的目标，旨在增强天然气产供需平衡能力，应对天然气需求波动等问题，确保国家能源安全。

2018 年 4 月，国家对储气库的储备和调节能力进一步提出了要求，在《关于加快储气设施建设和完善储气调峰辅助服务市场机制的意见》中，对各地设置了储备能力考核标准，首次提出要加强对储气调峰能力建设情况的跟踪调度，对于推进不力、违法失信等行为将实施约谈问责和联合惩戒措施，这一举措有助于提高储气库建设的执行力。

同年 8 月，国务院发布了《国务院关于促进天然气协调稳定发展的若干意见》，鼓励各种投资主体合资合作建设储气设施，对于储气能力暂时不足的企业和地区，可以通过签订可中断供气合同等方式进行弥补，并再次强调了对懈怠的企业和地方政府进行严惩。

2020 年，国家发展改革委发布了《关于加快推进天然气储备能力建设的实施意见》（以下简称《天然气储备能力建设实施意见》），主要目标是提高天然气储备能力和调节能力，实现天然气产供平衡，保障天然气市场稳定供应。天然气储备能力建设实施意见指出，可以对工作推进不力的责任主体单位负责人进行约谈问责，对企业可以处罚。将储气责任与燃气特许经营权挂钩，改变了以往政策文件"倡导性、引领性内容多、问责追责概念少"的弊端。在各项国家政策的指导下，我国天然气储备和调节能力大大提升，并朝着满足全国居民用气量的目标稳步前进。

2. 鼓励社会资本参与投资储气库

刘满平（2018）的研究发现，地下储气库等基础设施建设一直是不同经济主体寻求投资机会的热点领域。尽管如此，由于储气库建设和运营投资巨大、建设周期长且风险高，以及缺乏稳定的资金回收渠道等因素，所以企业在综合考虑成本与效益之后，对储气库的投资意愿仍不强。为了解决这一问题，促进独立专业运营公司的组建，就需要创造更多投资回收途径，激发社会资本对天然气基础设施的投资热情，从外部推动逐步发展至内部自主发展。国家也相继出台了多项政策，鼓励社会资本参与天然气储气库的建设以及运营的各个环节，具体政策及相关参与环节如表 4-1 所示。

表 4-1　引导社会资本投资地下储气库相关政策

出台时间	相关政策	具体规定	参与环节
2014 年 4 月	《国家发展改革委关于加快推进储气设施建设的指导意见》	鼓励各种所有制经济参与储气设施投资建设和运营	建设、运营

续表

出台时间	相关政策	具体规定	参与环节
2016年10月	《国家发展改革委关于明确储气设施相关价格政策的通知》	鼓励城镇燃气企业投资建设储气设施	建设
2017年6月	《天然气发展"十三五"规划》	鼓励多种主体参与储气能力建设;激励各类用户参与调峰;引导多种主体建设储气调峰设施	建设、调峰
2018年4月	《关于加快储气设施建设和完善储气调峰辅助服务市场机制的意见》	支持企业通过自建合建、租赁购买储气设施,或者购买储气服务等手段履行储气责任;积极引导各类投资主体通过参与LNG接收站、地下储气库等大型储气设施建设来履行储气责任;鼓励供气企业、管输企业、城镇燃气企业、大用户及独立第三方等各类主体和资本参与储气设施建设运营	建设、运营
2018年8月	《国务院关于促进天然气协调稳定发展的若干意见》	积极引导用户主动参与调峰,充分发挥终端用户调峰能力	调峰
2020年4月	《关于加快推进天然气储备能力建设的实施意见》	鼓励城市群合建共用储气设施	建设
2022年1月	《"十四五"现代能源体系规划》	支持各类社会资本投资油气管网等基础设施	全环节

　　引入社会资本参与天然气地下储气库建设,最主要的意义在于各参与方抱团取暖,共担风险、共分能力,满足政策要求,促进我国储气能力提升。从以上政策可以看出,我国正在逐步把储气库投资和建设的主体多元化作为促进储气能力提升的主要方式,从而使目标导向下的储气库建设实现方式更加灵活、机动。

　　3. 强化地下储气库建设优惠政策支持

　　为吸引更多的企业参与建设和运营储气库,保证能源需求在紧急情况下得到满足,需要给予相关主体优惠政策。优惠政策对于促进天然气地下储气库建设具有积极的作用,不仅可以降低企业投资成本、提高企业建设积极性、加快储气库建设速度、提高储气库的运行效益，进而为国家能源安全和可持续发展提供保障，还可以鼓励企业进行科技创新和技术升级，提高储气库的效率和安全性。这就要求政府和企业结合自身实际情况充分利用优惠政策，加大对地下储气库建设的支持力度。目前，国家已经通过各项政策对储气库建设予以支持，具体优惠政策主要集中在财税、投融资和用地三个方面。

第一，财税优惠政策。

优惠税率，减免税费。国家税务总局、工业和信息化部等部委发布的《关于进一步支持天然气储气设施建设有关税收政策的通知》明确规定，在国内法定税收期限内，投资天然气储气设施的企业，可减免其现行法定税收应纳税额的15%，还包括资产折旧和土地使用税等的减免，来降低企业的运营成本，进一步激励企业投资地下储气库建设。

理顺资源开发税费的关系。《天然气发展"十三五"规划》指出，在综合分析有关税费改革的情况下，应该探索建立矿产资源国家权益基金制度，以便更好地执行资源税，并明确各个有关主体的负担水平。同时，也应制定相应的管理办法，以保障资源的有效利用和环境的可持续发展。

给予中央补贴，实施出口退税。《关于加快储气设施建设和完善储气调峰辅助服务市场机制的意见》指出，为进一步支持地下储气库建设，政府正在研究对地下储气库建设的垫底气采购支出提供中央财政补贴，并提供中央预算内投资补助，支持重点地区的应急储气设施建设。在第三方机构评估和论证的基础上，涉及液化天然气接收站项目进口环节增值税返还政策的问题，将根据实际接卸量来计算政策返还金额，以确保政策的落实和实施。

第二，投融资优惠政策。

拓宽融资渠道。《国家发展改革委关于加快推进储气设施建设的指导意见》对储气设施投资企业融资的支持力度进一步加强。一是对于符合条件的天然气销售企业及城镇天然气经营企业，鼓励它们通过发行企业债券融资来增加直接融资的规模；二是创新债券融资品种，针对储气设施建设项目发行收益债券以对满足资金需求的行为给予支持；三是引导有条件的地方政府创建投融资平台，支持公司通过发行企业债券筹集资金，对于依照规定的建设项目，解除年度发债规模指标限制，从而推动储气设施的建设。

创新融资模式。为吸引社会资本参与储气设施建设运营，国家发展改革委和国家能源局发布了《关于加快储气设施建设和完善储气调峰辅助服务市场机制的意见》，对地方政府、金融机构和社会企业在创新合作机制和投融资模式等方面给予了支持，鼓励创新和灵活运用贷款、基金、租赁、证券等多种金融工具，积极推广政府和社会资本合作（PPP）等方式，引入各类投融资主体，推动多元化投融资模式，为投资者与政府提供共同投资和盈利的机会。

加强金融服务保障。针对地方政府财政收入紧张的状况，《关于加快推进天然气储备能力建设的实施意见》提出了一系列政策，其中包括支持地方政府专项债券资金用于储气设施建设，鼓励金融机构提供多种服务，支持储气企业发行债券融资等。同时，为了保障重点地区三天用气需求的应急情况，提出给予中央预算内投资补助，补助金额不超过项目总投资的30%，还鼓励有条件的地区出台投资支持政策。这些政策措施旨在促进储气设施建设，提高能源供应的可靠性和灵活性。

第三，用地优惠政策。

规范用地来源。建设储气库需要大量用地，用地成本高是建设过程中的一个重要经济约束因素。为解决这一难题，《国家发展改革委关于加快推进储气设施建设的指导意见》对储气设施建设的项目用地提供了两种来源方式：一是行政划拨，地方政府需根据储气库项目的规划布局和用地要求，在本地区内指定合适的用地给予储气库企业使用。在某些情况下，为了满足储气库建设的用地需求，政府也可以依据相关法律法规和程序，对符合法规的土地进行征用，并支付相应的土地补偿金。二是有偿出让或租赁，一些地区可以通过按照法定程序组织用地招拍挂，对符合要求的企业进行用地转让，增加竞争力并加快企业用地批准进程。

合理规划用地。《关于加快储气设施建设和完善储气调峰辅助服务市场机制的意见》指出，各企业要切实加快国家规划的地下储气库、LNG 接收站及配套管道建设，各省（区、市）相关部门要给予大力支持。各省（区、市）相关部门要做好本地区应急储气设施建设规划与土地利用、城乡建设等规划的衔接，优化、简化审批手续，优先保障储气设施建设用地需求。各级管道企业要优先满足储气设施对管网的接入需求，鼓励储气设施的集约运营和合建共用，支持建设区域级和省级应急储气中心，以减少用地面积并降低运行成本。

简化审批流程。由于储气库及配套的管网设施往往会涉及较大面积的土地，用地的申请流程过于烦琐，降低了储气库项目动工的效率，因此《关于加快推进天然气储备能力建设的实施意见》改进了土地审批流程，通过优化储气设施建设用地审批和规划许可、环评安评等相关审批流程，提高审批效率。并统筹安排新增建设用地，保障储气设施建设的用地需求，以及加强对储气库建设用地审批和管理工作的监管等。

二、地下储气库支持政策执行中存在的突出问题

在我国建设天然气储气库的二十多年中，为加快储气库的建设，我国出台了多项财税、投融资和用地优惠等支持政策。但是，在政策实际执行过程中，受制于各部门间协调难度大及政策与当时发展形势不适配等因素，产生了许多突出问题，严重阻碍了我国建设地下储气库的进程。

1. 技术监督和安全管理体系不健全

监管机构分散、缺乏权威性。在当前的监管体系中，监管机构存在分散的情况。储气库建设监管领域涉及多个部门，一旦发生问题就会出现监管职责不明确的情况，导致监管缺失和监管责任落实不到位。此外，监管机构的权威性不够强，对市场上的违法行为难以及时有效地进行打击，以致天然气储气库项目曾在建设中存在安全隐患，但当地监管部门对此并未及时发现和整改。

标准规范化程度不高。天然气储气库领域中标准、规范等缺乏统一的依据。由于建库要结合具体的地质条件进行，不同项目存在着不同的成本因素、技术难点等问题，导致建设标准存在差异，难以制定出统一的行业标准，一些天然气储气库在施工和监管中就会出现明显的问题，标准化程度大大降低。

安全管理环节薄弱。由于天然气储气库存在成本高、技术难度大等问题，施工安全方面存在一定风险。如果储气库管理部门对安全管理不够重视，就会存在一定的安全隐患。例如，缺乏对储气库压力管道的防腐措施，随着时间的推移，管道就可能出现腐蚀裂纹，最终出现爆炸事故，严重时甚至导致人员伤亡。

产生这些问题的主要原因是，天然气储气库建设和管理的技术难度较高，全行业的标准制定和监管标准制定不够完善，部分监管机构不作为，管理者的安全意识不强，对安全管理不够重视等。要想妥善解决以上问题，就必须要求全行业的标准统一，对监管机构的职责进行明确划分和责任落实，并将安全管理纳入整个建设过程中，以保障储气库的安全运营。

2. 储气库市场化运营受阻

随着天然气产业的快速发展，产业结构性矛盾日益突出。当前，我国的储气库行业面临着多方面的问题，如地下储气库市场化运营体制和天然气储备调峰市场化相关政策不健全、地下储气库供需主体较为单一等。

在供应端方面，市场化体制机制不健全。杨义等（2021）等指出，我国现有的储气库运作模式不够完善，缺乏独立核算机构，由石油公司为主导进行投资建设后，储气库的工作气量基本只对接本企业的天然气销售业务，并不接纳其他市场参与者。这种构造方式使储气库领域的市场化程度较低，在很大程度上抑制了其他社会资本对储气库建设的积极性。由于库容仅供本公司使用，降低了富余库容的利用效率。我国储气库的投资主体较为单一，储气库的建设、运营及管理基本由中国石油、中国石化等大型国有企业主导，并且它们掌握着其中的核心技术和相关服务，虽然在一定程度有利于对全国储气库的统筹协调，但这种市场垄断严重阻碍了我国储气库建设的进一步发展。这一现状导致储气库市场进入困难，社会资本投资天然气储气库的意愿也会较为薄弱，其他私营企业和民间资本难以承担资金投入和风险，竞争性环节的竞争不够充分。

在需求端方面，调峰保供责任监管力度有待提高。储气库的投资通常是包含在管道报批投资中的，通过在管输费中包含储气费来回收其投资。但由于储气库的从属地位及对其定位的不明确，储气库建设一直都缺乏足够的投资和发展动力，当运营环节出现问题时，由于管理缺位极易留下隐患。雷鸿（2018）发现，调峰保供责任监管不到位等问题的存在，致使各市场主体对储气调峰需求很大时，责任不清和动力不足成为市场环境混乱的重要因素。由此可见，供需两端的调峰需求脱节限制了我国天然气储气库的市场化运营。

目前，国际上发达国家的储气库通常都实行市场化独立运营，这也是解决我国储气库发展竞争不足问题的有效途径，因此政府应推进储气库市场的开放化，鼓励民间资本和外商投资进入该领域进行运营，促进市场的自由竞争和创新发展，并在储气库运营中引导、协调各方力量，建立全方位的合作机制，共同打造优质的天然气供应网络，实现行业的共赢发展。

3. 财政资金支持政策不完善

为进一步推进我国储气库建设，国家相关部门推出了多项资金支持政策，但由于储气库资金投入巨大，财政投资方面仍存在较大缺口。具体来看，财政资金支持机制主要存在重点支持区域不明确、资金补贴落实不到位、政策透明度低的问题。

一是重点支持区域不明确。在我国储气库建设中，政府财政资金支持的重点区域并不十分清晰，导致一些不符合规划要求的储气库项目得到了大量补贴，浪费了财政资金。二是资金补贴落实不到位。由于管理环节存在漏洞，一些企业挪用项目建设资金或大量报销非必要的费用，加重了政府对项目的财务监管和管理的难度，以至于财政资金补贴落实不到位。三是政策透明度低。我国储气库建设中的政策制定往往缺乏透明度，重点支持区域、支持标准等方面的政策规定并不十分明确，企业难以获得准确的政策指导和资金扶持，导致建设周期延长、资金投入大、效益欠佳。四是缺乏资金投入的有效跟踪。在我国储气库建设中，由于投入资金的多样性，政府对企业获得资金的情况并没有进行有效监控，也导致一些企业挪用资金、滥用补贴的问题出现，加重了政府对建设进度和资金分配的管理难度。

为应对这些问题，应完善政策标准和资金管理机制，建立权责明确、运行高效的管理机构和监督体系，详细区分重点建设区域，建立绿色环保安全的储气库建设标准；加强对企业的风险防范，及时发现和纠正违规问题，提高财政资金的使用效率和效果。同时，要加强对媒体和社会的宣传教育，提高它们对储气库建设的认识和了解，便于各方力量达成合作，以推动我国储气库建设的可持续发展。

4. 建设用地审批难度大

储气库建设用地审批制度是指政府根据相关法规和标准，对储气库建设所需要的用地进行审核和批准的一系列制度。审批的主体包括自然资源部、环境保护部门、安全生产部门、规划部门等多个部门。具体来说，中国储气库建设用地审批制度有以下步骤：一是项目申报，储气库建设企业向相关部门提交建设用地申请，包括储气库建设方案、环境影响评估报告、安全评价报告等资料；二是初审，相关部门的审批人员对建设用地申请进行初步审核，确认是否符合工程建设规划、环保、安全、土地利用等要求；三是综合审查，相关部门组成联合审查组，对申请材料进行综合评估，并进行现场勘查等调查工作；四是审批决定，审查组出具审批意见，提出审批建议，由各部门领导审核决定是否通过，下达审批结果。

由此可见，储气库建设用地审批标准严格，流程长且涉及多个部门，导致在实际执行中的审批难度大大提高，主要表现在审批时间过长、部门间协调不畅、审批标准不完善和监管力度不足四个方面。

审批时间过长。中国储气库建设用地审批制度需要跨多个部门联合审批，且不同部门之间进行信息共享、数据审核和沟通协调需要花费较长时间。同时，项目用地的审批也涉及对周边环境的影响评估，包括土壤、水质、空气质量等方面的评估，进一步延长了审批时间。此外，储气库建设项目可能会涉及周边居民、环保组织、专家学者等利益相关方的意见征询，包括公示和听证等环节，这些意见征询的过程影响着审批进度。以上因素都会导致审批效率较低，且对于大型项目用地的审批有时甚至长达几年，审批周期的延长将使建设成本也随之增加。

审批部门间协调不畅。由于审批部门数量众多，不同审批部门在储气库项目中可能有重叠的职责和权限，导致责任边界模糊，不清楚由哪个部门负责主导协调工作。而审批部门之间由于信息共享和沟通不畅，以及缺乏及时有效的沟通渠道和工作机制，也会导致信息流转不畅、误解和偏差增加，影响协调效果。

审批标准不完善。一方面，储气库技术和相关领域的发展较快，但现行的审批标准却无法及时跟上最新的技术标准和最佳实践，这就使审批标准与实际建设需求、技术要求不完全匹配，出现滞后和不适应的情况。另一方面，储气库建设用地审批涉及多个部门和环节，各个部门的评估标准、指导性文件和规范等可能存在不一致、不协调的情况，出现同类项目适用不同标准的问题。

监管力度不够。当前，我国的监管手段主要是审批、检查和处罚等，但这些手段可能不够全面、强制力不足或执行难度大，且缺乏较为权威的规范性文件，难以及时发现问题。除了政府监管，在储气库建设用地审批中，公众和社会的监督作用同样至关重要。然而，在一些地区或领域内，公众和社会的参与和监督机制不完善，公众及利益相关方的投诉渠道有限，监管效果并不明显。

建设用地审批难直接影响了储气库建设工程的效率，必须采取有效措施尽快解决。例如，通过建立统一的储气库建设审批标准和流程，以及科学、严谨的评估机制，从而提高审批透明度，加强部门合作，以促进审批工作的协调和顺畅，降低审批成本和缩短审批时间，提高储气库建设的效率和质量，减少环境风险和地质灾害的可能性。同时，内部自查和外部监管也不容忽视，这就要求加大对故意延滞审批流程的惩处力度，为储气库建设用地的审批提供制度支持。

第二节　国外地下储气库市场化运营及管理经验

储气库的后续运营需要兼顾天然气供需的各利益相关方，但政府的资金、技术及管理经验都是有限的，因此引入社会资本，促进储气库市场化运营至关重要。本章主要以美国、欧盟及俄罗斯的储气库建设发展为例，重点介绍这些国家和地区的储气库市场化运营模式，并总结其优秀管理经验，为我国加速天然气地下储气库市场化运营提供借鉴。

一、美国

1. 美国地下储气库发展历程[①]

美国储气库的建设最早可以追溯到 20 世纪 20 年代，经历了数次重要的阶段和技术革新，储气库已成为满足美国国内天然气需求的重要设施之一。如图 4-2 所示，美国储气库建设主要可以概括为以下三个阶段：

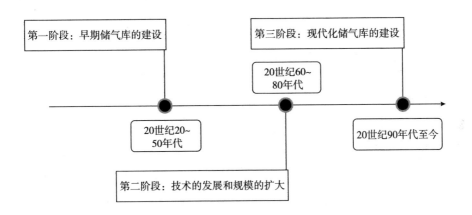

图 4-2 美国地下储气库发展历程

第一阶段（20 世纪 20～50 年代）：早期储气库的建设。早在 20 世纪 20 年代，随着天然气需求的快速增长，美国开始建设储气库来储存天然气。此时的储气库更多地使用原始材料，而且操作较简单，没有配备监测系统，美国西部和东部是早期储气库的主要区

---

① 参考美国能源信息管理局（U. S. Energy Information Administration）颁布的相关民用储气信息档案 https：//www. eia. gov/。

域。随着时间的推移，技术逐渐成熟，新的储气库被建造在全国各地。20 世纪四五十年代，随着美国经济的蓬勃发展和天然气需求的增加，大量新的储气库被投入使用，其中最著名的要属位于德克萨斯墨西哥湾（Texas Gulf Coast）的 Stratton 储气库。该储气库采用地下盐穴来进行天然气存储，其最大容量高达 1.1 亿立方英尺。在建造 Stratton 储气库期间，美国和德国的科学家一起合作探索地下盐穴的利用和安全性，这也是当时革命性的探索项目。

第二阶段（20 世纪 60~80 年代）：技术的发展和规模的扩大。20 世纪六七十年代，美国天然气储量下降，但对天然气的需求却增加，价格上升。随着储气设备技术的不断改进，为了满足国内天然气需求的季节性波动，储气库的规模快速扩大和数量快速增加。在这一时期，美国政府提供了大量投资资金，以支持各州和本国的能源计划。此外，美国还采用了新技术提高储气库的安全性和效率，使储气库在整个国家得以分布广泛，满足了工业和社会各个方面对天然气的需求。

第三阶段（20 世纪 90 年代至今）：现代化储气库的建设。自 20 世纪 90 年代以来，美国天然气市场经历了重大变化，改变了以往储气库的设计和运营方式，新型储气库更加注重环境保护与可持续性，储气库的安全性和效率得到大幅提高。同时，新型储气技术也得到了普及和开发，如利用地下盐穴或者转化成液态天然气（LNG）来储存天然气。此外，为了适应市场变化，越来越多的储气库都配备了先进的监控和管理系统，以保证其运营的安全和高效。这一时期现代储气库的建设与普及为美国能源安全和清洁能源转型提供了重要保障。

2. 美国储气库的市场化运营

美国储气库的市场化运营过程始于 20 世纪 80 年代末，内容包括储气库的买卖、租赁、服务，以及建立储气库交易所，如表 4-2 所示。在该过程中，美国政府先是分离了一部分天然气管道和储气库的所有权，引入市场角色，揭开了储气库市场化运营的序幕。随着储气库的扩建，美国在管道公司和独立储气库运营商之间建立公平的竞争机制，并实施了一系列的创新性措施，如推出电子交易平台、建立监管机制等。

表 4-2　美国储气库市场化运营内容

储气库的买卖	储气库的租赁
储气库的所有权可以以现金或其他形式的交易进行转移。一些储气库可以被单独销售，而其他储气库可以作为组合进行交易。交易中通常包括储气库的调节服务，允许买方在给定期限内使用储气库的一定容量	商业用户通常需要租赁存储在储气库中的天然气，然后在需要时从储气库中提取。租赁协议通常包括存储和提取的定价机制以及其他服务，如出口输气
储气库的服务	储气库的交易所
储气库为商业用户提供一系列的定制服务，包括储存和提取天然气、储气库容量预订、调节服务等。由于市场需求和储气库排放的限制，服务定价也具有很大的变化	储气库交易所是一个提供中央清算的在线平台，允许储藏库所有者和其用户之间进行天然气交易。中央清算使得储气库的所有者在交易结束时可以在账户中看到收入，而用户则要为提取和使用天然气支付手续费

　　如今，美国储气库市场化运营已经十分成熟，不仅成功实现了天然气的管道输送，而且为美国天然气市场的稳定发展做出了巨大贡献。为完成储气库的市场化运营，美国主要采用了引入竞争机制、建立储气库电子交易平台、市场化的储气库租赁和服务定价、建立完整的监管体系四种方式。

　　第一，引入竞争机制：在竞争激烈的市场中，运营商必须为客户提供高质量、低成本、可靠的服务。储气库运营商必须要在竞争环境下与其他供应商竞争，从而提高服务质量和价格竞争力。

　　第二，建立储气库电子交易平台：储气库电子交易平台可以允许储气库的所有者和用户参与直接交易，并确保交易的透明度。同时，储气库运营商可以在储气库电子交易平台上提供提取、充气、出口等增值服务。

第三，市场化的储气库租赁和服务定价：市场化的租赁和服务定价可以通过竞争机制来达成合理价格。租赁和服务协议必须通过竞争标准，其中包括商业、技术和合规性等方面，从而确保代价最优化及维持市场的稳定性。

第四，建立完整的监管体系：美国政府对储气库市场化运营实行全面监管，确保市场公平公正，并制定了严格的法规标准，明确规定每个角色的权利和义务。此外，美国政府不断完善监管机制，确保储气库市场化运营稳定，提高监管效能。

3. 美国地下储气库市场化运营管理经验

第一，建立公正、透明、规范的市场机制。美国将储气库市场化运营纳入一些法律框架中，联邦能源监管委员会（FERC）通过制定市场化运营规则，包括储气库存储服务定价、储气库容量分配与管理、储气库服务协议等，建立了公正、透明、规范的交易规则和市场监管机制，确保了储气库的市场竞争公平、有序和稳定。

第二，创新电子交易平台。美国基于智能化技术，并采用行业标准的互联网技术和安全协议，建立了完善的电子交易平台。交易双方能够在平台上使用上下文竞价、订阅购买、容量转让等功能，平台还提供实时市场价格和行情分析工具，为交易双方提供储气库市场价格和指导，提高了市场透明度和交易效率。电子交易平台不仅为天然气储量买卖提供了便利，也为买家和卖家提供了实时数据、交易记录和市场趋势信息，强化了市场的透明性和确定性。美国建立的电子交易平台提高了市场的透明性和流动性，降低了成本、提高效益，最终推动了储气库的市场化运营。

第三，建立完善的标准化合同体系。美国在储气库市场化运营中采用了标准化合同，对涉及储气库服务的条款进行明确规定，并对储气库和储气库用户的权利和义务进行界定和规范，针对合同履行中可能发生的纠纷也制定了解决机制，充分体现了美国储气库定价交易规则的透明性和统一规范性。这样的做法不仅减少了交易成本，也提高了储气库交易的安全性和稳定性。

第四，积极采取多元化的市场策略。美国储气库市场化运营为灵活性的交易策略创造了机会，积极引入多方市场主体参与储气库建设和运营，允许买卖双方灵活选择存储和采购的时间，开展多种形式的合作。这有利于保证市场的稳定性和流动性，从而在市场震动时减缓其冲击。

美国地下储气库市场化运营既创新又规范，它建立了透明、有序、标准化、公正的市场竞争机制，充分发挥了市场力量，保证了天然气的安全稳定供应。此管理经验对我国在完善监管机制、创新交易机制、积极拓展多元化市场策略等方面具有借鉴意义，有助于提高我国地下储气库市场化运营的管理效率和安全稳定性。

二、欧盟

1. 欧盟地下储气库发展历程①

欧盟地下储气库的发展历程主要可以分为以下几个阶段：

第一阶段（1945～1973年）：早期发展。在第二次世界大战结束后的重建阶段，欧洲国家在国家安全和经济发展的需要下开始建设气体储运设施。在这个时期之前，欧洲就已经有大量的煤矿、盐穴、油气藏等地下空腔被发现，且部分用于储存残留气。此时，主要的储气设施是在高山上建设的，包括残留气藏和天然气储藏。这些储气设施被广泛用于储存应用于家庭和工业的动力气体，以及作为在水电站、核电站等可再生能源场所的替代燃料。在这一时期，寻找适合的地点和技术的应用是主要制约因素，欧盟成员国对于储气设施技术的实践积累和经验做了总结。这些经验为未来储气设施网络的发展打下了基础。

第二阶段（1973～1990年）：储气设施的网络化。在这一时期，

---

① 参考欧盟能源政策和资源司网站（https：//ec. europa. eu/energy/topics/gas－storage_en）相关资料整理而成。

欧洲开始建设地下储气设施网络，各国建设地下储气库的数量迅速增加，地下储气库成为一种区域性的设施，为天然气的供应提供了巨大便利。欧盟成员国开始采用多种类型的地下储气库，其中以盐穴储气库和深水储气库为主。随着欧盟成员国之间开始大量积极合作，各国的储气设施也开始有了更为紧密的联系。在德国、法国、荷兰、比利时和英国之间，数条输气管道连接了各国主要的储气设施，建立了区域性的天然气输配系统，这为天然气市场的统一和协调做出了重要贡献。

第三阶段（1991年至今）：协调和一体化。1990年之前，欧洲的天然气市场由国有公司垄断和跨国公司控制。之后，欧盟采取了一系列举措推进市场的协调和一体化，储气设施也在这个过程中得到了广泛开发。欧盟的一些成员国开始向其他国家开放储气设施，以便减少市场增加火电站能源的成本，并确保天然气的供应安全。目前，欧洲拥有大约150个地下储气库，分布在16个欧盟成员国。这些储气库包括深水储气库和盐穴储气库，逐渐成为欧洲地区天然气市场的重要组成部分，为欧洲天然气市场的一体化和区域能源供应安全提供了更强有力的支持。

欧盟地下储气库的发展历程主要经历了早期建设、网络化建设和市场协调和一体化三个阶段。欧盟的地下储气库在节能降耗、保障能源供应和市场价格的平稳等方面发挥了重要作用。未来，欧盟的地下储气库将会继续逐渐开放，以满足市场需求和能源安全。

2. 欧盟储气库的市场化运营

欧盟储气库的市场化运营主要集中于开放式第三方存取（Open Third-Party Access，OTPA）和竞争式招标（Competitive Bidding）。如表4-3所示，OTPA允许第三方用户使用储气库的存储服务，要求储气库业务向所有用户提供存储服务，用户则需在此基础上支付相应的存储费用，从而实现市场公正自由。Competitive Bidding则依据市场化原则，鼓励储气公司定期公开招标，以获取存储单元的租用合约，优化了储气产品的生产和服务模式，为欧洲天然气市场带来更多的选择和潜在客户。

表4-3 开放式第三方存取和竞争式招标具体内容

欧盟储气库开放式 第三方存取 （Open Third-Party Access，OTPA）	（1）储气库业务必须按照透明、公正和非歧视的原则向所有用户提供存储服务，无论其身份及背景 （2）储气库需在存取协议中设定下列条件： • 存储服务的条件、价格、运营及技术规范、质量及安全标准等 • 存储协议的起讫日期及其终止条件 • 存储服务的制约条件和扩容选择等 • 储气库和用户之间的责任原则 （3）储气库需向所有用户提供数据和资讯以保证透明度，包括储存容量、缺口情况、良好储气程度和安全规定等 （4）储气库需被授权协调三方存取协议，批准和确保储气库系统的可靠性、稳定性和安全性，并保证存储协议资源的公正分配，确保能够履行其加入欧洲通道网络计划操作要求 （5）欧盟委员会对欧洲环境、能源和公司法规进行监测，同时监测市场供应规则的遵守是否有效及欧盟的发电集团是否有作弊收回控制权，由此保证欧盟内市场规则的有序 （6）OTPA的落实要让配备正确的规章制度，且储存和安全控制的授权能够精准执行
竞争式招标 （Competitive Bidding）	（1）储气公司需定期公开招标储存单元的租用合约，即开放给市场参与者竞争 （2）竞标者需按照招标规则向储气公司提交合法文件，包括投标调查、竞标保证金（Bid Bond）等 （3）各竞标者需在指定的时间内提交竞标书，包括存储需求计划、使用方案、价格等内容，以及符合资格文件、商业计划和价格咨询等 （4）储气公司需根据招标规则进行竞标结果分析，审查投标者的文件内容，包括资质、技术能力和财务状况等方面的资料，从中选择最有利的竞标者 （5）获胜的竞标者需与储气公司签订合同，确认所有包含条件、价格、数量和质量等相关条款，确保协议的严格执行 （6）如果没有符合条件的竞标者，储气公司可以取消招标活动

资料来源：参考《欧盟能源交易规则》（REMIT）详解关于第三方存取和竞争式招标的要求，https：//www.acer.europa.eu/%20remit/Codes_Of_Conduct/0029-REMIT-CoC-Open_access.pdf。

3. 欧盟地下储气库市场化运营管理经验

欧盟地下储气库市场化运营是建立在法规及规范性管理、监管机构强化、市场竞争机制优化、第三方接入机制合理完善等多重要素的联合应用上的，这些措施共同推动了地下储气库的市场化运营，并且不断提高了市场效率、优化了服务水平、降低了成本，在其经济效益和社会影响方面都发挥了积极作用。

第一，法规标准化。欧盟制定了明确的政策和法规，规范储气库的市场化运营。其中，欧洲委员会通过能源市场价格指令（Energy Market Regulation）要求天然气存储的使用和定价应该遵循市场的原则，通过竞争的价格反映市场供求关系，以促进天然气市场的透明度和竞争性。由英国的燃气储存公司（Gas Storage Company）颁布的燃气存储规范涵盖了各类储气库的设计、建设、运营和维护，指出制定公开透明的价格机制，以保障消费者的权益，提供平等机会和公正竞争环境，防止垄断和不公平竞争的出现，保证市场的有效运行等。以上法规都表明了法律在推动天然气地下储气库市场化运营中的重要作用。

第二，监管体系的建立。欧盟规定各成员国均应设立独立的能源监管机构，对各个储气库的使用和定价进行监督，确保其遵循市场原则，通过竞争制定出符合市场供求关系的价格。此外，监管机构还需要审查储气库的市场战略、定价机制、客户服务、安全措施等方面的政策和规定，确保其合法合规，同时处置违规行为和不当竞争行为，防止垄断和不公平竞争的出现，维护市场的公正竞争环境。同时，监管机构还需要加强信息披露和市场监督，提高市场透明度，促进天然气市场的健康发展。

第三，市场化竞争机制。欧盟对储气库实行市场化竞争机制，通过引入多样化的供应商和使用者，以市场均衡的供需价格为基础，实现储气库市场化运营的目标。一方面，鼓励各个投资者参与储气库的投资，通过市场的力量来推动市场化运营的发展，从而提高储气库规模和技术水平，更好地满足市场需求。另一方面，创造公平竞争环境，防止垄断行为，保证各家企业在市场竞争中能够公平竞争，提高市场的效率和公正性。可见，市场化竞争机制可以保障消费者的权益，通过价格机制反映储气库市场供需情况，从而达到合理定价和资源分配。同时，市场化竞争也有助于提高储气库行业的竞争门槛，推进市场创新和提高市场效率，为天然气储气库建设发展提供动力。

第四，第三方接入机制。欧盟通过实行第三方接入机制，向第三方开放额外的容量数据和公平的使用条件，以提供给其他的供应商或使用者使用，降低了企业的准入门槛，避免了垄断和不当竞争的出现。目前，欧盟仍在储气库第三方接入机制方面进行不断完善，在对外开放过程中，严格执行储气库存储服务的价格信息及各种约束密集度等市场规则，促进了市场化运营的实际效益。

三、俄罗斯

1. 俄罗斯地下储气库发展历程[①]

俄罗斯地下储气库的发展历程可以追溯到 20 世纪初。当时，俄罗斯开始出现了一些储罐用于储存天然气，但是由于这些储罐体积较小，储气量有限，不能满足国家庞大的天然气需求。因此，20 世纪 50 年代末，俄罗斯政府开始在全国范围内动工建设大型地下储气库。由于俄罗斯地域广阔、寒冷季节漫长，且天然气产量较大，需要一个大型而又安全的储气设施来储存天然气。在此期间，俄罗斯通过引进西方国家的技术设备和管理制度，建设了一批大型的地下储气库，主要位于西伯利亚等地区。

20 世纪 70 年代，随着天然气需求的扩大和运输技术的不断进

---

① 参考俄罗斯联邦天然气储备局官方网站（http：//www.gazprominfo.com/articles/underground-gas-storage）以及上海财经大学出版社出版的《俄罗斯天然气工业简史》整理而成。

步，俄罗斯的地下储气库建设进一步加快。1989 年，俄罗斯政府颁布了《天然气工业法》，鼓励天然气的储存和运输。此举促进了该国地下储气库震荡发展，到 1990 年，俄罗斯基本完成了重大储气库的规划和建设。

21 世纪初，俄罗斯地下储气库建设得到了更大的发展，通过引进新技术、增加设备数量和提升储存能力等手段来提高储气库的效率和安全性。如今，俄罗斯已经成为世界上天然气储存量最大的国家之一。据统计，在俄罗斯的地下储气库总储存量中，70% 以上集中在西伯利亚地区。但由于一些老化储罐存在安全隐患，俄罗斯政府已经开始计划对其进行现代化改造和升级，以提高储气容量和安全性。

俄罗斯地下储气库从 20 世纪初的小规模储罐，到现在拥有大量的大规模地下储气库，经历了一个漫长的发展历程，促进了其地下储气库的发展，也为国家下一步的能源转型和天然气的生产、储存、供应奠定了更为坚实的基础。

2. 俄罗斯储气库的市场化运营及管理经验

俄罗斯储气库的市场化运营虽然尚处于起步阶段，但在这一过程中也积累了一定的经验，主要表现为法规和政策制定、市场竞争机制、市场信息透明度和风险管理体系四个方面。

第一，法规和政策制定。俄罗斯政府制定了关于地下储气库的一系列法规和政策，为市场化运营提供了法律和政策保障。例如，2013 年通过的《天然气储存法》完善了储气库的建设、管理和运营等方面的制度，并规定了不同单位储气库的使用权、税费、管理和经营等方面的权利和义务；2014 年颁布的《储气库准入条例》规定了储气库准入的基本原则，包括公平原则、透明原则、无歧视原则和规范原则等。此外，俄罗斯地下储气库实行准入制度，通过放宽市场准入限制、公平保护市场竞争等方式来推进市场化运营。这些法规规定了储气库市场化运营的基本原则和制度，对保障用户的权益、促进市场竞争、发展市场经济等方面都具有重要的意义。

　　第二，市场竞争机制。俄罗斯地下储气库运营企业实行竞争机制，通过市场化的价格和服务来吸引用户，并制定了具体规则，保障了企业合法竞争、公平竞争和诚信竞争的秩序（见图4-3）。同时，俄罗斯也鼓励企业在市场竞争中不断优化自身运营，提升服务质量，促进国家天然气产业可持续发展。

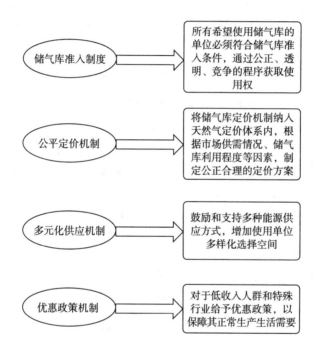

图4-3　俄罗斯市场竞争机制

　　第三，市场信息透明度。俄罗斯政府和储气库企业注重市场信息的透明度，通过公开重要信息、发布市场行情和供需情况等举措，增强了市场竞争和风险管理能力。首先，俄罗斯义务向市场发布储气库的相关信息和数据，包括储气库库容、储气能力、流量能力、储气价格等。其次，俄罗斯引入竞拍机制，通过竞拍使储气库使用权和储气产品的价格得以在竞争中合理形成，促进市场价格透明度。再次，俄罗斯还建立了地下储气库市场化运营的监管制度和行为准则，严格执行市场准入条件，规范市场经营的行为，拦截不法商业行为，维护市场正常运转。最后，俄罗斯还对储气库市场化运营数据进行监测和预警，提前发现和预警市场状况波动的情况，保障储气库市场供需平衡，避免市场垄断出现。这些措施保证了俄罗斯地下储气库市场化运营的公开、透明和公正竞争，实现了市场平稳运转，维护了市场秩序，使参与市场的各方在公平的运营环境下进行交易和竞争。

第四，风险管理体系。俄罗斯地下储气库通过引进市场化的风险管理机制，对利润风险制定合理的收益分配机制，对规模风险建立天然气供需系统模型和方案，对技术和安全风险管理制定地下储气库的技术和安全监管制度，对政策环境风险管理制定地下储气库的国家政策和支持政策等，全方位地监控各类风险。这些风险管理体系有助于俄罗斯防范不同风险，保障地下储气库市场化运营的安全性、稳定性和可持续性，实现了市场和社会双方的良性发展。

综上所述，俄罗斯储气库市场化运营尚处于初级阶段，仍需持续推进相应措施，如进一步完善法规标准化、加强市场监管、提高服务质量、加速转型为用于天然气贸易的中性天然气交易平台等，从而实现储气库的市场化运营和市场效益最大化。

第三节　本章小结

能源安全作为国家安全战略部署的重要组成部分，一直是世界各国关注的重点。近年来，天然气消费的大幅增长，也体现出我国乃至世界对天然气的需求巨大，然而我国储气库建设起步比发达国家晚得多，要想尽快追赶上国际水平，储气库的扩建势在必行。从储气库建设的支持政策内涵可以看出，为推动储气库的建设进度，国家不仅对各个储气库项目工程制定了实现目标，大力鼓励地下储气库的加快发展，也在选址、审批、投资和运营等方面制定了众多优惠政策，体现了我国对天然气地下储气库发展的决心。

随着储气库建设规模的扩大及经济社会的稳步发展，引入社会资本、实行市场化的运营模式显然能够更好地满足市场对天然气的需求，因此我国也将市场化运营模式逐渐引入储气库建设中。当然，闭门造车不可取，先进的理念和技术离不开各国的相互交流。纵观发达国家的天然气储气库发展进程可以发现，他们最终走向了市场化运营模式之路。通过学习和借鉴，国外储气库市场化运营管理经验主要有以下几点：一是制定相应的法律法规；二是引入市场化竞争机制；三是建立完善的监管体系。这些管理经验对于推进我国天然气地下储气库的市场化运营也有着重要的借鉴意义。

丁国生和魏欢（2020）认为，虽然中国在储气库建设方面发展起步较晚，但已经取得了令世界瞩目的成就，并在加速迈向成为储气库大国的道路上。在过去的20多年中，中国在复杂的地质条件下进行了储气库技术创新，并建立了适合我国国情的天然气战略储备格局，实现了从采输气调峰向地下储气调峰的历史性转型升级，有效缓解了国内天然气供需矛盾问题。但中国储气库的建设并未止步，未来仍将持续加大力度投资地下储气库的建设运营，为维持天然气稳定供应及实现"双碳"目标努力奋斗。

第五章　社会资本投资天然气地下储气库的实现机制研究

在"十三五"时期，我国天然气行业蓬勃发展，天然气的勘探、开发、管道输送、储存运营等各个方面都有了极大提高。但我国天然气产业仍然存在着一些问题，如产供储销不平衡、对进口依存度居高不下等问题。随着 2019 年国家管网集团的成立和天然气上游勘探和开发市场的开放，我国天然气行业的发展逐渐呈现多元化的态势。从天然气上游、中游、下游的改革框架可以看出，我国正处于天然气行业发展的关键时期。为了满足我国经济发展的需要、确保天然气的供应安全并保障能源安全，我国应抓住当前的机遇。政府和社会资本合作的模式拥有良好的政策和环境优势，因此，本章基于我国天然气项目的现状和行业的改革机遇，来分析政府和社会资本合作模式在天然气行业中的适用性、构建相应的实现机制，并详细分析地下储气库支持政策对社会资本投资行为的影响。

第一节　地下储气库支持政策与社会资本投资行为的作用机理分析

随着我国天然气需求的不断增长，地下储气库建设逐渐成为保障能源安全、促进经济发展的重要手段。然而，由于建设规模大、技术含量高等因素影响，单靠政府自身力量无法满足市场需求。因此，引入社会资本参与地下储气库建设已成为必然趋势。在此情况下，厘清地下储气库支持政策和社会资本投资行为之间的作用机理对于推动其顺利运营至关重要。本节将围绕现实条件、优势分析和模式构建三个方面展开。

一、地下储气库项目引入社会资本投资的现实条件

天然气地下储气库由于建设规模庞大、技术难度高、周期长等特点，在政府财力有限、社会需求增加的情况下，引入社会资本成为一种必然选择。社会资本参与地下储气库建设的主要方式是公私合作（PPP）模式，即政府将项目特许经营权授予社会资本，由政府和与社会资本共同参与项目建设与管理，项目完成后由社会资本进行运营，若运营到期或出现应急情况则项目所有权归政府特许经营类模式所有。通过上文对于天然气项目建设的现状分析得知，我国天然气项目已充分具备引入社会资本的时机。

PPP 模式适用范围广泛。当前，我国 PPP 法规及相关配套文件相继出台并不断完善。这些支持政策在促进民间投资及营造良好外部环境方面发挥了关键作用。与其他基础设施领域相比，地下储气库项目需要耗费更多时间完成勘探单位调查评价报告书编制及工程设计，回收期也常常超过五年甚至十年。且地下储气库的建设风险较高，主要包括勘探和评价风险、设计和施工风险、投资回报率低等方面。此外，建设地下储气库需要巨额的资金支持，这些资金可能难以由政府单独承担，引入社会资本则可以在一定程度上解决这一问题。基于以上考虑，PPP 模式不仅适用于公路、铁路、机场等交通领域，也适用于地下储气库建设。PPP 合作方式使民间投资者参与到国家重点能源安全项目中来，在满足市场需求前提下使民间投资者获得良好回报。同时对政府而言，该模式可以减轻财政压力并节省运营成本。因此，在推进 PPP 模式策略的今天，依靠社会资本实现地下储气库"多赢"局面已具有广泛应用空间。

近年来，我国科技创新取得了长足发展，并涌现出许多深受业界认可的优秀企业。其中，不少单位已经拥有较强应用型技术研发能力，并积极与海外知名企业合作开展相关研究工作。特别是在地下储气库建设领域，我国已经取得了显著进展。例如，新洲天然气储备公司通过多年的技术创新和实践积累，在地下储气库设计、勘探和评价等方面积累了丰富的经验；中油天然气在深化"三区"井网布置调整及原有井口改造方面具有较高水平；另一些企业则着力于提升地下储气库设备制造水平，打造国内一流的压缩机生产基地；等等。可以预见，在这样一个优势汇聚、成果不断创新的背景下，引入社会资本实现 PPP 模式对于推动中国地下储气库事业迈上更高台阶起到至关重要的作用。

我国政府对于 PPP 模式的支持力度不断加大，并致力于打造一个良好发展环境，能源领域已经公布相关政策明确提出在油气项目中推广政府与社会资本合作模式。国家能源局较早之前就提出政府应积极利用社会资本，支持包括燃气和油气管网等油气类项目的建设。国家发展改革委于 2019 年 5 月发布了《油气管网设施公平开放监管办法》。该法进一步明确了拓宽资金来源渠道的方式，包括通过引入社会资本等多元市场主体建设参与天然气管网建设。此外，该部门还在加快建设步伐，补齐基础设施短板。2020 年，国家发展改革委发布《关于进一步完善 PPP 示范项目管理工作机制的指导意见》，提出应选择规模适宜且风险可控的示范项目并强化风险预警机制，以进一步提高 PPP 项目质量和安全性；同时需要加强监管并及时纠正不合规行为等方面。这些政策将有助于吸引社会资本进入地下储气库建设领域，并实现多方共赢。

我国天然气勘探开发市场的全面放开，也为社会资本应用提供了机会。近年来，中国政府逐步放开天然气勘探开发市场，并鼓励社会资本参与其中。这一变革开启了国内能源行业的全新篇章。2019 年，我国颁布实施了《油气管网设施公平开放监管办法》，明确规定"严格区分、划清界限"的原则，通过完善天然气市场化运营机制、推进电力、热力等行业向天然气替代转型以及提高储量评估技术水平等举措促进社会资本参与。此外，在技术和管理方面也做了大量探索和尝试。例如，《国务院关于鼓励和引导民间投资健康发展的若干意见》中提到要加强对环境保护企业信用评级管理，建立行之有效的生态补偿机制，在资源税收方面给予合理优惠等，为合作双方打造一个更可持续性的经济模式。这些变革不仅为我国能源结构调整带来重大影响，也为社会资本应用到地下储气库建设中带来了广阔发展前景。

总之，地下储气库具有重要作用且市场需求广泛。在现今形势下，通过引导社会资本参与天然气地下储气库建设，既满足了民众对清洁能源消费需求的日益增长，也有效减轻了政府财务压力和减少了运营成本，并促进了科技创新、就业增长等。因此，在推动中国 PPP 模式事业发展的背景下依靠社会资本实现地下储气库"多赢"局面无疑是可行且必要的选择。

二、地下储气库项目引入社会资本投资的优势分析

引入社会资本参与天然气领域投资可以加快天然气市场化改革的步伐。这不仅为天然气项目引入了新的融资模式，拓展了资金来源，也提升了工程管理水平、促进了天然气产业结构的转型升级、优化了社会资源配置，符合天然气市场化改革方向，有助于开放市场，有利于推进市场化改革的进程。

第一，资金来源多元化：引入社会资本投资，可以有效扩大融资渠道，增加项目建设的筹资途径。相比于传统的政府融资模式，社会资本拥有更为灵活和多元化的融资方式，在满足项目所需基础条件前提下可大幅缓解政府财政压力。

第二，提升工程管理水平：由于社会资本参与其中，将带来私营企业市场运作机制、现代管理经验等先进理念。这些新型经营模式和专业技术手段能够推动工程实施过程中各环节不断优化改进，并在风险管控、安全生产等关键领域实现更高效率。

第三，促进产业转型升级：通过引入外部资源及充分调动当前存在但未得到合理利用的内部资源，能够为相关行业注入强烈的创新活力，并促使其真正实现产品结构和技术手段上的重要突破，也能够打造一个具备自主品牌竞争力并拥有较高科技含量的行业。

第四，优化社会资源配置：引入社会资本投资能够更好地发挥市场机制在资源配置中的作用，从而实现政府与企业、产供需等多方合作共赢。通过市场调节机制，可以更加有效地平衡不同参与主体之间的利益分配，创造出对于各方都有利的经济和社会效益。

综上所述，地下储气库项目引入社会资本投资具有诸多优势。它将为促进我国天然气行业转型升级提供重要支撑，并推动相关领域向着高质量、高效率和可持续性发展目标迈进。

三、地下储气库项目引入社会资本投资的模式构建

建立 PPP 机制需要对现有的政府主导机制进行改革，包括改革管理、设施运营机制，调整各主体的责任权利，并开发新的项目方法和资金来源[①]。改革将促进更高效、灵活和可持续的公共服务设施建设与运营。同时，重新规划设施运营框架，确定公私部门合理分工合作方式。重要的是重新分配责任权利以实现风险分担和收益分享，并通过协商制定合理合同机制保障各方权益。此外，还需开发新的项目方法和引入创新金融工具来提供稳定可靠资金来源并促进投资者参与。这些改革将为 PPP 奠定坚实基础，推动公共服务设施建设与运营取得更大成果。PPP 机制和政府主导机制的对比如表 5-1 所示。

---

① 资料来源：刘丹. 推进天然气基础设施建设 PPP 模式的困境与对策研究 [D].
重庆：重庆大学，2017.

表 5-1　政府主导机制和 PPP 机制的比较

项目类别	政策内容	实施主体	建设资金来源	项目融资主体	风险承担者	公共部门职责	合同形式
PPP机制	私人部门参与加强地方政府作用，高效建设	公共部门和私人部门责任权利的不同分工	私人部门运营和建设资金偿还、收费、税收	私人部门	公共部门和私人部门共同承担责任	监督者、管理者和协调者	BOT、特许经营、合资等
政府主导机制	公共部门垄断、政府决策、人才机制落后	公共部门	公共部门运营和建设资金偿还、收费、税收	公共部门	公共部门承担全部责任	直接提供服务者	公共部门责任下的交钥匙工程

在总结分析国内外 PPP 项目理论知识和实践经验的基础上，我国地下储气库项目引入社会资本投资需要构建适合的模式，包括参与主体、运作机制和风险分担机制等方面。这些部分将为未来使用 PPP 模式的天然气地下储气库项目提供理论基础。

1. 参与主体

将 PPP 模式下天然气地下储气库项目的建设参与主体分为三类，分别为政府部门、社会资本及组成的项目公司（SPV）。政府部门是 PPP 项目发起人，在对天然气项目进行可行性分析后，有责任寻找合适的社会资本方合作，并为项目融资提供意向担保。同时，政府部门也是管理者和监管者，需履行明确的法律职责和规定。政府需要制定相关政策法规，批准项目建设，并负责协调各方面资源，提供必要支持。各方关系如图 5-1 所示。

SPV 必须具备较强的管理能力和市场竞争力，在规划设计与前期勘探等环节中要充分考虑实际情况，并推动工程建设进度；同时要加强对人员、物料、安全等方面进行监管以确保运营过程尽可能平稳。在收入分配上，也需明晰权利义务关系，以避免出现纠纷或损失。

2. 运作机制

BOT 模式（"建设—经营—转让"）是目前应用最广泛且最具

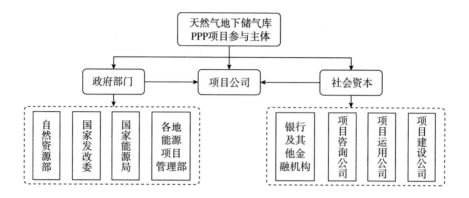

图 5-1　天然气地下储气库 PPP 项目参与主体

代表性的一种 PPP 模式（见图 5-2）。BOT 模型将工程建设阶段分离为一个独立单元，并委托给一个专业的 SPV 开展。一旦工程建设完成，该合作伙伴将被授权运营和维护基础设施，并在特定时间内从实际收益中获得回报以弥补其成本。到期后，在约定的期限内，项目转让给政府部门。

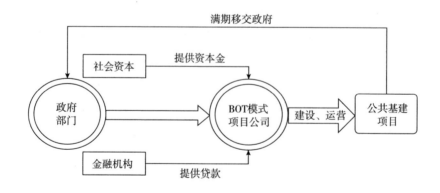

图 5-2　BOT 项目运作模式

天然气市场化改革的"管住中间"理念在 BOT 模式中充分体现。在该模式下，国家相关部门可以通过 PPP 项目发起人（如国家管网集团）吸引社会资本投入建设项目，并在合同期限届满后回收项目、统一运行并对市场公平开放。天然气项目采用 PPP 模式运作机制的具体情况如图 5-3 展示。

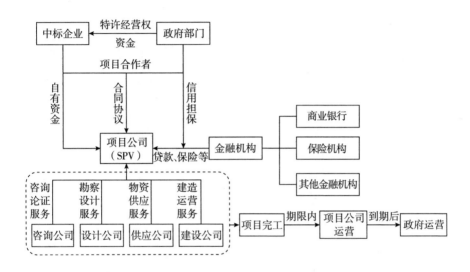

图 5-3　天然气 PPP 项目运作机制

在天然气产业链中游的建设项目（如地下储气库）中，国家管网集团作为 PPP 项目发起人，通过公开招标吸引社会资本参与。中标企业获得相应的融资、建设和经营权，并提供服务以获取回报，在特许经营期满后交由国家管网集团管理。城市燃气、加气站等下游项目，已广泛采用市场化模式运作。当天然气需求转化为政府提供的公共产品时，省市级政府可通过回购社会投资开办的城市燃气、加气站等项目实现 PPP 模式化。这种方式能够更好地将社会资源利用起来，推动天然气行业健康可持续发展。

3. 风险分担机制

PPP 风险是指在项目的设计、建设、运营环节存在众多不确定因素，可能导致项目失败或出现其他问题。在设计阶段，技术方案、投资估算、工程规划等各个方面都需要考虑。例如,在天然气基础设施建设项目中,要同时考虑管道布局是否符合实际需求、天然气供应稳定性等因素。如果在设计阶段没有充分考虑这些因素,则后续运营过程可能会受到影响。在建设阶段,由于涉及土地征用、环境保护等问题,所以法律法规变化带来的不确定性也是一个重要问题。例如,在某个城市推进燃气供应改造时遇到了土地产权纠纷问题,被迫暂停施工。此外,还存在一些环境保护检查标准升级导致原有计划无法执行的情况。运营期间也会存在许多潜在风险。例如,在某省份推广太阳能发电项目时发现,当地电价不足以弥补该项目的投资成本。在可再生能源领域,天然气等传统能源价格下跌也可能会影响项目收益。

具体可以将风险分为以下几类:

(1)投资风险:由于地下储气库是一个高投入、高回报但也带有一定风险和不确定性的项目,因此需充分考虑各种可能发生的情况,并通过专业评估来选择最优方案。在供需关系失衡或其他重大事件发生时,可通过市场调整实现利益共享与损失承担。

(2)安全风险:地下储气库项目存在一些潜在的安全隐患问题,如漏气、地表塌陷等。在投资之前,需要对风险进行评估,并制定应对措施和责任分配方案。

(3)政策法律风险:政策变化可能会影响地下储气库建设与运营的合法性和可持续性。因此,在项目设计和实施过程中需充分考虑到政策环境的不确定性。国家标准系统 PPP 项目政策体系建立不久,缺乏统一的法律规范,法律也不可能面面俱到。

(4)政治风险:公共服务和基础设施与人民生活水平密切相关。PPP 模式中存在政府信用、干预和决策审批延误等风险,其中最严重的是政府信用风险,即政府未能履行事先约定或协议义务,损害合作方利益,并有可能影响 PPP 模式的推广。

第二节　地下储气库支持政策对
社会资本投资行为的影响

地下储气库是保障天然气整体供应体系安全的最重要调峰手段，其管理机制和优化设计对于未来高质量可持续发展具有至关重要的作用。早在 2014 年，我国就出台了《国务院关于创新重点领域投融资机制鼓励社会投资的指导意见》，引导民营企业、地方国有企业参股地下油气管网主干线、沿海液化天然气（LNG）接收站、城市配气管网和城市储气设施，并支持以上企业在地下储气库项目中进行参股投资。此后，类似的鼓励措施不断推进。例如，2018 年发布的《关于促进天然气协调稳定发展的若干意见》和 2019 年发布的《关于建立健全能源安全储备制度指导意见》等均旨在加强我国天然气行业能力提升。具体政策列举如表 5-2 所示。

表 5-2　"十二五"以来中国地下储气库投资建设与运营管理的政策统计

发布日期	政策名称	政策要点
2014 年 2 月	《油气管网设施公平开放监管办法（试行）》	油气管网设施（包括储油、储气设施）有剩余能力时，应向第三方市场主体平等开放管网设施
2014 年 4 月	《关于建立保障天然气稳定供应长效机制的若干意见》	研究出台支持储气设施建设的相关政策，支持各种市场主体平等地参与储气设施的投资、建设及运营
2014 年 11 月	《关于创新重点领域投融资机制鼓励社会投资的指导意见》	（1）鼓励社会资本参与油气储存设施建设运营，支持民营企业、地方国有企业参股地下储气库建设 （2）采用天然气价格改革及财税优惠等多种方式促进地下储气库投资建设
2015 年 10 月	《关于推进价格机制改革的若干意见》	（1）尽快放开气源价格和销售价格 （2）继续优化居民用气定价机制，进一步推动非居民用气价格市场化进程 （3）完善储气价格、峰谷气价、季节性气价相关实施办法

续表

发布日期	政策名称	政策要点
2016 年 10 月	《关于明确储气设施相关价格政策的通知》	（1）应根据市场供需和服务成本，由供需双方协商确定储气价格 （2）应由市场决定储气环节的购进价格和销售价格 （3）支持城镇燃气企业参与储气设施投资和建设，在配气成本中允许考虑投资成本费用和合理收益
2017 年 5 月	《关于深化石油天然气体制改革的若干意见》	（1）建立健全政府、企业社会责任与生产经营库存相结合的油气储备体系 （2）进一步优化投资运营机制，政府加大储备设施投资力度，鼓励社会参与投资和运营 （3）落实政府、企业与用户的储备调峰责任，管道和供气企业是应急和季节调峰责任主体，地方政府协调落实日调峰责任主体，鼓励天然气产业链各环节供需双方在购销合同中对调峰供气责任予以约定
2017 年 7 月	《加快推进天然气利用的意见》	创新商务模式，储气地质构造使用权放开，支持各方资本参与投资运营
2017 年 12 月	《北方地区冬季清洁取暖规划（2017—2021 年）》	鼓励各种投资主体参与地下储气库投资建设，鼓励企业从第三方购买储气调峰服务和气量，用于落实储气调峰责任
2018 年 8 月	《2018 年能源工作指导意见》	（1）建立健全多层次天然气储备体系，加大储气调峰设施投资建设，鼓励政府与企业共建储气设施，研究出台解决冬夏峰谷差的措施办法 （2）建立天然气储备制度，明确政府、企业及大用户的调峰责任，切实提高储气调峰能力
2018 年 5 月	《国家发展改革委办公厅关于统筹规划做好储气设施建设运行的通知》	鼓励自建、合资等多种方式参与储气设施投资建设，相关投资方储气能力考核指标可按投资比例分解
2018 年 9 月	《国务院关于促进天然气协调稳定发展的若干意见》	（1）建立健全多层级储气系统，以地下储气库及沿海 LNG 接收站为主，重点地区内陆规模化 LNG 储罐为辅，管网互联互通为支撑 （2）推动削峰填谷，施行可中断气价、季节性差价等差别化价格策略，引导企业增强储气和淡旺季调节能力

　　"十二五"到"十四五"的天然气发展规划中，明确了加快推进储气设施建设的目标。为鼓励社会资本参与地下储气库建设，相关政策、法规和文件正逐渐引导并支持公私合作模式。现阶段，地下储气库投资建设更加适应新时代的发展。在"十二五"规划的初

期，企业一体化生产经营导致地下储气库投资和建设的主体比较单一；为了做出改变，2016 年的《国家能源局关于在能源领域积极推广政府和社会资本合作模式的通知》提出，在能源领域开放更多行业，并丰富 PPP 项目结构类型，用市场化方式吸引社会资本参与重点领域基础设施建设。此后，政府陆续颁布了多项相关要求。例如，2017 年提出加大政府投资力度，鼓励社会资本参与储备设施投资运营；2019 年印发的《油气管网设施公平开放监管办法》，要求在天然气输配过程中遵守公平竞争和非歧视性原则，同时允许用户自备应急供气设施，为社会资本参与提供了便利。可以看出，政策、法规和相关文件已逐步引导社会资本参与地下储气库建设。这些政策措施在吸引更多民间资本进入天然气领域发挥着积极作用。

天然气储备能力建设的相关政策不是彼此孤立存在的，而是构成一个相互联系的政策系统的（见图 5-4）。政策系统中的各项政策内容相互支撑、相互制约，单一政策措施很难实现促进储气能力

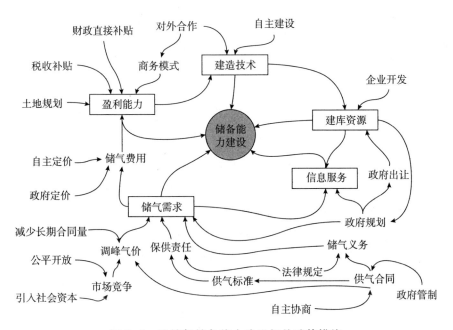

图 5-4 天然气储备能力建设相关政策措施

建设的政策目标。公共政策具有多因多果的特点，一项目标的达成，常常需要多个方面政策的共同作用；同样的政策目标，可以通过不同的政策措施和路径实现。本章主要从天然气价格政策变化、财税支持政策变化及其他影响因素三个方面阐述对天然气地下储气库建设中社会资本的影响。

一、天然气价格政策变化

天然气价格改革随着政策的变动在不断推进，2015年存量气和增量气价格实现并轨，非居民用天然气气源价格也在一步步地放开，同时页岩气、煤层气等非常规天然气价格也响应了市场化政策。此外，还出台了有关天然气管道运输价格政策。为了保证合理成本加合理利润原则的落实，在必要时会对煤层气发电、余热余压发电上网标杆电价进行调整。除此之外，天然气分布式能源冷、热、电价格市场化也得到了加强推进。国家发展改革委发布了《国家发展改革委关于加快推进储气设施建设的指导意见》（2014年）和《国家发展改革委关于明确储气设施相关价格政策的通知》（2016年），促进地下储气库市场化运营。文件提出，应强化建设、统筹协调和增加资金投入，鼓励企业承担储气调峰任务并通过不同模式参与投融资。服务价格由经营企业根据各区域实际情况协商确定，并为行业设置明确的市场价格。这些政策为保障天然气安全稳定供应创造了更好环境，也在创新投融资方面引领了方向。

从宏观层面来说，随着天然气价格的上涨，天然气生产企业的盈利会增加，进而促进经济发展。因此，在这种情况下，投资天然气行业的社会资本可获得较高的投资回报率。在微观层面，天然气价格的变化还会影响企业和个人的投资分布和选择。当天然气价格上涨时，社会资本常倾向于将资金投资到天然气生产企业或其他涉及天然气行业的企业；当天然气价格下跌时，社会资本则可能转向其他行业。本章从地下储气库运营成本机制、定价机制、服务价格三个方面阐述天然气价格变化对社会资本投资的影响。

1. 地下储气库运营成本机制

2015 年之前，我国的天然气产业发展受体制机制的影响，采用一体化运营模式来进行生产、运输、储存和销售。2015 年之后，国内天然气供应商（中国石油和中国石化）负责地下储气库建设、运营及管理。对于国家财政参与的地下储气库，政府通过税金返还给予投资支持，而企业则需要自行承担地下储气库的运营费用。针对上述情况，中国石油、中国石化可以内部成立地下储气库独立子公司作为运营主体，并逐渐完善地下储气库市场化运营管理体制。

当前，我国地下储气库的运行成本包含以下部分：人工成本、维护及修理费用、厂矿管理费用、安全保险费、动力费、折旧、营业税金及附加等项目，具体如图 5-5 所示。其中，外购材料费（不含润滑油）、动力费（基本水电）、人工成本不受注、采气量增减变动的影响，属于固定成本；外购材料费中的润滑油、动力费（压缩机用电）和营业税金及附加，随注、采气量增减而成正比例变化，属于可变成本。

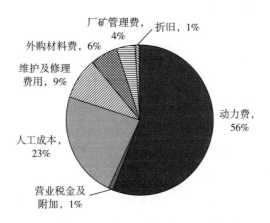

图 5-5　国内某地下储气库的运行成本

总体来说，地下储气库的运营成本机制是一个多方面因素共同作用、需长期维持稳定性及高投资回报率的复杂问题。针对不同变化和挑战，有必要制定相应的策略以达到合理控制和降低风险等目标。地下储气库运营成本机制的变化可能会对社会资本投资地下储气库产生不同程度的影响。一方面，如果储气库运营成本上升，社会资本可能会减少或取消对该领域的投资。这将使相关企业在融资方面遇到困难，甚至无法继续开展项目。另一方面，当市场需求较大、能源价格高涨时，由于利润空间相应增加，一些新进入行业或已经参与其中的投资商仍然有意愿进行投资。此外，政府出台了PPP模式等政策来吸引更多社会性质的资金来支持地下储气库发展，可以有效缓解政府自身财政压力，并为优秀企业提供更多发展机遇。因此，随着地下储气库技术和管理水平的不断提高以及国家能源战略的不断调整，在保证安全前提下，逐步推进建设规划并强化监管，并针对特定问题出台专项措施可以有效减少企业经营风险从而促进社会性质基础设施建设的进一步健康发展。

2. 地下储气库定价机制

2010年以前，地下储气库属于管道的配套设施，其主要职责是负责管道的安全运行。地下储气库投资被纳入管道建设的总投资中，资金回收也主要是通过管输费，并没有形成单独的地下储气库定价机制。2010~2016年，地下储气库仍然附属于管道，考虑地下储气库在管道系统联网中的调节能力和中国地下储气库建设的迫切需求，国家投入了专项资金支持中国石油开展地下储气库建设。由于地下储气库建设进度与管道不一致，因此地下储气库的效益并未体现出来，也就没有地下储气库定价机制。2016年，《国家发展改革委关于明确储气设施相关价格政策的通知》的发表，表明要从管输费中把储气费剥离出来，从"一部制"定价转变为"两部制"定价。此前，地下储气库投资被纳入管道总投资里计算，严重影响了企业收益率和经济效益。为了解决这个问题，《国家发展改革委关于明确储气设施相关价格政策的通知》发布后，"两部制"定价模式开始实行。根据该模式，在确定价格时需要区别固定成本和变动成本，并将二者分配给使用单位按比例结算。

"一部制"定价转变为"两部制"，意味着新规划已经从依赖项目建设投资、年工作量和行业基准收益率核定价格，转变为依据地下储气库提供的服务成本来进行定价。在引入"两部制"定价模式后，还需要与用气企业签订合同，并推行季节性差价政策来提高城镇燃气企业供应天然气回报率。这样做不仅可以有效利用资源、优化配置和增加经济效益，还有助于促进市场竞争和推动我国整个天然气相关行业向更为规范化、透明化发展。此后，我国的天然气储气库运营和定价管理也随之进入新阶段。

3. 地下储气库服务价格

地下储气库定价机制是指确定地下储气库服务价格的一套规则和方法。地下储气库服务价格是按照上述定价机制计算出来的实际服务费用，即使用单位（如城市燃气公司、工业企业等）向储气设施提供者支付的服务费用，来覆盖地下储气库的运营维护成本和资金回收。这些费用涵盖了地下储气设施建设投资、运营管理及风险补偿等成本，是使用单位需要支付给提供者的现金收入。因此，可以说地下储气库定价机制是决定服务价格高低和变动趋势的重要基础；而服务价格则直接影响使用单位能否承受成本压力、保持正常生产经营活动等方面。

地下储气库服务价格是社会资本投资地下储气库的重要考虑因素之一。如果服务价格过高，将会增加使用单位的成本压力，导致需求减少，从而影响地下储气库项目的运营收益。另外，在竞争激烈的市场环境中，若地下储气库供应商在定价上过于谨慎或缺乏灵活性，则可能失去竞争优势；反之，设置合理、适当甚至略低于市场平均水平的服务价格，则能够吸引更多客户并稳定用户群体规模。因此，在建立和实施地下储气库定价机制时需要综合考虑市场情况、成本结构及政府管理要求等多方面因素，并与社会资本进行充分沟通和协商。这样才能最大限度满足各方利益诉求，并促进投资者对该领域长期持续建设和发展。

二、国家财税支持政策变化

社会资本投资地下储气库项目需要考虑多方面因素，其中财税支持政策是十分重要的一部分。本节主要探讨国家财税支持政策变化对社会资本投资地下储气库的影响，包括储气设备折旧方式、储备天然气税收优惠、专项财政补贴三个方面。通过深入分析这些影响因素，可以更好地指导企业实现经济效益最大化、社会效益最大化，并推动行业可持续发展。

1. 储备设施折旧方式

常用的油气资产折旧方法主要是直线法和产量法。2017年以前，中国油气资产折旧采用直线法；2017年开始，中国石油和中国石化在页岩气效益评价时推广使用产量法折旧。

相比而言，直线法折旧和产量法折旧的差异性主要体现在：直线法折旧是按照固定比例来计算资产在使用寿命内每年所需向损耗费用进行摊销，即将原值和预计净残值的差与预计使用年限相除得到每年的折旧额；产量法折旧则是直接根据公式进行计算。直线法折旧以固定资产原值为计算基础，产量法折旧以固定资产净值为计算基础。

（1）直线法折旧：直线法折旧是企业最常采用的一种折旧方法。

第一，计算折旧率。折旧年限外取0，而折旧年限内按式（5-1）计算。

$$Y = \frac{1-R}{T} \qquad\qquad (5-1)$$

其中，Y 为年折旧率；R 为预计净残值；T 为使用寿命。

第二，按式（5-2）计算折旧额。

$$D = A \times Y \tag{5-2}$$

其中，D 为年折旧额，单位为万元；A 为油气资产原值，单位为万元。

（2）产量法折旧：天然气储气设备的折旧可以采用产量法，即根据设备每年生产的天然气体积或质量来计算其折旧额。

具体实施时，需要按照以下步骤进行：现有产量法折旧的计算公式参照 SEC 储量评估所使用的公式。

第一，按式（5-3）计算折旧率。

$$Y_t = \frac{Q_t}{Q_a - Q_{tp}} \tag{5-3}$$

其中，Y_t 为第 t 年折旧率；Q_t 为第 t 年产量，单位为 10^4m^3；计算每年可以生产的天然气总量。如果是按体积计算，则需要考虑温度、压力等因素对天然气密度的影响；如果是按质量计算，则需要考虑不同组分比例对能量价值的影响。Q_a 为评价期累计产量，单位为 10^4m^3；Q_{tp} 为 t 年以前累计产量，单位为 10^4m^3。

第二，按式（5-4）计算折旧额。

$$D_t = (N_t + A_t) \times Y_t \tag{5-4}$$

其中，D_t 为第 t 年折旧额，单位为万元；N_t 为第 t 年初油气资产净值，单位为万元；A_t 为第 t 年新增油气资产原值，单位为万元。

需要注意的是，产量法折旧方法适用于生产设备比较固定、生产规模相对稳定的情况。如果生产量波动较大，则可能导致摊销费用计算不准确，影响企业财务分析和利润率评估。

天然气储备设施的折旧方式对社会资本投资地下储气库的影响具体表现在投资成本与项目收益两个方面。不同的折旧方法会对企业计算和核算出来的固定资产成本有所差异。如果采用直线折旧法，则每年折旧费用相等，但是可能不能准确反映实际情况；而使用产量法则更加符合实际生产情况，但需要精准计算每单位生产能力所需摊销费用。这些费用将直接影响社会资本投入地下储气库项目时前期建造、后期运营及维修更新的各项成本。不同的折旧方法也会对企业税务负担和利润分配带来一定影响。例如，在某周期内如果采取了大量前置重建或者扩容改造工作，就可能导致当期利润较低或亏损；而若长期按照线性折旧进行核算，则可能导致未来多年都要"买单"，增加企业经营风险。因此，在选择合适的折旧方法时需要兼顾时间价值、市场环境和政策因素等多种因素。总的来说，折旧方式对社会资本投资地下储气库项目产生一定影响。企业需要根据实际情况选择合适的折旧方式，从而最小化成本、最优化收益，并在税务政策和市场环境变动时及时调整经营策略。

2. 储备天然气税收优惠

税收优惠政策的施行可以减轻天然气地下储气库建设过程中的税收负担、降低成本、提高地下储气库建设运营的盈利预期，从而吸引社会资本投资天然气地下储气库项目建设。本部分将天然气地下储气库建设中所涉及的增值税、企业所得税两个主要税种作为切入点，从征税规定和税收优惠两个层面对天然气地下储气库建设中所涉及的税收政策进行归类。

第一，增值税。针对天然气销售和进口方面的增值税政策，我国实行了一系列措施。一方面，在征收增值税时，针对天然气管道建设、储藏和运输等环节采取不同低税率政策，分别为9%、6%和9%。此外，在天然气销售方面，我国先后实行了13%、11%、10%和9%等不同低税率政策，并且根据需要进行相应调整。另一方面，在进口天然气方面，我国推出了增值税返还优惠政策。具体而言，如果经过国家准许的进口项目中的天然气价格高于国家定价，则可以按照该项目与国家定价之间的倒挂比例予以返还其所涉及的进口环节增值税（包括液化天然气），时间段为2011年1月至2020年12月31日。在这些规定基础上，2018年7月1日起又有所变化。由于营改增改革需要继续推动并完善现行制度，因此上调了液化和管道天然气销售定价，并严格执行相关规定。这些措施旨在促进能源领域健康发展，并丰富增值税政策的适用范围，以更好地满足市场需求。总体而言，我国在天然气销售和进口方面的增值税政策上采取了多种措施，并且根据实际情况进行了相应调整。这些规定将有助于确保能源领域经济和环境可持续发展。

第二，企业所得税。天然气产业上、中、下游企业所得税除适用优惠税率，主要执行25%的税率。天然气产业企业所得税优惠主要集中在上游和中游企业，具体税率如表5-3所示。

表5-3　中国天然气产业企业所得税税收优惠主要规定

税收优惠	具体项目	具体税率
低税率	西部地区国家鼓励类产业企业	15%（2011年1月1日至2020年12月31日）
	重点扶持的高新技术企业	15%
减免税	居民企业在一个纳税年度内，技术转让所得≤500万元的部分	免征
	居民企业在一个纳税年度内，技术转让所得>500万元的部分	减半征收
加速折旧	企业因技术进步更新换代快的固定资产及常年处于强震荡、高腐蚀状态的固定资产	缩短折旧年限或者加速折旧
投资抵免	企业自2008年1月1日起购置并实际使用且用于环保、节能、安全生产的专用设备	按专用设备投资额的10%抵免当年企业所得税应纳税额。企业当年应纳税额不足抵免的向以后年度结转，但结转期不得超过5个纳税年度
加计扣除	对天然气企业开展研发活动实际发生的研发费用	未形成无形资产计入当期损益的，2018年1月1日至2023年12月31日，按规定据实扣除的基础上，再按照实际发生额的75%在税前加计扣除；形成无形资产的，在上述期间按照无形资产成本的175%在税前摊销

3. 专项财政补贴

天然气地下储气库建设周期长、投资金额大，如果完全依赖价格回收机制会导致市场风险大大增加，给下游造成较大的价格压力。因此，为鼓励地下储气库建设，中央和地方政府会给予一定比例的财政补贴，帮助企业回收部分建设成本来降低市场风险和气价压力。"十二五"时期，公司天然气储备库建设项目所需的资金由中央财政100%给予支持，而储备气采购资金则得到了30%的中央财政支持。这一政策有效地推进了商业储备建设，但是随着"十三五"的到来，该政策不再继续执行。根据发改能源规〔2018〕637号文件的要求，2020年之前国内油气生产企业应当达到年合同销售量10%的储气目标。然而，2017年中国石油地下储气库和液化天然气（LNG）接收站罐容仅为全年销售量的7%，还存在3%的差距。

专项财政补贴的变化对社会资本投资地下储气库有一定影响。一方面，如果专项财政补贴减少或取消，因为这将增加其运营成本和风险，所以社会资本可能会犹豫是否投资于地下储气库项目。另一方面，如果专项财政补贴得到增加，则可能吸引更多的社会资本参与地下储气库建设和运营。此外，在实际操作中应注意以下问题：首先要明确专项补助的规模、对象和期限等条件；其次要注重监管措施，以避免出现"拿钱跑路"等行为；最后要鼓励市场竞争，在保证公平开放原则的前提下推动项目发展。总之，在制定相关政策时应综合考虑各种因素，并在长期实践中逐步完善。

三、其他影响因素

1. 天然气储备交易市场建设

天然气储备交易市场是为了增强天然气的供应和需求之间的平衡，促进天然气资源的高效利用，加快能源资源的优化配置和经济发展的转型。其中，建设天然气储备交易市场需要具备以下条件：

（1）政策支持：相关部门出台支持储备交易市场发展的政策和法规，明确市场交易规则和标准，有利于吸引更多的参与者进入市场。当前，国家已经出台相关政策和法规，如《发展改革委关于印发天然气发展"十二五"规划的通知》规定，在符合国家产业政策、节能减排及安全环保要求的前提下，允许在天然气地下储气库上实行交易制度；2017年，国家发展改革委等十三个部委联合印发的《加快推进天然气利用的意见》指出，鼓励建设多式联运油气综合交通枢纽，开展LNG等终端使用领域的市场化探索。若干政策和法规明确了储备交易市场的监管规范和标准，为市场发展提供了法治保障。

（2）基础设施建设：需要建设天然气储备、调峰基础设施，并与天然气产业链相衔接。这包括地下储气库、运输线路、输气站、加气站等。我国已建成多个大型地下储气库和一批调峰电厂，这些基础设施为市场发展奠定了基础。同时，在储气、运输、储运结算等方面建立了比较完善的市场体系。

（3）市场参与力量：需要有足够的市场参与力量的支撑，如气体生产厂商、贸易商、用户和金融机构等。这些参与者的积极参与，可以增加市场的流动性，提高交易效率和规模。我国天然气市场已经形成了生产、销售、储运等多个环节的市场参与者，包括国内外大型石油公司、燃气公司、上下游贸易商、金融机构和相关产业经营者。

（4）技术支撑：需要投入大量的技术支撑，如信息管理系统、市场监管系统等，提高交易安全性和市场透明度，增加投资者的信心。我国发布了一批技术标准和技术规范，同时还建立市场信息化、交易系统和监管系统等基础设施，来支持市场的可持续发展。

（5）营销推广：需要进行积极的营销推广，宣传市场优势和特点，吸引更多的用户、储气业务参与者和资本参与市场建设。各级政府和相关企业都在积极推动天然气市场的建设和发展，并开展相关的宣传推广，宣传市场优势和特点，吸引更多的用户、储气业务参与者和资本参与市场建设。

尽管我国天然气储备交易市场建设已经取得了一定成果，但市场运作还需加强。将来，政府和市场主体可以开展更广泛的合作，加强市场监管，提高市场透明度，努力推动市场的良性发展。

2. 独立核算地下储气库业务

目前，我国天然气地下储气库建设和管理运营主要采用由天然气供应商承建和管理运营的模式，该模式分为以下两种情况：第一种为天然气供应商投资、承建和管理，但不独立核算。这种情况下，运营成本纳入管输气价进行管理，这将导致投资评价模式和经济评价指标失真，并制约了其发展。与欧美国家相比，地下储气库只是管道运输功能性组成部分之一，未形成独立环节。为推动地下储气库建设与发展，应在加强风险控制、实行市场化定价、鼓励社会资本参与等方面予以改进和完善。第二种为国家财政投资，天然气供应商承建、管理并独立核算。例如，呼图壁、相国寺、苏桥库群、双 6 等 12 座地下储气库的投资资金全部来自国家财政，在中国石油内部单独建账进行独立的会计核算，地下储气库的运营机制开始从"捆绑型"向独立运营过渡。具体而言，就是所有地下储气库资产为集团（如中国石油集团）所有，集团将地下储气库租赁给上市板块（如中国石油），上市公司再将地下储气库委托相关油田管理（托管），油田再将地下储气库作为一个内部仓库，向客户（主要是集团或公司内部客户）收取天然气仓储费作为其他业务收入，同时向集团公司（母公司）支付租赁费作为其他业务支出。

独立核算能够降低建设和运营成本。由于独立核算可以根据企业经济效益来确定收费标准，并进行灵活调整，所以可以实现更好的利润和效率管理。这样不仅可以满足企业需求，在提高开发效率的同时也降低了相关成本，增加了社会资本参与该领域投入的积极性。注重风险控制能够保证项目安全稳健运行。通过合理规划、科学管理及强化监管等手段来有效预防事故发生并应对突发事件处理，进而确保维护用户利益和社会公共安全。这种严谨、专业的精神增强了公众对地下储气库项目的信心，并促使更多的社会资本愿意参与其中。而国家政策支持及市场需求驱动使这种意愿更加突出。近年来，国家大力推进新型城镇化建设、工程承包等项目基础设施建设，对地下储气库业务提供了广阔的发展空间和市场需求。独立核算地下储气库业务在这个背景下得到了更多政策支持和市场机会，也为社会资本投资地下储气库提供了更加稳定、可靠的平台。

综上所述，独立核算地下储气库业务对于社会资本投资地下储气库具有重要影响，在降低成本、增强安全保障、促进行业发展等方面都起到积极作用。因此，在推动我国天然气领域 PPP 项目的过程中，应该尽可能优化相关政策法规，并严格按照标准流程进行运营管理及风险控制处理。

第三节 我国天然气地下储气库建设引入社会资本存在的问题

近年来，我国政府针对天然气地下储气库建设以及推广 PPP 模式进行了一系列探索和尝试，并取得了积极成果。引入社会资本是推进天然气地下储气库建设的必由之路，但在实践过程中仍存在不少问题和挑战。因此，此部分旨在分析当前我国天然气地下储气库建设引入社会资本环节所面临的困境与风险。

一、缺乏严谨系统的评价体系

在天然气地下储气库项目中引入社会资本需要进行可行性论证和物有所值评价，这需要一定的资金投入。但目前仍缺乏系统严谨的评价体系，在实际操作中存在草率签约等问题，导致项目后期出现困难。社会资本选择合作项目时有着严格要求，没有进行可行性论证的项目将严重影响其积极性，并对招商融资产生不利影响。

目前，国际上已经形成了以物有所值评价方法（VFM）为核心的评价体系。然而，实际计算 VFM 需要兼顾显性财务数据和政府提供的一些隐性条件转换量化数据的综合，这要求基础数据的准确性要高。但不同行业、地区和企业采用的数据来源和采集方式可能存在误差，因此评价结果可信度会受到影响。此外，在覆盖面、权重分配等方面也存在若干问题。现有指标无法全面反映 PPP 项目在创新性、社会效益等方面产生的影响，同时权重分配也缺乏统一把握。最后，在验收机制的健全性方面也存在一定的问题。PPP 项目应该设立有效的验收机制来验证实施效果，但目前相关法律法规尚未完善，难以对 PPP 项目的物有所值是否达到预期进行判断。

二、招投标过程不规范

目前，在我国 PPP 项目的开展中，招投标操作过程存在问题。在投标准备阶段，一方面，为了获得非法利益，竞标者往往向招标代理机构提出条件，并控制项目招标结果，这样做将导致代理机构成为发言人并失去独立投标的机会。不遵守规章的招标代理机构还可能违反职业道德和职业操守以获取代理权。另一方面，在赢得招标方面，各种利益所有者和正确的投资项目之间产生了商业贿赂现象，这导致大量贪污事件发生在建设工程施工项目中。在实施阶段，一些投递者串通作案、哄抬价格、排挤其他竞争对手来增加获胜机会；多个承包商用联合陪同竞价或借牌挂靠等方式以达到比较容易中标的目的；同时还存在公开招募不规范化及利益输送等问题。因此，在 PPP 项目推进中要解决当前存在的上述问题。要确保公正透明地进行采购程序和信息公示，并遵守相关法律规定。必须充分考虑市场竞争的因素，避免出现任何形式的不公正行为。鼓励投标者竞争性地参与招标活动，提高项目质量和效率。最重要的是减少腐败事件发生并保证建设工程施工项目质量、进度及安全等方面的平衡。

三、法律制度不够健全

随着我国天然气地下储气库建设中引入社会资本，法律制度的不足之处日益凸显。虽然政府出台了一系列鼓励民间资本参与 PPP 项目的政策措施，并且适当放松了外商投资的限制，但是在具体实践中仍会遇到各种形式的困难和阻碍。例如，首先，在土地使用、环境保护、基础设施建设等方面缺乏配套的法律支持。其次，部分地区营商环境还需要进一步改善。当前，我国经济发展水平较高的东部沿海城市对于民间资本更加开放包容，而西部欠发达省份则相对封闭保守，重视行政干预和管理管制模式，在推动企业参与 PPP 项目时存在着许多门槛问题。最后，监管机构职责未能明确划分。目前，我国 PPP 领域监管机构众多且职责重叠导致监管混乱和事后维权难度大，常见问题如担保公司违约或者信用风险增加却无人负责等情况都会影响社会资本的投入积极性。

综上所述，为了更好地推动我国天然气地下储气库建设中引入社会资本环节的发展，需要加强健全相关法律制度、改善营商环境和明确监管机构职责等方面的工作。

四、风险分担不公平

PPP 模式在项目运作过程中存在着复杂多变的环节，其中许多因素是不确定的，这导致不同项目风险存在于各个方面。因此，在设计、建设和运营阶段，技术和管理等方面都会对 PPP 项目产生影响，并可能造成工期延误、财产损失、人员伤亡和计划缺失等问题，甚至导致项目垮台。为了确保项目成功进行，在前期必须认真识别各种潜在风险并采取相应措施加以应对。有效实施前期风险评估对于保证 PPP 项目的成功至关重要。

为了全面分析项目风险，对所有潜在的风险进行分类是十分重要的。宏观上，项目风险可以主要归结为以下三点：一是法律风险。由于国家标准系统 PPP 项目政策体系建立不久，所以各个环节和细节还未完善，并缺乏统一的法律规范。二是政策风险。由于 PPP 模式多应用于社会基础设施建设等需要层层审批的项目，因此可能受到领导更迭、政权变动及政策不稳定等因素影响而难以顺利推进。三是政治风险。在能源基础设施等与人民生活密切相关的领域尤其严重。其中包括政府信用、干预和决策审批延误带来的反对风险等方面，在这些方面最为严重的就是政府信用问题，即当当地政府部门无力或不愿意按协议中的约定承担责任和履行义务时所产生的损失与影响。相较于私人企业而言，如果出现类似情况，则可能导致 PPP 项目夭折并使合作方利益受损，更进一步可能会从宏观方面影响国家推广 PPP 模式的战略方针。

第四节　本章小结

本章主要围绕社会资本投资天然气地下储气库的实现机制展开分析。首先，分析了地下储气库支持政策与社会资本投资行为的作用机理，包括现实条件、优势分析及模式构建。其次，重点梳理了地下储气库支持政策对社会资本投资行为的具体影响，包括天然气价格变化、国家财税支持政策的变化、天然气储备交易市场建设、独立核算地下储气库业务等其他影响因素。最后，从评价体系、招标过程、法律制度、风险分担机制四个方面提出当前我国天然气地下储气库建设引入社会资本环节中的不足。

第六章　社会资本投资地下储气库意愿及其影响因素分析

第一节　社会资本投资地下储气库意愿的影响因素分析

近年来，以能源低碳化、清洁化著称的能源转型在新能源及天然气产业的发展过程中起了主导性的作用。邹才能等（2021）就世界能源转型的重要性指出，世界能源转型符合《巴黎协定》的要求，有助于实现人类能源利用与地球碳循环体系间"碳中和"目标，另外，建立一个清洁低碳、安全高效的能源体系的目标也与之高度重合。在各国积极践行"碳达峰""碳中和"目标的影响下，天然气在中国能源转型中的角色定位、发展路径也发生了一定变化。孙齐等（2022）认为，在"双碳"目标的战略指引下，安全性、经济性、融合性是新形势下中国天然气利用的关键要素。为了推进天然气市场高质量发展，国家发布了一系列能源政策。目前，天然气市场需求维持较高的增长势态，我国已成为全球第一大天然气进口国和第三大天然气消费国。因此，加快地下储气库建设，提高天然气调峰和应急能力是促进天然气产业发展的必要保障。但是如何鼓励社会资本积极参与地下储气库建设，形成多元主体参与的储气库投资体制，这一问题亟须得到解决。本章将针对影响社会资本投资地下储气库的相关因素进行分析。

一、天然气市场变化情况分析

1. 天然气供需缺口较大，发展前景广阔

近年来，我国天然气产量逐年升高，天然气消费也快速增长，但国内天然气产量增速不及消费量增速，由此带来的结果是天然气进口量逐年增加。对于投资者来说，较高的市场需求，意味着广阔的市场前景和可观的经济收益。图 6-1 显示了 2000～2020 年我国天然气的年产量及增速情况。我国天然气生产量呈现逐年上升的趋势，但是在 2014 年、2015 年，我国天然气产量的增长速度急剧下行。这主要是因为：一是受到宏观经济转型的影响，经济下行压力比较大，国内的消费、投资及净出口的增速都出现了不同程度的下降，因此能源消费总量的增速也呈现下降趋势；二是页岩油革命使油气资源的供应环境更加宽松，进口油气的成本相对较低，在这样的环境下，我国天然气消费对外的依存度不断提升。2016 年以后，我国天然气产量的增长速度呈现出波动上行的趋势。《中国能源大数据报告（2022）》指出，2021 年我国天然气产量为 $2075.8×10^8m^3$，同比增长 7.8%。这意味着我国天然气产量创历史新高，首次超过 $2000×10^8m^3$，同时产量稳步提高，天然气增产连续 5 年超 $100×10^8m^3$。另外，2021 年页岩气、煤层气增长势头良好，"深海一号"全面投产，首个商业开发的大型页岩气田——涪陵页岩气田累计生产页岩气 $400×10^8m^3$，创国内页岩气累计产气新纪录。

尽管如此，由于我国天然气储量有限，随着经济增长和清洁能源的大力发展，天然气的需求量大幅提升，国内天然气的产量缓速增长，使我国天然气需求不得不通过进口来满足。在此背景下，天然气对外依存度的持续增长就成了必然趋势。如图 6-2 所示，我国

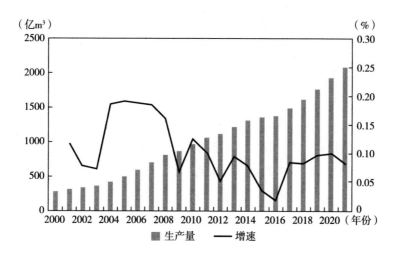

图 6-1 天然气年产量及增速情况

资料来源：中国能源统计年鉴。

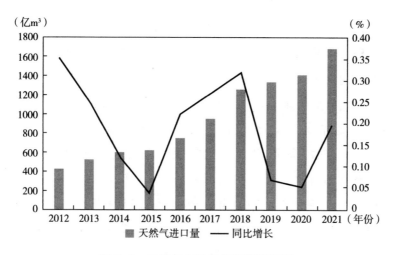

图 6-2 天然气年进口量及增速情况

每年进口天然气的总量持续上升。海关总署数据显示，2021 年，我国天然气的进口量高达 12136 万吨，同比增长 19.9%[①]。其中，液

———————————————

① 资料来源：国家统计局，海关总署。

化天然气的进口量为 7893 万吨；同比增长 18.3%；管道气进口量为 4243 万吨，同比增长 22.9%。2021 年以来，天然气进口价格整体呈现增长趋势，液化天然气的价格涨幅较为显著，而管道气的进口价格相对稳定。总体来说，2021 年我国天然气对外依存度继续上升，达到了 45% 左右。

从我国进口天然气的供应来源来看，2021 年可选择的进口天然气渠道更加丰富。与 2020 年相比，在进口液化天然气方面，2021 年新增了韩国、菲律宾、西班牙及泰国等国家，可进口的国家达到了 27 个。从进口液化天然气的数量来看，澳大利亚居首位，占我国总进口量的 39%；其次是美国，占比为 11%①。其他占比较多的，依次有卡塔尔、马来西亚、印度尼西亚、俄罗斯等。另外，管道气进口量也有大幅的提升，其中土库曼斯坦、俄罗斯及哈萨克斯坦等都是我国进口管道气的主要国家。管道气进口方面存在跨国差异。其中，俄罗斯对我国供应的管道气大幅增加，成为我国第二大管道气供应国；而我国从哈萨克斯坦进口的管道气有所下降，主要是受到了其国内局势及自身产量的影响。

天然气消费快速增长。图 6-3 为我国 2000~2021 年天然气年消费量及增速情况，呈逐年上升的趋势。《中国能源大数据报告（2022）》显示，2021 年，中国宏观经济实现"十四五"良好开局，天然气的消费量有了明显回升，达到 $3726 \times 10^8 m^3$，同比增长 12.7%。同口径相比，2020 年天然气表观消费量为 $3240 \times 10^8 m^3$，增幅为 5.6%。具体分析 2021 年国内天然气需求情况可以看出，其增速前高后低，第一、第二季度增速较高，但第三、第四季度受到国际液化天然气现货价格走高、冬季气温偏高等因素的影响，我国对天然气的需求增速逐渐放缓。从不同领域来看，工业和发电用气的天然气需求增长较高；从不同的地区来看，中西部、长三角、西

---

① 资料来源：国家统计局。

南部等地区天然气消费增速较 2020 年有明显上升。

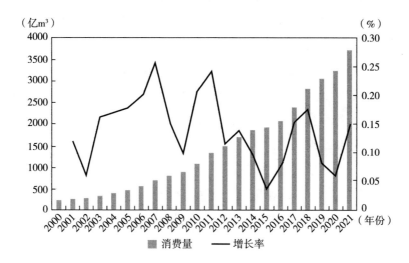

图 6-3 天然气年消费量及增速情况

国家能源局发布的《中国天然气发展报告（2022）》显示，从消费结构来看，2021 年，工业所使用的天然气较多，在我国天然气消费总量中占比高达 40%，同比增加了 14.4%；在发电方面所使用的天然气占总量的 18%，同比增长了 13.4%；城市燃气在天然气消费总量中的占比也不少，高达 32%，同比增加 10.5%。另外，从各省份的天然气消耗量来看，消耗量较多的是广东、江苏、四川、山东和河北。其中，排名前两位的省份的天然气消费量都高于 $300 \times 10^8 m^3$，其他三个省份的天然气消费量都超过了 $200 \times 10^8 m^3$。而西藏、贵州、云南、广西等省份的天然气消耗量较低①。

虽然天然气作为国家大力发展的清洁能源，在我国能源战略中的地位不断攀升，但是与美国、日本等发达国家相比，我国的能源消费结构仍不成熟，天然气所占比重仍然较低。总体来看，近年

---

① 资料来源：http://www.nea.gov.cn/2022-08/19/c_1310654101.htm。

来，我国企业对天然气的需求不断攀升，同时天然气的生产也在持续增长，尽管如此，当前产量与加速增长的天然气需求相比，仍然存在一定的差距，供需缺口较大。这对于投资者来说，既是一个机遇，也是一个挑战。能源安全会影响国家的健康发展，甚至关乎国家的前途命运，我们必须掌握能源的主动权。因此，天然气供不应求的情况亟待改善。我国将继续立足于保障国内天然气的供应安全，推进天然气持续稳步增长。预计未来，我国的天然气供需矛盾将会得到逐步缓解。

2. 天然气价格变动情况

"双碳"背景下，我国对环境的保护意识不断增强，天然气清洁能源产业持续健康发展，能源结构升级速度不断加快。相较于其他化石能源来说，天然气由于其特有的组成成分，对环境保护产生重要影响，因此在能源消费中的占比不断提高。政府和天然气的生产、消费者也一直关注其价格的变动情况，我国天然气价格机制演变历经政府定价时期、价格实行双轨制度时期及政府指导定价时期三个时期。

第一，政府定价时期（1949 年至 1982 年 4 月）。在我国天然气发展的早期，天然气的价格并不是由市场决定，在计划经济的背景下，天然气也是由国家统一定价。除非有相关部门审核批准，任何人都不能随意改变天然气的价格进行出售。从 1952 年开始，天然气的价格主要由燃料工业部来决定。在这一阶段，尽管天然气价格不受市场决定，但政府在统一定价的同时也会综合考量现实情况，因此天然气的价格总体上也能够保持相对的稳定。

第二，价格实行双轨制时期（1982 年 5 月至 2005 年 12 月）。在这一阶段，天然气价格实行双轨制，也就是同时实行计划垄断性定价和市场定价，计划和市场相结合。1982 年，我国首先将四川省作为试点，对天然气的销售实行商品量常数包干政策，其中国家仅对包干内部分的天然气进行定价和分配，而对于包干外的天然气，企业就可以根据情况自行进行定价。1987 年以后，商品量常数包干政策逐渐扩大到了全国范围。

第三，政府指导定价时期（2005 年 12 月至今）。在《中华人民共和国价格法》的指导下，结合相关的规定和资料，政府部门首先确定一个天然气的基准价格，并设置其上下浮动范围，从而为天然气销售的企业提供一个建议，帮助其制定天然气商品的价格。国家通过这种方式指导天然气商品的价格，从而将市场竞争引入天然气市场，充分利用市场的调节作用，减少计划垄断带来的弊端，使天然气的价格能够处在一种长期稳定且合理的水平。通过赋予天然气销售者一定的合理定价权利，促使经营者根据实际的供需关系合理调整价格，避免其大起大落。

尽管我国天然气的定价机制与以前相比，取得了很大的进展，但是离市场化还有一定的差距，尤其是与国际上天然气价格的形成机制进行对比来看，还存在较大的提升空间，如在输配价格方面存在垄断，天然气的终端价格传导机制不顺畅，政策交叉重叠导致价格管制效果差等。我国需加快推进天然气价格形成机制改革，逐步建立起公正灵活、适合我国国情和我国天然气产业特点的天然气价格机制。这不仅有利于我国天然气地下储气库的建设和发展，也有利于吸引社会资本方的投入。

二、天然气地下储气库经济效益分析

1. 地下储气库建设成本较高

影响投资者做出投资决策的重要因素之一就是投入成本。储气库可以利用集注站等设施，通过把压缩的天然气注入地底空间，形成各种类型的人工气藏。由于不同人工气藏的建设方式和所需要的条件不同，所以投资者付出的成本和获得的效益也会有所差别，这是投资者进行投资前需要重点考虑的内容。首先是油气藏型储气库。这种储气库无须重新开辟新的场所，直接利用现有的油层或者枯竭气藏就可以建造，甚至也不用进行过多的物理、化学处理。因此，总体来说，无论是从建设的周期、难度、成本来看，还是从储气库运行的平稳性来看，油气藏型储气库都具有明显的优势。因此，如果现实条件允许，相关人员在进行选址建库时，油气藏型储气库通常都是第一选择。其次是盐穴型储气库。该种类型储气库的建设，不仅对地理条件有一定的特殊要求，还需要特殊的化学处理才能在地下岩层或盐丘中形成储气空间。虽然这种储气库在建设过程中难度较大，但是其特点也相对明显，不仅生产能力强、调峰速度快，更重要的是它耗费的垫底气相对较少，而且可以全部回收，因此成本低且安全环保。最后是含水层储气库。与前面的两种类型的储气库相比，含水层储气库不仅建设的周期相对较长，而且会耗费大量的垫底气，注入的垫底气很难回收，总体的回收率较低。因此，含水层储气库的建设成本相对较高，无论是从竞争力的角度来看，还是从经济环保性的角度来看，优势都不明显。目前，我国尚未对该类型储气库进行投资建设。

2. 地下储气库经济效益分析

就目前而言，我国的地下储气库在市场运营方面仍处于初级发展阶段。郭洁琼等（2022）指出，以前我国地下储气库主要起着调峰保供的作用，并不以盈利为目的。以前作为管道的附属设施，在对地下储气库进行运营和管理的过程中，无论是与之相关的投资，还是运营的成本和收益，都是计入管输费中的，最终由天然气管道公司对消费者收取有关费用。但是，显然这种模式已经不再适应我国天然气产业的发展现状。国家管网的成立，在商业运营方面为我国天然气地下储气库提供了良好的开端和有利条件，同时意味着地下储气库自主经营将会是未来天然气发展的必然方向。经济效益对于投资者来说至关重要，在项目正式实施前，首先对其进行全面和精确地经济效益评价和分析，这是不可或缺的环节。我国学者对油气项目进行经济效益评价的方法主要有贴现现金流量法、实物期权法、蒙特卡洛模拟法等。

贴现现金流量法产生以来，在我国应用得越来越广泛。在对储气库的经济效益进行分析时，国内的学者大多选择贴现现金流量法，主要是"正算""反算"两种思路，但学术界有关研究主要集中于"反算"法。"正算"主要是将根据储气费计算得来的财务内部收益率跟储气库的基准收益率进行对比，从而判断某个项目是否具备经济上的可行性；而"反算"主要是让某个项目的内部收益率与基准收益率的值相等，得出此时的储气费用来进行对比的方法。

实物期权由金融期权发展而来。马朝阳（2019）为了更好地利用和开发海外矿产资源，以铜矿为例，运用实物期权和集对分析构建了我国境外投资的价值评估和风险控制模型。代由进等（2020）分别阐述了净现值法和实物期权法的运用原理，并通过具体的实例进行对比分析，表明传统净现值法有一定的缺陷，没有将不确定性带来的期权价值考虑在内。两者的本质虽然是相同的，但也有一定的区别，净现值法的计算过程更加简便，但实物期权法对于项目投资价值的计算结果更加精确。

蒙特卡洛模拟法同时包含了经济评价和风险分析，被广泛应用于经济评价，在油气经济评价方面也不例外。曹琳等（2012）在研究油藏生产的优化方式时，运用了蒙特卡洛梯度逼近法，计算简单且不受模拟器的限制。以某油田为例，运用此方法对油水井生产参数进行优化，提高了水驱开发效能，达到了降水增油的目的。赵华等（2019）也利用该方法建立了一套全新的风险评估方案，来评估勘探闭圈的风险，其最终得出的结论是，在进行风险评估时，既要考虑项目的期望价值最大化问题，还要综合评估成功率及由失败带来的风险值。

天然气市场化发展的程度，不仅对地下储气库的运营管理模式产生深远影响，也与其盈利模式关系密切。随着天然气产业的迅速发展，地下储气库的运营管理模式越来越完善，给市场传达了积极信号。储气库市场化经营取得一定的成效，这反映了天然气市场各参与主体的响应意愿。

三、财税政策对天然气产业的综合影响分析

因果回路图又称因果反馈图，主要通过因果链将各个变量串联起来，可以清晰地描述系统中各元素之间的反馈关系。其中，因果回路图上带有正、负号的箭头，分别表示变量之间的正负关系。"+"代表正相关，当前一个变量值变化时，后一个变量会发生同方向上的变化；"-"代表负相关，当前一个变量值变化时，后一个变量的值会反向变化。

1. 增值税对天然气产业影响的因果关系分析

图6-4为增值税对天然气产业的主要反馈回路。国家发展改革委、财政部等规定，自2019年4月1日起，纳税人销售或进口天然气的增值税税率为9%。天然气产业中的城市维护建设税、教育费附加及地方教育费附加的计税依据都是企业实缴的增值税和消费税税额。其中，根据纳税人所在地的不同，设置了7%、5%和1%三档不同的城市维护建设税税率；而教育费附加和地方教育附加的税率分别为3%和2%。

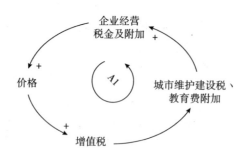

图6-4 增值税对天然气产业的主要反馈回路

虽然增值税是一种价外税，且该税种本身并非由企业承担，最终实际的纳税人是消费者，但是在商品的不断流转过程中，增值税的不断增加也使天然气的价格直接增加。商品价格升高，消费者会选择替代商品，那么天然气在市场上的竞争能力就会有所下降。生产勘探类企业需要不断提高其开采勘探的技术水平，而技术的研发投入需要大量的资金，增值税的上缴比例影响了资金的回流。与此同时，城市维护建设税和教育费附加等也与增值税紧密联系，增值税作为它们的计税依据，会直接影响其税额。此外，增值税如果增加，不仅会给企业自身带来较大的负担，也会对中下游企业产生一定的影响。上游成本加大，下游企业受到打击，市场活跃度下降，那么投资者收益降低，导致减少投资，进而再度影响源头的天然气生产勘探企业。为了降低损失，企业减产，市场上的商品数量减少，变得稀缺，那么价格进一步上涨，致使整个天然气产业的企业流转税额上涨。此时的情况便如图6-4中天然气价格和相关税收增长的增强反馈回路（A1）所示。因此，如果增值税的税率提高，会使天然气企业的利润降低，打击投资者的投资热情，不利于市场对天然气产业的预期和布局规划。

2. 资源税对天然气产业影响的因果关系分析

图6-5为资源税对天然气产业的主要反馈回路。赵海益（2022）认为，资源税能够将煤、原油及天然气这三大传统的化石能源矿产全面覆盖，我国税收制度中设置资源税的主要目的，是调节由于不同优劣程度的资源，以及其开发条件差异所带来的资源级差收入，同时更是为了促进企业对资源的合理开采和利用。为了保障资源的合理开发利用，调整各个资源点之间利益关系，设置资源税至关重要。2011年11月1日实施的《中华人民共和国资源税暂行条例实施细则》将石油、天然气资源税税率定为5%，2016年7月1日的资源税改革将油气资源税适用税率由5%提高至6%。房琪和李绍萍（2021）在介绍天然气的资源税时提到，其主要是对从事

天然气资源勘探、开发、生产加工的上游企业进行征税，且其计税方法为从价计征。那就意味着，如果天然气价格发生变化，进行从价计征的资源税也会发生变化。

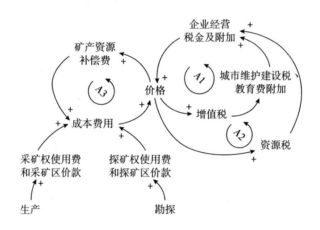

图6-5 资源税对天然气产业的主要反馈回路

由图6-5可以看出，当天然气价格提高时，会直接引起资源税的提高。企业需要上缴的各种税费的增加，会增加企业负担。一方面，企业生产销售的产品成本提高，会降低其在市场上的竞争力；另一方面，企业流出的资金增加，其可供企业日常运营的现金会相应减少，导致企业现金流运营风险的增加。为了改善这种情况，企业通过提高商品价格来获得更多的利润，致使天然气价格进一步提高。另外，企业根据销售天然气获得的收入，还需要按照一定的比例上缴资源补偿费，也会影响其成本，迫使企业提高天然气价格来获取更高的利润，形成正向反馈回路。

3. 其他税费对天然气产业影响的因果关系分析

图6-6为其他税费对天然气产业的主要反馈回路。对于天然气产业来说，除了上述提到的增值税、资源税等，还要上缴其他的税费，如企业所得税，加大了企业的经营成本，从而进一步影响企业

的利润，打击相关企业对天然气生产的积极性。根据前文的分析，企业生产的积极性降低，最终会使天然气价格上涨。另外，土地使用税、印花税、契税、耕地占用税等，也会产生同样的影响。

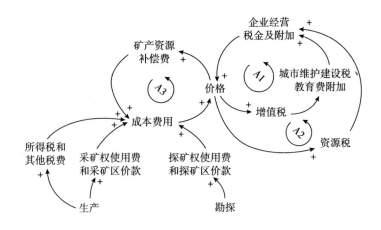

图 6-6　其他税费对天然气产业的主要反馈回路

四、价格政策对天然气产业的综合影响分析

1. 天然气价格对天然气产业影响的因果关系分析

天然气的开采和生产是一个长期缓慢又充满不确定性的过程。在天然气的整个供应过程中，主要有三大环节，分别是勘探、开采和生产。其中，勘探环节虽然需要在前期做大量的准备，实际勘探过程中也会遇到很多的阻碍，面临诸多风险，因此勘探的周期特别长，可能需要几年的时间才能完成。其次是开采环节，受不同的地理环境及技术设备的影响，尽管前期的勘探可能发现了天然气的存在，但是并不是意味着一定可以进行开采。工作人员需要搭建各种开采设备和输送设施，过程中一旦遇到困难，就可能需要针对不同的问题去重新匹配适宜的设备，并再次搭建新的开采设备和建设配套的输送设施。整个过程不仅费时长，而且很容易推翻前面的工作

任务重来。因此，整个天然气产业的开采和生产进程十分缓慢。

王美田和丁浩（2012）认为，在天然气产业供应过程中，勘探是一项风险极高且必不可少的工作，如果企业在进行勘探之前对市场上天然气的价格预期较高，那么企业就会有较大的积极性去加大对勘探工作的投入，以期在未来的天然气市场获取高额的利润。当然，如果企业认为未来天然气价格不会很高，投入的成本不一定会得到理想的回报，那么它们也就不会在勘探环节投入大量的资金，尽量维持现状。即便企业已经完成勘探环节，发现了新的天然气气源，它们也会斟酌是否进行下一步的开发和生产，企业最终的决策还需要根据天然气价格的市场表现，这是因为前期的投入较大，企业必须保证能够获得相应的回报。由于天然气价格易受到国际形势和市场表现等多种因素的影响，天然气价格的不确定性给企业的生产经营也带来了较大的不确定性，因此，天然气价格保持在一个相对稳定的状态对其产业的健康发展影响重大。天然气价格对天然气产业的主要反馈回路如图6-7所示。

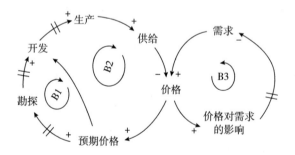

图6-7　天然气价格对天然气产业的主要反馈回路

2. 替代能源价格对天然气产业影响的因果关系分析

替代能源价格对天然气产业的主要反馈回路如图6-8所示。钱蔚（2019）认为，从短期来看，相较于其他能源，天然气的价格可能较高；但是从长远来看，我国大力发展清洁能源，以建立清洁低碳、安全高效的能源体系为目标，因此未来天然气价格势必会比其他替代能源的价格要低。在这种情形下，国家选择将风能等清洁能源作为天然气的替代能源，来干预天然气的价格，意义重大。随着市场对天然气需求的增长，会使天然气价格上升，由此带来的结果是消费者选择其他的替代能源，这样一来，就会增加替代能源在我国能源消费结构中的比重。替代能源比重增加，其他能源（包括天然气）的比重就会减少。目前，煤炭在我国能源产业生产消费中的占比仍然很高，天然气与煤炭的直接竞争关系明显。如果天然气价格过高，那么其在市场中的竞争力就会降低。为了进一步提升天然气能源的市场竞争能力，不仅需要制定合理的天然气价格，也要配套地提出相关替代能源的财税政策。

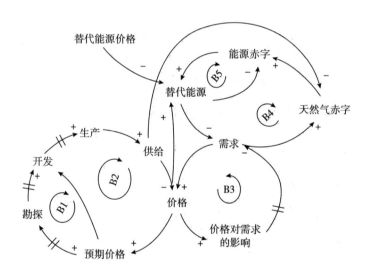

图 6-8　替代能源价格对天然气产业的主要反馈回路

3. 价格规制对天然气产业影响的因果关系分析

政府价格规制与天然气产业的因果回路如图 6-9 所示。政府会通过宏观控制来影响天然气的市场供需情况。例如，当天然气供给不足、需求过旺时，政府会将天然气的价格维持在一个较高的水平，且持续时间较长。这样一来，相关投资者就会对天然气市场充满信心，并加大对天然气的勘探和开采方面的投入。但是，从投资者接收到这一信息并对市场产生信心，到真正开采、生产出天然气的过程中，投资者需要较长的反应时间。由于这个时间较长，因此会充满大量的不确定性，而不确定性又会使天然气市场的不稳定性加大，进而影响国民经济和生活。另外，政府在制定天然气价格时，会综合考虑多种因素的影响，不能完全按照市场的走向，会给出一个低于市场的指导价格，因此有可能会削弱相关企业的投资动力。因此，政府对天然气价格的制定，会影响整个天然气产业的健康发展。

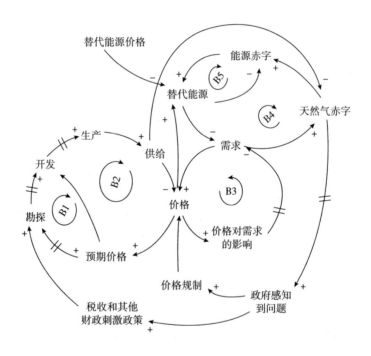

图 6-9 价格规制对天然气产业的主要反馈回路

五、地下储气库投资相关风险分析

地下储气库项目规模较大、建设周期较长，因此在整个建设周期内需要企业投入巨大的资金，相对来说项目的回报周期也相对较长。目前，我国储气库建设管理体系初步建成，由于技术等方面不够完善和成熟，因此还有许多方面落后于西方发达国家。企业在投资前会通过对建设成本、天然气价格、后期运营风险等方面综合考量，进行分析评价。

1. 天然气价格变动产生的风险

我国天然气终端市场价格是在基准门站价的基础上上下浮动的。天然气上游企业的价格为市场定价，而下游企业即燃气公司向终端用户的销售价格，受政府定价影响。当上游价格过高但下游价格不能及时调整时，城燃企业就会出现成本倒挂现象，尤其是在用气旺季，这种现象会更加严重。部分城燃企业甚至可能因此难以维持正常的经营活动。如果天然气价格体制不能进一步完善，那么储气库销售天然气可能面临亏损，从而导致城燃企业等社会资本会增加参与建设天然气地下储气库的顾虑。

2. 建设难度和成本带来的风险

地下储气库的选址至关重要，不仅受地质条件的影响，还受资源分布、环境保护、区域发展及国家战略部署等诸多因素影响。目前，大多数地下储气库都在远离城市的郊区，我国的地质条件复杂，在建设过程中要综合考量建库的现实条件、相关的投入成本和储气库的总体布局等因素。从全国范围来看，东北三省和西部地区的大型储气库分布较多，且建库资源较为充足；相对而言，我国东部发达地区及南方的许多发达地区，建库资源相对有限。未来，如果想在经济发达、对天然气需求高，但储气库建库的资源有限的地区投资建设地下储气库，那么带来的直接结果就是建库的成本越来越高，难度也会越来越大，调峰负担越来越重。另外，受储气库自身特点的影响，会需要较多的垫底气，其占整个项目投资的比例会较大，而且投入的垫底气基本为沉没成本，也会加大储气库的建设成本。

3. 储气库后期运营带来的风险

后期运营难度大。目前，国内仍未有地下储气库市场化成熟运行的先例。在储气库运行过程中，随着注气压力的快速上升，相应的耗电量也会增加，最终使经营成本进一步提高，地下储气库如何建立一个可以维持相对稳定盈利的运营模式还需深入研究。另外，储气库的投资主体相对单一。由于储气库建设有其自身的特点，不仅规模大、周期长，而且投资风险也不容忽视，因此投资建设储气库需要企业有着雄厚的实力和较强的抗风险能力。相对来说，那些规模小、资金有限、风险承担能力不足的私营企业和民间资本很难对其进行投资，更难以应对后期的运营风险。而像中国石油、中国石化等大型国有企业，基本上垄断了对天然气地下储气库的建设、运营和管理，从长远来看，不利于我国的储气库建设和发展。

第二节　地下储气库建设投资意愿研究设计

一、理论模型构建

UTAUT 模型将理性行为理论（TRA）、技术接受模型（TAM）、计划行为理论（TPB）、创新扩散理论（IDT）等八个模型的优点和特征进行了融合优化，能够较为充分地解释个体的行为意向及实际行为，因此被广泛运用于预测个体对事物的接受程度。目前，学术界已经在多个领域使用 UTAUT 模型来研究个体的行为意愿，如远程医疗、网购意愿、在线阅读与学习、移动支付、电子政务等。王敬琪（2017）通过构建有关保护信念、转化成本、社群影响、感知成本、感知收益及接纳意愿之间的相互关系，分析了影响医疗模式接纳意愿的关键性影响因素。段世霞和袁姗花（2017）基于消费者视角构建使用意愿的 UTAUT 模型，探究了影响消费者使用微信进行支付的因素；韩丹等（2018）通过构建相关模型对消费者网络购买生鲜农产品意愿的影响因素进行了研究；朱雅婧（2022）基于 UTAUT 模型，分析了老年用户对技术支持感知和期待的影响因素研究。虽然鲜少看到基于 UTAUT 模型来研究投资者对地下储气库投资意愿和行为的文献，但是通过分析 UTAUT 模型可以看出，其对解释地下储气库建设投资意愿和行为的影响因素具有十分重要的作用。

UTAUT 模型的核心变量为绩效期望、努力期望、社会影响、促成因素。本书基于社会资本的视角构建投资意愿和行为的 UTAUT 模型。同时，考虑在投资领域，往往收益与风险并存，投资者对于风险的识别和把控是较为重视的，因此在 UTAUT 理论的基础上，本章又引入了感知风险变量，最终构建了地下储气库建设投资意愿和行为的理论模型，以期增强该模型对本章的适配度和解释能力。

二、理论模型变量与研究假设

1. 绩效期望及研究假设

绩效期望是指进行特定活动时，使用某项技术将带来的好处程度，来自经典的 ATM 理论模型中的感知有用性。在本章中的绩效期望主要是指社会资本投资天然气地下储气库建设，是否能够为其带来可观的经济收益、社会效益，以及能否对加快企业转型，顺应企业长期发展趋势等方面产生积极的影响。投资带来的收益或潜在的好处越多，其选择进行投资的意愿就越高。

郑勇华等（2020）等基于 UTAUT 理论，同时纳入价值共创及感知风险理论，构建工业互联网平台的使用意愿影响因素理论模型，发现绩效期望显著正向影响企业对工业互联网平台的使用意愿；刘军峰（2022）运用 UTAUT 模型，以陕西省为案例对象，研究农户家庭对天然气的接入意愿和持续使用行为。结果表明，绩效预期对农村家庭天然气的接入意愿具有显著正向影响。因此，提出以下假设：

H1：绩效期望对社会资本投资地下储气库的投资意愿具有显著的正向影响。

2. 付出期望及研究假设

根据地下储气库建设的特点，本章中的付出期望具体是指社会资本在投资地下储气库建设时所需要付出的努力程度，如投资地下储气库所需要的建造成本、建设周期、管理成本（后期运行、维护费用）等。如果投资者认为相对于其他产业，地下储气库的投资成本、各种管理组织成本较高时，其进行投资的意愿就较低。刘胜林（2020）在研究房地产开发企业投资装配式建筑意愿的影响因素时发现，付出期望对于投资意愿有显著的负向影响。鉴于地下储气库投资大、建设周期长、后期运行和维护费用较大。因此，提出以下假设：

H2：付出期望对地下储气库建设投资意愿具有显著的负向影响。

3. 社会影响及研究假设

社会影响是指个体认为与其有关系的其他人对其采纳该技术的看法程度。本书中具体是指影响社会资本投资地下储气库建设的社会因素，如同行投资者的行为、本产业链各方参与度、高层领导投资意愿等对社会资本投资的影响。投资者感受到的外界传递来的正面信息越多，其想要投资的意愿就越强烈。徐若然（2021）在研究 UGC 类智慧旅游服务平台的用户使用行为的影响因素时，使用 UTAUT 模型，同时纳入信任理论与感知风险理论，构建结构方程模型进行实证研究。最终结果表明，绩效期望、付出期望、社会影响和信任程度对用户的使用意愿具有显著的正向影响，而感知风险对使用意愿有显著负向影响。因此，提出以下假设：

H3：社会影响显著正向影响社会资本对地下储气库建设的投资意愿。

4. 便利条件及研究假设

便利条件是指个体认为某项技术或技术基础设施能够提供的系统支持程度。如果人们在使用某项技术系统的时候，相关开发者、运营者等会为其提供进一步的支持，那么他们使用该技术的行为意愿将会显著增强。在本书中，便利条件主要是指来自政府的政策支持力度，主要表现为信贷融资、财政补贴和税收减免三个方面。政府部门的支持会进一步增强社会资本方对投资储气库的信任程度，甚至直接影响他们投资的行为意愿。牛春华等（2022）为研究影响公众对使用接触追踪技术的意向与行为的相关因素，运用 UTAUT 模型，同时结合数字治理理论对公众参与的能力要素要求，并且将数字信任和技术压力创新地引入该模型，最终发现便利条件、绩效期望、付出期望、社会影响、政府信任及技术信任，都对接触追踪技术的公众使用意向产生显著的正向影响。另外，郑继兴等（2021）在研究影响农户采纳农业新技术的因素时，同样运用了 UTAUT 模型，实证结果显示便利条件与农户的强烈的采纳意愿均会对农户的采纳行为产生显著的正向影响。因此，提出以下假设：

H4a：便利条件正向影响地下储气库建设的投资意愿。

H4b：便利条件正向影响地下储气库建设的投资行为。

5. 感知风险及研究假设

考虑到社会资本投资行为的特殊情景，在原有 UTAUT 模型的基础上，进一步加入感知风险这一变量，以增强模型的解释程度。在本书中，感知风险主要是指社会资本在投资地下储气库建设时，可能会产生的不利损失，如储气库建设技术标准是否成熟，企业成本是否能快速回收，地下储气库建设的安全性能是否良好等。相关风险的存在会影响利益相关者的投资意愿。谢灯明等（2020）考虑感知风险这一因素并构建了 TPB 拓展模型，来研究选择康养旅游的意向和行为的影响因素，结果证明感知风险会显著负向影响人们的行为态度和意向。也就是说，感知风险越大，利益相关者的投资意愿会越小。因此，提出以下假设：

H5：感知风险显著负向影响装配式建筑投资意愿。

H6：投资意愿显著正向影响投资行为。

基于上述的分析，建立本章的实证模型，如图6-10所示。

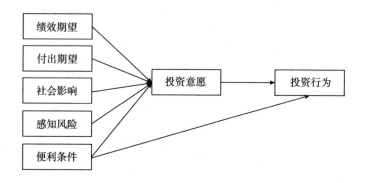

图6-10 社会资本对地下储气库的投资意愿模型

三、问卷设计与数据收集

1. 问卷设计

本书构建的地下储气库投资意愿指标体系分为绩效期望、付出期望、社会影响、便利条件、感知风险、投资意愿及投资行为。绩效期望的测量主要借鉴了毛超等（2016）、刘晓君和李丹丹（2019）、刘恒阳（2022）、郭洁琼等（2022）等的研究，设置了3个题项，如"投资地下储气库可以获得可观的经济效益"；付出期望的测量主要借鉴了刘晓君和李丹丹（2019）、孙国林（2018）、张海梁等（2018）等的研究，设置了3个题项，如"地下储气库建设的建设难度大、建造成本更高"；社群影响的测量主要借鉴了张建国和谷立静（2014）、刘胜林（2020）等的研究，设置了3个测量题项，如"同行其他企业的投资行为会影响本企业的投资意愿"；便利条件的测量主要借鉴了刘俊颖和何溪（2011）、刘晓君和李丹丹（2019）、刘胜林（2020）、刘恒阳（2022）等的研究，设置了3个测量题项，如"政府针对地下储气库建设设立了财政补贴"；感知风险的测量主要参考了刘俊颖和何溪（2011）、刘胜林（2020）、马明勇等（2022）等的研究，设置了3个测量题项，如"储气库建设技术不成熟、体系不完善"；投资意愿和的指标主要参考了刘晓君和李丹丹（2019）、刘胜林（2020）的研究，设置了3个测量题项，如"企业愿意投资地下储气库建设"。具体的题项如表6-1所示。

表6-1 变量及测量题项

变量	测量题项
绩效期望	（1）投资地下储气库可以获得可观的经济效益 （2）地下储气库可以带来社会效益，保障国家能源安全 （3）投资地下储气库符合企业长期战略目标
付出期望	（1）地下储气库建设的建设难度大、建造成本更高 （2）地下储气库的建设周期更长、资金投入更大 （3）地下储气库建设的管理成本（后期运营、维护）更高
社群影响	（1）高层领导对地下储气库建设的投资意愿会影响企业投资意愿 （2）同行其他企业的投资行为会影响本企业的投资意愿 （3）地下储气库建设产业链各方参与度会影响企业投资意愿
便利条件	（1）政府对地下储气库建设提供信贷融资支持 （2）政府针对地下储气库建设设立了财政补贴 （3）政府出台了相应税收减免政策
感知风险	（1）储气库建设技术不成熟、体系不完善 （2）储气库运营模式不完善，相关企业成本难回收 （3）地下储气库建设后安全性能难以保证
投资意愿	（1）支持企业投资地下储气库建设 （2）企业愿意投资地下储气库建设 （3）愿意向同行推荐投资地下储气库建设
投资行为	（1）您或您所在单位已经有在投资天然气地下储气库 （2）您或您所在单位在扩大地下储气库建设的投资规模 （3）已经联合其他企业投资地下储气库建设

2. 数据收集

《国务院关于创新重点领域投融资机制鼓励社会投资的指导意见》明确提出，要鼓励社会资本加强能源设施投资。鼓励地方政府、燃气公司、民间资本等投资主体独立或者共同参与天然气地下储气库设施的建设，有助于实现各投资主体共担调峰保供义务，并且共享资本运作红利。本书通过线上线下结合的方式进行问卷调查与收集，线下在江西、安徽、山东、湖南等多个省份进行实地调研，线上通过问卷网平台在全国范围内发放调查问卷。在对主要变量进行调查前，首先设置了背景调查，主要针对地方政府、燃气公司、民间资本等投资主体进行调研，从部门主管及以上的职位中选取调查对象。调研期限为一年，于 2021 年 6 月开始，至 2022 年 5 月份结束。通过线上和线下结合方式，共发放问卷 314 份，然后对收集的问卷进行筛选，将填写内容不完整、填写时间过短、填写的答案选项完全相同或高度一致的问卷列为无效问卷，删除无效问卷后，共获得有效问卷 280 份，有效问卷率为 86.42%。

在本次研究社会资本对地下储气库建设的投资意愿和行为中，本书根据相关影响因素设计调查问卷，问卷主要包括两部分：第一部分设计了性别、年龄、学历、工作年限及工作职位等基础信息，以期对调查对象有初步的了解，同时也作为筛选有效问卷的一个依据；第二部分是对社会资本投资地下储气库的意愿及影响因素调查。关于影响因素的问卷设计，本书主要借助了李克特 5 点量表进行设计。从数字"1"至数字"5"，分别表示"非常不同意""不同意""不确定""同意""非常同意"。

四、数据质量分析

1. 信度检验

通过对问卷的信度进行检验，可以分析相关测量结果是否具有内部的一致性及可靠性。学者大多认可并使用 Cronbach's α 系数法进行信度检验，表6-2为具体的检验标准。

表6-2 Cronbach's α检验标准

Cronbach's α	评价标准
α<0.7	不可接受
0.7<α<0.9	可信度较高
α>0.9	十分可信

根据收集到的有效问卷的数据，本书通过借助 SPSS25.0 软件，对其进行信度检验。对各个潜变量的检验结果，即 Cronbach's α 系数值进行整理，具体如表6-3所示，各个变量的 Cronbach's α 系数值均大于0.7，整体介于0.745~0.834，符合信度要求，可以进行下一步的分析。

表6-3 问卷变量信度检验结果

潜变量	Cronbach's α	题项数
绩效期望（PE）	0.834	3
付出期望（EE）	0.825	3
社会影响（SI）	0.764	3
便利条件（FC）	0.745	3
感知风险（PI）	0.756	3
投资意愿（BI）	0.788	3
投资行为（B）	0.795	3

2. 效度检验

一般来说，KMO 值越接近1表示各变量间的相关性就越强，当 KMO 的取值小于0.7时，表明不可以接受。通过检验，如表6-4结果所示，KMO 值为0.937，并通过了 Bartlett 球形度检验且显著，说明该量表具有较好的效度。

表 6-4 KMO 和巴特利特检验

KMO 和巴特利特检验			
KMO 取样适切性量数	巴特利特球形度检验		
	近似卡方	自由度	显著性
0.937	3607.894	210	0

模型拟合度检验指标计算结果如表 6-5 所示。其中，RFI 值略低于理想值、其余指标均达到理想值，说明模型拟合度符合标准要求。

表 6-5 模型适配指标

拟合指标	理想值	可接受	实测值	是否适配
CMIN/DF	1-3	<5	1.956	是
RMSEA	<0.05	<0.1	0.059	是
NFI	>0.9	>0.8	0.908	是
RFI	>0.9	>0.8	0.885	是
IFI	>0.9	>0.8	0.953	是
TLI	>0.9	>0.8	0.94	是
CFI	>0.9	>0.8	0.952	是

采用 CR 值及 AVE 和对应题项因子载荷来检验聚合效度，结果如表 6-6 所示，所有题项在其对应因子上的载荷都大于 0.6，说明题项和所测变量之间存在统计显著性。此外，组合信度 CR 值均满足大于 0.7 的条件，且 AVE 均大于 0.5，具有良好的聚合效度。

表 6-6 收敛效度和组合信度检验结果

路径关系	载荷	AVE	CR
PE1←绩效期望	0.981		
PE2←绩效期望	0.744	0.659	0.849
PE3←绩效期望	0.677		

续表

路径关系	载荷	AVE	CR
EE1←付出期望	0.768		
EE2←付出期望	0.813	0.612	0.825
EE3←付出期望	0.764		
SI1←社会影响	0.717		
SI2←社会影响	0.772	0.526	0.769
SI3←社会影响	0.685		
FC1←便利条件	0.706		
FC2←便利条件	0.771	0.502	0.75
FC3←便利条件	0.642		
PI1←感知风险	0.677		
PI2←感知风险	0.713	0.508	0.756
PI3←感知风险	0.747		
BI1←投资意愿	0.725		
BI2←投资意愿	0.716	0.542	0.78
BI3←投资意愿	0.766		
B1←投资行为	0.782		
B2←投资行为	0.718	0.566	0.796
B3←投资行为	0.756		

第三节　社会资本投资意愿和行为响应的实证分析

一、样本描述性统计分析

表6-7为根据调查问卷中第一部分整理的调查对象的基本信息情

况。分析有效样本中参与调研者的基本信息可知，在本次调研中，男性占比为56.40%，女性占比为43.60%，男性多于女性。从年龄上来看，首先是31~40岁的调查对象，人数居多，占比为41.80%；其次是30岁以下的人数，占比为32.5%；再次是41~50岁的人数占比为17.10%；最后是50岁以上的人数，占比为8.60%。由于本次调研主要采取了线上收集问卷的方式，因此在中老年数据方面存在一定的局限。从学历来看，本科学历人数占比高达71.80%，专科及以下和研究生及以上的人占比分别为17.10%和11.10%。从工作年限来看，有0~5年工作经验的人数占比为32.90%，有6~10年工作经验的人数占比为25.00%，有11~15年工作经验的人数占比为27.50%，14.60%的人有15年以上的工作经验。最后从职位来看，参与问卷调查者以部门主管居多，占比高达70.70%；部门领导占比为21.40%；中层领导、高层领导占比较低，仅为6.10%和1.80%。

表6-7 调查对象基本情况

情况	分类	频率	百分比（%）	平均值	标准偏差
性别	男	158	56.40	1.44	0.497
	女	122	43.60		
年龄	30岁以下	91	32.50	2.02	0.918
	31~40岁	117	41.80		
	41~50岁	48	17.10		
	50岁以上	24	8.60		
学历	专科及以下	48	17.10	1.94	0.529
	本科	201	71.80		
	研究生及以上	31	11.10		
工作年限	0~5年	92	32.90	2.24	1.066
	6~10年	70	25.00		
	11~15年	77	27.50		
	>15年	41	14.60		

续表

情况	分类	频率	百分比（%）	平均值	标准偏差
职位	部门主管	198	70.70	1.39	0.684
	部门领导	60	21.40		
	中层领导	17	6.10		
	高层领导	5	1.80		

二、相关性分析

通过对各变量做相关性分析，可以检验所选取的变量间的相关关系，从而对变量的合理性进行初步验证。Person 系数可以反映变量之间相关性，当该系数值大于 0 时，说明研究的两个变量之间存在正向相关关系，且系数越大，反映出变量间的相关性越强。同理，当该系数值小于 0 时，说明研究的两个变量之间存在负向相关关系，且系数值越小，反映出变量间的负相关性越强。当系数值越接近 0 时，表明变量间的相关性越弱。本书对于所选取的变量也进行了相关分析，具体结果如表 6-8 所示。

表 6-8 变量间的相关性分析

变量	绩效期望	付出期望	社会影响	便利条件	感知风险	投资意愿	投资行为
绩效期望	1						
付出期望	0.577**	1					
社会影响	0.796**	0.539**	1				
便利条件	0.786**	0.534**	0.732**	1			
感知风险	-0.515**	-0.192**	-0.501**	-0.500**	1		
投资意愿	0.680**	0.371**	0.640**	0.634**	-0.605**	1	
投资行为	0.445**	0.202**	0.427**	0.419**	-0.463**	0.828**	1

注：＊＊表示在 0.01 级别（双尾）相关性显著。

根据相关性分析的结果，可以初步得出如下结论：首先，绩效期望与投资意愿的皮尔逊相关系数为正值，说明这两个变量之间存在着正相关关系，且相关性显著；类似的社会影响、付出期望及便利条件三个变量也分别与投资意愿的皮尔逊相关系数为正，说明社会影响与投资意愿、付出期望与投资意愿、便利条件与投资意愿均存在显著的正相关关系，初步证实了 H1、H3 和 H4a。便利条件与投资行为的皮尔逊相关系数也为正值，初步证实了 H4b。其次，感知风险与投资意愿的皮尔逊相关系数为负值，说明两者之间存在负向相关关系，且相关性显著初步证实 H5。最后，投资意愿和投资行为的皮尔逊相关系数为正值，说明这两个变量之间存在着正相关关系，初步证实了 H6。在初步相关性检验之后，接下来将进行回归分析。

三、回归结果分析

在对主效应进行分析之前，利用 SPSS 软件，首先将控制变量，即本章研究中的性别、学历、年龄、工作职位和工作年限放入回归方程，来控制这些变量的影响；其次将社会资本的投资意愿放入因变量；最后依次放入五个自变量，进行回归分析。具体的回归结果如表 6-9 所示。在模型 1 中，仅对本模型中的控制变量做了基准回归；在模型 2 至模型 6 中，分别在模型 1 的基准回归中依次加入绩效期望、付出期望、社会影响、便利条件、感知风险五个自变量。

表 6-9 影响因素与投资意愿关系的回归结果

影响因素	模型 1	模型 2	模型 3	模型 4	模型 5	模型 6
性别	-0.079	-0.032	-0.056	-0.026	-0.075	-0.052
年龄	-0.193	-0.013	-0.112	-0.069	-0.026	-0.149
学历	0.027	-0.001	-0.004	0.011	-0.037	0.068
工作年限	0.086	-0.011	0.026	-0.002	-0.02	0.058
职位	-0.023	-0.058	0.015	0.002	-0.061	0.009

续表

影响因素	模型1	模型2	模型3	模型4	模型5	模型6
绩效期望		0.676***				
付出期望			0.359***			
社会影响				0.632***		
便利条件					0.635***	
感知风险						-0.602***
R^2	0.024	0.469	0.148	0.426	0.416	0.383
调整的 R^2	0.006	0.457	0.129	0.403	0.404	0.369
F值	1.355	40.185	7.915	32.4	32.464	28.199

注：***表示在0.001级别相关性显著。

1. 绩效期望

H1：绩效期望对社会资本投资地下储气库的投资意愿具有显著的正向影响。根据模型2的结果可知，绩效期望与投资意愿的回归系数为0.676，且P值显著，表明绩效期望与社会资本的投资意愿显著正相关，因此H1成立。该结论的成立表明，目前社会资本对地下储气库的期望绩效越高，投资地下储气库建设的意愿就越强；反之，则投资地下储气库建设的意愿就越弱。

2. 付出期望

H2：付出期望对地下储气库建设投资意愿具有显著的负向影响。根据模型3的结果发现，该假设并未得到验证，付出期望与投资意愿的回归系数为0.359，且P值非常显著，表明付出期望与投资意愿之间存在显著的正相关关系，因此H2不成立。相反，说明目前社会资本对地下储气库的付出期望越高，其选择投资地下储气库建设的意愿就越强；反之，其选择进行投资地下储气库建设的意愿就越弱。

产生这种现象的原因，一方面，可能在于天然气市场的良好前景会带来可观的经济收益；另一方面，国家大力发展清洁能源，推动天然气的使用，符合宏观的政治经济环境。尽管投资地下储气库建设的成本较高，社会资本方仍然愿意选择投资。

3. 社会影响

H3：社会影响显著正向影响地下储气库建设投资意愿。根据模型4的结果可知，社会影响与投资意愿的回归系数为0.632，且P值显著，表明社会影响与投资意愿之间存在显著的正相关关系，因此H3成立。此结论表明，个人的投资意愿受到诸如企业领导者、同行投资者及被投资产业链的参与程度等的影响比较强烈，即高层领导意愿越高、同行其他企业的投资行为、储气库建设产业链各方参与度越高，社会资本进行地下储气库建设投资的意愿就越强；反之，投资地下储气库建设的意愿就越弱。

4. 便利条件

H4a：便利条件正向影响地下储气库建设的投资意愿。根据模型5的结果可知，便利条件与投资意愿的回归系数为0.635，且P值显著，说明便利条件与投资意愿之间存在着显著的正相关关系，因此H4a成立。此结论表明，政府对地下储气库建设提供信贷融资支持、设立财政补贴、出台税收减免政策等行为会激发社会资本的投资意愿，相关政策优惠越完善，社会资本进行地下储气库建设投资的意愿就越强；反之，投资地下储气库建设的意愿就越弱。

5. 感知风险

H5：感知风险显著负向影响装配式建筑投资意愿。根据模型6的结果可知，感知风险与投资意愿的回归系数为-0.602，P值非常显著，感知风险与投资意愿之间的负相关关系达到非常显著水平，因此H5成立。此结论表明，储气库建设存在技术上、体系上、运营模式等方面的风险，会抑制相关社会资本的投资意愿，相关风险越低，社会资本进行地下储气库建设投资的意愿就越强；反之，投资地下储气库建设的意愿就越弱。

6. 便利条件、投资意愿对投资行为的影响

便利条件和投资意愿对投资行为影响关系的检验结果如表6-10

所示。同样，模型 7 中为控制变量，模型 8 和模型 9 中依次、分别加入自变量便利条件和投资意愿。根据实证结果可知，便利条件正向影响地下储气库建设的投资行为（$\beta = 0.405$，$p < 0.001$），投资意愿与投资行为显著正相关（$\beta = 0.824$，$p < 0.001$）。因此，本书研究的 H4b 与 H6 均得到验证。

表 6-10　便利条件、投资意愿与投资行为关系的回归结果

影响因素	模型 7	模型 8	模型 9
性别	-0.02	-0.018	0.045
年龄	-0.265	-0.159	-0.106
学历	0.084	0.043	0.061
年限	0.15	0.083	0.079
职位	-0.033	-0.056	-0.014
便利条件		0.405***	
投资意愿			0.824***
R^2	0.033	0.192	0.695
调整后的 R^2	0.015	0.175	0.689
F 值	1.876	10.835	103.795

注：***表示在 0.001 级别相关性显著。

7. 中介作用的说明

从当前天然气地下储气库建设的总体情况来看，对地下储气库进行投资的企业和地方政府较为广泛，虽然有一些民营企业和地方政府加入了投资建设的行列，但是大多数项目仍然由中国石油、中国石化等国有企业牵头。虽然社会资本对地下储气库的投资意愿会在一定程度上影响投资行为，但是受多种客观现实因素的影响，即使某些社会资本方并非存在投资意愿，也必然会做出实际的投资行为。另外，由于统计检验消除了中介作用，因此本章将不再对投资意愿做中介作用检验。

第四节　本章小结

首先，本章从天然气消费市场变化、天然气地下储气库成本及经济效益、天然气产业财税政策对天然气产业的综合影响、地下储气库投资相关风险四个方面，分析了可能会影响社会资本投资天然气地下储气库的影响因素。其次，根据相关影响因素，结合 UTAUT 与感知风险理论，在 UTAUT 模型中增加感知风险变量，构建社会资本投资地下储气库意愿的理论模型。最后，借鉴相关学者的研究设计调查问卷，采用线上线下相结合方式进行调研，运用 SPSS25.0 和 AMOS20.0 软件进行分析，得出以下主要结论：

（1）社会资本对天然气地下储气库的投资意愿受多方面的因素影响。以 UTAUT 模型原有潜变量及感知风险变量为前因变量构建模型，研究发现，绩效期望、付出期望、社会影响、便利条件显著正向影响投资意愿，感知风险负向影响投资意愿，H1、H3、H4a、H5 得到验证。其中，H2 并未得到验证，可能的原因是，一方面可能在于天然气市场的良好前景，会带来可观的经济收益；另一方面国家大力发展清洁能源，推崇天然气的使用，符合宏观的政治经济环境。因此，即便是目前投资地下储气库建设会有较高的投入成本，社会资本方依然愿意选择进行投资。

（2）便利条件可以直接正向影响投资行为，政府愿意为储气库建设出台一定的信贷融资、财政补贴和税收减免等政策，将会显著影响投资者的行为。同时，投资意愿也对投资行为产生显著的正向影响。二者共同促进社会资本对地下储气库建设的投资行为。虽然社会资本对地下储气库的投资意愿会对投资行为起一定的传导作用，但是受多种客观现实因素的影响，即使某些社会资本方并非存在投资意愿时，也必然会做出实际的投资行为。

第七章　社会资本参与地下储气库建设政策的需求意愿及后续政策优先序分析

　　从欧美发达国家天然气产业发展经验来看，加快储气库建设、提升天然气调峰和应急能力是实现天然气产业快速发展的必要保障，受到国家的高度重视。为此，国家发展改革委及国家能源局出台了一系列支持政策，以期吸引社会资本参与天然气地下储气库建设，促进天然气产业持续健康发展。基于这一目标，政策主要围绕地下储气库的建设、调峰能力、投资主体等方面展开。然而，随着社会的不断发展，社会资本在享受这些政策效益的同时，对政策的需求也在逐渐提高。本书通过研究并明确社会资本方的实际需求，不仅有助于检验当前政府政策的实施效果，同时结合相关结论，有助于针对性地对某些政策的方向与内容提出调整建议，从而提高地下储气库建设政策绩效，促进社会资本参与地下储气库建设。因此，本章将从社会资本的实际角度出发，分析不同社会资本对地下储气库建设支持政策的需求意愿及需求优先序，探查其影响因素，并提出有效改善和促进社会资本参与地下储气库建设的相关对策建议。

第一节　相关概念界定

一、需求优先序

按照张耀钢和应瑞瑶（2007）使用的"需求优先"概念来评估技术服务需求的优先级和相关因素的影响。我们可以把"需要优先"理解为"消费者对某种需要的偏好次序"，也就是消费者在其消费的基础上对其消费的一种排序方式。例如，消费者在面对任意两个消费选择时，会自然而然地对这两个消费选择产生一种偏好判断。如果在 X 中选取 a 和 b，当消费者认为 a 至少与 b 一样好，即 a "不次于" b 时，那么可以用 "a≥b" 来表示。若对于 X 中的任意三种选择 a、b 和 c，如果消费者认为 a 不次于 b，且 b 不次于 c，则可以得出 a 一定不次于 c 的结论（a≥c）。

在实地调研社会资本参与地下储气库建设政策需求优先序的问卷时，社会资本对需求的理解存在一定的偏差，因此在调研的时候借助其能否带来较高的效用进行引导。某项建设政策的子政策当前能够给社会资本带来较高的效用，说明社会资本对该项建设政策具有较高的期望值。在制定需求优先级方案时，还需要仔细权衡不同需求之间的利弊得失，以确保决策的科学性和正确性。

因此，本书针对不同的政策，通过对其受众的用户评价和期望达到的需求水平来确定它们的优先级和实现顺序。在具体实施该策略时，结合行业标准和当前商业环境的特殊情况，进一步深入探讨每个子政策的优先级。通过此方法，可以充分了解管理人员对不同政策方案的需求程度，以提供更全面、更准确的投资决策依据，实现投资收益的最大化。

二、政策需求意愿分析

徐东和唐国强（2020）认为，当前中国的天然气产业正处于一个至关重要的发展阶段，并面临着需要进行全面体制机制改革的困难。因此，对中国政府过去几年所发布的与储气库相关的政策法规及国内学者就相关研究所作出的贡献进行全面的分析和探讨具有至关重要的意义和价值。基于政府引导、企业实施、外部压力、内部动力、技术可行、经济合理的原则，从社会对资本的需求意愿出发，本书将全面、深入地分析《国家发展改革委关于加快推进储气设施建设的指导意见》中提出的多项政策措施。这些政策措施包括但不限于加强法律法规建设、扩大政策补贴范围、深化市场化改革、推进技术创新等。全面实施相关政策对于促进天然气产业的持续健康发展及中国经济的长远繁荣具有深远的意义。

第一，"增强推进储气设施建设的紧迫感"。确保气源稳定供应已经成为关乎国计民生的重大问题，应加强对地下储气库建设的关注，以确保持续稳定的天然气供应，并进一步提升其安全性。为实现这一目标，需要明确储气义务，加强协调与统筹规划，并积极增加投资。

第二，"加快在建项目施工进度"。推进建设项目标准化施工和优化施工组织，有助于提高施工过程的规范性和效率，确保项目在安全和高质量的前提下按期建成投用。在社会资本参与地下储气库建设的过程中，为了提高其性能、可靠性和安全性，必须对其建造技术进行全面的分析和研究，以确保地下天然气储气库在建造过程中的质量和可信度，这就需要借助有效的技术手段和管理策略。

第三，"出台价格调节手段引导储气设施建设"。社会资本不变的需求是实现盈利，应大力推进价格机制管理，对独立经营的储气设施和城镇天然气经营企业建设的储气设施，采取不同的定价原则，以确保储气设施的运营者能够获得合理的收益，从而激发他们建设和运营储气设施的积极性。建立合理的计费和税收制度，保障地下天然气储气库的各项经营成本得到合理回报，实现投资回报的最大化。

第四，"继续执行现有支持大型储气库建设的有关政策，进一步加大支持力度"。应切实保障社会资本的知情权和参与权，加强与相关部门的合作，确保信息共享，有助于降低储气设施建设的成本和风险，提高项目的可行性和吸引力，提高决策的科学性和透明度，不断推进天然气储气库的规划建设工作。

第五，"加大对储气设施投资企业融资支持力度"。通过支持符合条件的企业发行企业债券融资、创新债券融资品种及支持地方政府投融资平台公司发行企业债券等方式，拓宽储气设施建设的融资渠道，增加直接融资规模。解决储气设施建设过程中的资金问题，推动项目的顺利实施。引导社会资本参与储气设施的建设和运营，提高资源配置的灵活性和有效性。

这充分体现了储气需求、建造技术、盈利能力、信息服务和建库资源等方面对社会资本参与地下储气库建设政策需求有重要影响。

第二节　数据来源

一、数据收集

本章所展示的数据主要基于 2021 年 5 月至 2022 年 5 月为期一年的现场调研和线上问卷调查。调研工作涵盖了南昌市及全国范围内的不同行业领域，调查对象包括地方政府、燃气公司、民间资本等不同类型企业的管理者，旨在了解各企业对过去政策的满意度及对未来政策的需求，采用线上和线下相结合的方式，共计发放了 379 份问卷。在问卷筛选阶段中，我们系统地剔除了填写内容不够完整、填写时间过于仓促或者所填答案选择高度一致、缺乏差异性的问卷，确保数据的有效性。最终获得有效问卷353份，有效问卷率高达93%。

二、样本描述性统计分析

所设计的问卷调查涵盖了多个方面的信息，包括管理者所处的投资主体、投资规模、所属行业和经营年限等信息的调查。从表7-1可以看出，其所在公司涉及的投资规模跨度广泛，从100万元以下到1亿万元以上不等。此外，我们也关注了被调查投资主体的经营年限情况，从3年以下到10年以上不等。这样，调查结果具有重要的代表性，既反映了被调查主体的多样性，也为我们后续的数据分析提供了有益的参考依据。

表7-1　样本基本特征

特征	特征描述		有效样本数（个）	比例（%）
投资主体	地方政府		113	32
	燃气公司		21	6
	民间资本		219	62
投资规模	100万元以下		127	36
	100万~500万元		88	25
	501万~1000万元		81	23
	1001万~5000万元		32	9
	5001亿万~1亿万元		18	5
	1亿万元以上		7	2
行业分布	第一产业	农、林、渔、牧业	17	5
	第二产业	制造业	53	15
		采矿业、新能源及可再生能源业	67	19
	第三产业	信息服务业	64	18
		批发零售业	25	7
		建筑业	88	25
		其他服务业	39	11

续表

特征	特征描述	有效样本数（个）	比例（%）
经营年限	3 年以下	53	15
	3~5 年	120	34
	6~10 年	109	31
	10 年以上	71	20

第三节　社会资本参与地下储气库建设政策的需求意愿排序分析

一、需求优先序的影响因素分析

通过前文对相关政策措施需求意愿的梳理，我们将影响政策需求优先序的因素分为五类："储气需求类""建造技术类""盈利能力类""信息服务类""建库资源类"，对这五类因素进行详细的分析，并结合社会资本需求，选定天然气储气库建设政策的子政策进行问卷调查，以确定其需求优先级。

第一，从储气需求类政策的角度来看，应该着重促进储气设施建设，发展储气服务市场，并妥善解决费用分摊问题，以避免储气建设后的"买单难题"。企业运营基于利润，要能从中获得合理回报，才能进一步考虑对地下储气库的投资建设。在这一过程中，明确储气义务、严格供气责任及规范供气合同就显得尤为重要。

第二，建造技术方面的政策会对社会资本投资地下储气库建设产生诸多影响。首先，政策的制定和调整，会直接影响社会资本在建设过程中所需要的技术条件和技术标准。其次，政策随时可能改变，会增加建设风险，从而阻碍社会资本投资决策的制定。最后，地下储气库建设对技术创新、设备更新、施工效率等方面都有着高要求，国内由于缺少建设和运行管理方面的经验，储气库的数量和种类都比较有限。因此，注重技术研发和技术创新，并加强对国际先进技术的交流和学习，是对地下储气库建设政策的重要补充和完善。

第三，地下储气库是一项投资大、回收率高的工程，与盈利能力有关的政策也是社会资本参与地下储气库建设必须要考量的因素之一。各企业缺乏投资的积极性是由于没有可行的定价机制导致的。因此，社会资本对于这方面的需求也是十分迫切的。

第四，在地下储气库建设中，信息服务类相关政策也被认为是影响社会资本投资极其重要的因素之一。建设储气库作为企业自身的一项运营行为，其决策依据应该以市场需求为主，政府可以通过制定产业发展规划、提供公共信息等方式为企业决策提供引导，而不应该由政府直接投资或代替企业制订投资计划。

第五，建库资源类政策对于地下储气库建设的发展也起了重要的推动作用，成为影响社会资本投资的因素之一。国家拥有我国的石油、天然气和地下矿藏资源。在这种垄断式的管理体制下，适合建造储气库的油气藏、盐穴等被国有企业控制，寻找适合建设地下储气库的地质结构是一项艰巨的任务。

综上所述，社会资本参与地下储气库建设政策的需求影响是多方面的，主要涉及储气需求、建造技术、盈利能力、信息服务和建库资源五个方面，需要综合分析和考虑，从而为政府改进相关政策提供决策依据，为社会资本投资政策的制定提供参考，实现天然气储气库建设政策和社会资本需求之间的有效对接。

二、政策需求排序分析

在需求优先序影响因素分析的基础上，我们选取十项具有代表性的子政策——"储气需求类"：明确储气义务、规范供气合同；

"建造技术类"：合作建库；"盈利能力类"：天然气交易实行市场定价、"两部制"价格、财政补贴、增值税先退后征、企业所得税优惠；"信息服务类"：发展规划公开信息服务；"建库资源类"：吸纳资金、技术和规模。以优先序理论为依据，在对问卷进行整理和分析的基础上，通过分析不同的社会资本对这十项政策需求的差异性，探索政策需求的优先序，将排在社会资本前五位的需求政策作为本章的主要研究对象。

如表 7-2 所示，10 项社会资本参与天然气地下储气库建设政策在不同的位次上出现了不同的次数。"两部制"价格政策是样本中出现次数最多的政策，被 177 名管理者评为第一位，占样本总数的 50.14%，其次是合作建库、财政补贴政策，分别出现了 97 次、44 次。在第二位中，出现次数最多的是合作建库政策，有 116 次，占样本总数的 32.86%；其次是财政补贴政策、"两部制"价格政策，分别出现了 97 次、68 次；出现次数最少的是增值税先退后征政策。在第三位中，出现次数最多的是财政补贴政策，有 92 次，占 26.06%；其次是合作建库政策、"两部制"价格政策，分别出现了 72 次、71 次；出现次数最少的是吸纳资金、技术和规模政策。在第四位中，出现次数最多的是企业所得税优惠政策，有 95 次，占 26.91%；其次是财政补贴政策、明确储气义务政策，分别出现了 77 次、53 次；出现次数最少的是发展规划公开信息服务政策。在第五位政策需求中，出现次数最多的则是明确储气义务政策，共计 87 次，占该位次样本的 23.80%。这体现了不同的社会资本，其需求也存在一定的差异。因此，在地下储气库建设政策中，我们需要以不同类型的投资主体为基础，制定相应的政策，以满足社会资本的不同需求。

然而，深入研究发现，除"两部制"价格政策、合作建库、财政补贴和企业所得税优惠政策较为显著，其他政策要求在不同的位置上呈现出不同的频率，如明确储气责任、实行市场化价格等。单

表7-2　社会资本针对天然气储气库建设政策需求排序

代码	期待政策	第1位	第2位	第3位	第4位	第5位	第6位	第7位	第8位	第9位	第10位	小计
1	明确储气义务	6 (1.70%)	19 (5.38%)	28 (7.93%)	53 (15.01%)	87 (24.65%)	84 (23.80%)	54 (15.30%)	19 (5.38%)	2 (0.57%)	1 (0.28%)	353
2	规范供气合同	3 (0.85%)	4 (1.13%)	6 (1.70%)	16 (4.53%)	29 (8.22%)	61 (17.28%)	89 (25.21%)	84 (23.80%)	45 (12.75%)	16 (4.53%)	353
3	天然气交易实行市场定价	7 (1.98%)	10 (2.83%)	16 (4.53%)	30 (8.50%)	65 (18.41%)	79 (22.38%)	79 (22.38%)	55 (15.58%)	9 (2.55%)	3 (0.85%)	353
4	"两部制"价格	177 (50.14%)	68 (19.26%)	71 (20.11%)	18 (5.10%)	9 (2.55%)	6 (1.70%)	3 (0.85%)	0 (0.00%)	0 (0.00%)	1 (0.28%)	353
5	财政补贴	44 (12.46%)	97 (27.48%)	92 (26.06%)	77 (21.81%)	30 (8.50%)	9 (2.55%)	4 (1.13%)	0 (0.00%)	0 (0.00%)	0 (0.00%)	353
6	增值税先退后征	0 (0.00%)	0 (0.00%)	3 (0.85%)	8 (2.27%)	4 (1.13%)	9 (2.55%)	22 (6.23%)	36 (10.20%)	82 (23.23%)	190 (53.82%)	353
7	企业所得税优惠	13 (3.68%)	28 (7.93%)	55 (15.58%)	95 (26.91%)	83 (23.51%)	55 (15.58%)	16 (4.53%)	5 (1.42%)	2 (0.57%)	1 (0.28%)	353
8	发展规划公开信息服务	4 (1.13%)	8 (2.27%)	8 (2.27%)	3 (0.85%)	21 (5.95%)	25 (7.08%)	58 (16.43%)	96 (27.20%)	85 (24.08%)	44 (12.46%)	353
9	合作建库	97 (27.48%)	116 (32.86%)	72 (20.40%)	44 (12.46%)	18 (5.10%)	4 (1.13%)	1 (0.28%)	0 (0.00%)	0 (0.00%)	1 (0.28%)	353
10	吸纳资金、技术和规模	2 (0.57%)	3 (0.85%)	2 (0.57%)	9 (2.55%)	7 (1.98%)	21 (5.95%)	27 (7.65%)	58 (16.43%)	128 (36.26%)	96 (27.20%)	353

纯的统计分析难以得到合理的排名。因此，为了更好地反映社会资本对于地下天然气储气库建设的政策要求，本书参考廖清成（2006）提出的总分排序法，统计每个项目的被选择频率，给予相应的评分，将排名第一的项目赋值5分，排名第二的项目赋值4分，排名第三的项目赋值3分，排名第四的项目赋值2分，排名第五的项目赋值1分，其他项目赋值0分，按照总得分进行排名，也就是总分最高的项目排名靠前，如此类推。如果总分数一样，那么选择次数最多的排在前面。

此时，采用总分排序法，即将各项需求的得分相加，从而对其优先级进行排序（见表7-3）。排序过程中，将总分高的需求放在优先考虑的位置，以确保最大化满足程度。

表7-3 管理者针对天然气储气库建设政策需求总分排序

政策	总分	排序
"两部制"价格	1415	1
合作建库	1068	2
财政补贴	103	3
企业所得税优惠	110	4
明确储气义务	1271	5
天然气交易实行市场定价	383	6
规范供气合同	615	7
发展规划公开信息服务	248	8
吸纳资金、技术和规模	53	9
增值税先退后征	29	10

通过将总分按照从大到小的顺序进行排列，可以得出管理者需求的优先级如下："两部制"价格>合作建库>财政补贴>企业所得税优惠>明确储气义务>天然气交易实行市场定价>规范供气合同>发展规划公开信息服务>吸纳资金、技术和规模>增值税先退后征。调

查数据表明，社会资本在提高投资回报和提供技术支持方面具有显著需求。针对不同类型社会资本的需求，相关政策不应仅提供资金支持，还需加强对合作模式的选择、资本收益的分配方式及义务确认等方面的关注，充分考虑社会资本的利益诉求。

第四节　社会资本参与地下储气库
建设后续政策需求意愿

综上所述，采用"两部制价格"机制和财政补贴政策，有效的价格机制有助于提升盈利能力，进而促进社会资本参与建立地下天然气储气库的积极性；"合作建库"这种有效的方式不仅能够减轻企业的财务压力，还能够提供建造技术、建库资源等各种优势。在此背景下，需要进一步提出后续政策，以满足管理者针对天然气储气库建设的需求意愿，通过针对储气需求、建造技术、盈利能力、信息服务和建库资源不同的需求提出具体的政策建议。对于"储气需求类"，实行供保责任和调峰定价，以满足储气需求。对于"建造技术类"，分别通过实行对外合作和自主建设等方式提高建造技术水平，进而提高建设效率；对于"盈利能力类"，可以考虑实行财政补贴、税收减免、合理化储气费用等措施，以帮助企业提高盈利能力；对于"信息服务类"，按照天然气储气库建设的发展进行规划，信息实行公开，以提高透明度；对于"建库资源类"，对天然气储气库建设进行企业开发和政府规划，以确保建造过程中资源的充分利用。

一、严格供气责任，培育储气市场

1. 严格供气责任

管道运营企业在实施天然气管网第三方准入后，将其天然气销售业务与外部业务进行分离，变成了独立的批发商，天然气市场交易模式具体如图7-1所示。首先，天然气销售企业可以直接向客户提供气源，其中包括批发商、零售商、下游大用户及独立储气商；其次，批发商则提供供气服务给零售商、大工业用户及储气商；再次，储气商负责向零售企业、批发企业和下游大客户提供气源；最后，零售企业将天然气提供给其下游客户。买卖双方之间形成契约关系，以确保供气安全并预防意外事件发生。在此框架下，双方需遵守既定规则和条件，从而有效监管和管理相关供气合同。

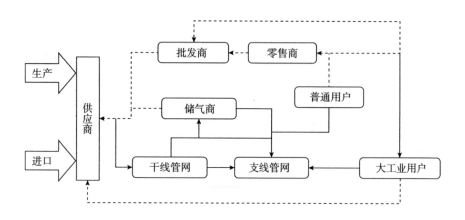

图7-1 天然气供应

以行政问责的方式强制供气者提供安全的天然气，这既增加了法律上的障碍和执法上的困难，也限制了震慑作用的发挥。目前，有关合同责任的法律法规已明确了与经济赔偿有关的规定。因此，在监管过程中，政府主管部门只需加强对供需双方遵守合同条款的监督力度，确保它们严格遵守已有的规则和要求。由于合同的立法门槛较低，并且具有较强的威慑力，因此这种监督措施是非常有效的。根据《天然气基础设施建设与运营管理办法》，如果企业没有履行储气义务，它将面临警告和强制改正等行政处罚，还需要承担法律赔偿责任。

2. 明确储气职责

在竞争激烈的天然气市场中，下游企业有两种选择来确保用气安全：第一种是与上游企业订立供气协议，要求供应商负责气源供应，并承担调峰责任。在履行调节峰值的职责时，供应商需要支付额外的调节费用以弥补储气成本。第二种是自行建造存储天然气的设备，并将其委托给专业存储企业进行代管，高峰期需要用气时则以高价购买天然气。对储气库的需求会受到委托上游企业调整平衡能力或下游企业自主建设的影响。天然气的调峰价格将会是一个自动的平衡系统，会使天然气在上游和下游企业间分配。但是，我国的天然气市场存在垄断情况，由国家严格调控价格，使价格控制机制实施效果有限。因此，为了确立储气和调峰责任的范围，需要采取法律手段，将其划分并分配给上下游企业。

国外的实践证明，当天然气储存服务市场存在利润空间时，天然气公司具有很强的创新能力。美国为弥补已经耗尽的石油与天然气，大量兴建地下储气库。而为了解决资源匮乏的问题，欧洲国家则选择在含水岩和地下盐穴等层位兴建大型储气库，并逐步发展价格昂贵的内衬岩洞储气库。政府在储气设施的建设中扮演着重要的角色，其主要任务是制定有利于储气库建设获取利润的政策，促进储气服务市场的发展。

3. 规范供气协议

尽管国家发展改革委在 2014 年 2 月颁布了《天然气基础设施建设与运营管理办法》，明确规定了上下游企业的储气和保供责任，但是，这种方法的缺点是上游企业没有明确承担季节性调峰的责任，而下游企业缺乏必要的约束，这导致它们在储气和调峰方面的责任不确定。为了确保天然气销售公司能够有效地履行储气和调峰职责，有必要在以下两个方面完善相关制度。此外，应考虑通过合同形式明确上游公司的储气和调峰职责，以确保制度得到有效执行。

需要聚焦于下游企业，确定储气的必要数量，以适应调峰气价的要求。供气责任首先指的是下游城市燃气运营企业为终端用户所承担的持续、稳定、安全、合格的供气责任。下游企业具备更丰富的信息和经验，可以更好地了解当地市场的气量需求和需求调节规律。为了充分利用储气库资源，它们可以选择与上游企业签订供应合同，以便在储气和调峰方面进行明确分工。同时，这种方式还能够明确上游企业的职责和义务，确保气量供应的可靠性和稳定性。此外，对于建立安全供气服务标准而言，制定合同是一个不可或缺的步骤，确保供气企业不会利用谈判优势逃避保供义务，可以保护下游企业和用户的权益，避免因为被迫接受不公平的合同条件而受到损失。标准契约是一种非法律契约，它不会受到立法权限的制约。而规范的合同条款则反映了公平的原则，并为其提供了一种模式。如果供气公司在未经批准的情况下对标准合同中的重要条款进行了修订，或迫使使用者签署不平等合同，那么使用者可以根据合同法的相关规定向法院申请确认不平等条款为无效条款。为了推动天然气储备设施建设进程，坚持公平竞争的原则，天然气主管部门应确保指定的标准合同或供气服务标准的合理性和可行性，综合考虑市场机制和储气成本，根据实际情况采取灵活的保供责任分配策略，以更好地满足天然气市场的需求。

二、理顺能源价格，体现储气价值

陈思源等（2016）提出，尽管政策层面正在积极推进天然气储备和储气设施的建设，但是现实中仍存在诸多实践难题。如果单纯依赖责任机制来推动企业建设地下天然气储气库，很可能会遭遇到各种抵制和推诿。企业从本质上是追逐利润的组织，因此，合理定价，让储气库的建设和储存变得有利可图，并用价格机制来引导企业投资天然气储气库建设尤为重要。

1. 天然气交易实行市场定价

瞿静川等（2022）提出，天然气储气库的业务现已呈现出产权独立化和经营自主化的趋势，导致原有定价模式的针对性和有效性明显下降，同时也衍生出许多运营难题。为了应对这些挑战，我们应该积极鼓励建立天然气储存设施，并对天然气进行市场化交易，实行市场化定价。在用气量达到峰值时，气价将会偏高。上游供气公司会积极投资储气设施，将天然气储存起来，在用气高峰期以较高的价格出售，以获得利润。下游公司作为最终用户，需要大量的天然气来满足不断增长的需求。为此，它们需要监测天然气的市场运动，并在价格较低的时候大量采购，以确保能够在高峰时期满足自己的需求。但对天然气的定价是建立在一个高效、竞争的燃气市场上的，若为"垄断"，则需对其进行限价控制。当前，国内的天然气工业存在两层垄断：一是上下游企业间的交易市场的垄断；二是城市燃气销售市场的垄断。天然气市场的上游少数公司和地方供气商占有主导地位，导致下游企业在市场竞争中处于劣势。因此，我们需要对天然气市场结构进行改革，以实现市场化定价，促进供应方的多元化，建立一个高效且有竞争力的市场。

要实施市场化定价，首先要进行天然气市场结构的改革，使供应方多元化，形成一个高效、具有竞争力的市场。为促进能源市场改革，新加坡采取了批发商制度，以解决天然气生产和进口存在的少数公司垄断问题。2001年，新加坡的天然气完全依赖于进口，消费额仅为 $9 \times 10^8 \, m^3$，供应国家包括马来西亚和印度尼西亚等国家，导致垄断的局面。为了改变这种局面，新加坡引入了批发商制度。通过一系列的调整和改革，新加坡的天然气市场逐渐向着竞争化的方向发展，市场份额逐渐分散。新加坡颁布的《天然气法》确立了关于天然气的四个主要基本原则：一是《天然气法》将天然气运输业务与其他竞争业务，如进口、分销、零售等分开；二是将天然气的输入网与低压输入网相结合，形成一个完整的输入网，并将其纳入气电公司的经营范围；三是天然气在运营过程中的各个环节都需要得到政府的特殊批准，任何一种特许权的拥有者都不能拥有其他拥有者的股权，建立特许经营制度；四是对输气管线及输气管网实施开放、无差别接入。中国可以学习新加坡的经验，建立若干家批发公司，其从上游采购，再卖给下游的公司。上游厂家按照国家的价格将天然气出售给批发厂家，批发厂家按照市场价格将天然气出售给下游厂家。为防止批发企业垄断，对地区单个批发企业在订购天然气点中的销量或购买比例设定最高限额。上游企业按照国家规定的价格将天然气出售给批发市场，不需要对天然气进行储存。在批发市场上，考虑到市场的竞争关系，可以让批发市场和下游用户自行协商定价，并承担相应的调峰责任。

2. "储""运"分离，引入市场定价机制

实现将天然气的储存设施与运输系统进行分离，这种方式被称为"储"与"运"相分离。对于具有自然垄断性的管道运输，一般采取政府定价并实行公平准入政策，而非自然垄断性质的天然气储气库，根据市场需求对产品进行定价可以免于执行平等开放政策的监管。虽然储气设施和管道系统均能独立运作，但选择采用储气设施有诸多优势，可以大幅提高管输效率和扩大运输容量，从而确保整个输气过程更为高效、连贯。若管网经营单位将天然气储存设施作为管网的一部分，以增加输气容量，则不再收取储气费，而是只收管道运输费用。当管道运营企业考虑剥离储气设施时，审批管道运输费用时应充分考虑适度减免储气库建设费用。政府可以对地下天然气储气库进行定价，也可以由市场定价。首先，我国拥有大量天然气储运设施，规模庞大，但相关费用居高不下。这样的规模意味着相关费用问题层出不穷，而定价机构在对每一项费用进行审查时也困境重重。其次，考虑到我国储气库资源的紧张程度，政府已实施市场化定价措施管理储气库，这让企业在较短时间内可获得更高的利润。最后，天然气储存服务的价格由市场决定，企业自负盈亏，从而避免了"政策损失"的产生。为实现天然气储运服务市场化定价，必须以天然气储运设施的独立经营和天然气储运服务市场

充满活力的市场竞争为前提。如果将天然气储存设施和输送设施进行"捆绑"管理，那么应当由政府统一定价。在全供气区域内，若单个储气库运营商垄断了市场，政府必须对其进行价格调控。对储气库经营者而言，无论是实行垄断还是实行价格自主权，均面临巨大的抉择。

3. 采用"两部制"定价机制

管道运输费用的波动将直接或间接地影响下游市场价格，从而对市场供求格局造成重大影响，也会引发市场的连锁反应。目前，我国当前的价格制度还存在缺陷，这给天然气储气库的投资和建设带来了限制，使社会资本难以发挥积极性。国家发展改革委于2005年发布了《国家发展改革委关于陕京管道输气系统天然气价格有关问题的通知》，规定在陕京二线通气一年后实行两部制价格，但该方案的价格设计存在一些不合理之处，主要构成部分是管道使用费（见表7-4）。按照"两部制"定价方式，用户必须缴纳较高的气量费用，以保证其在气量低谷期的稳定，而这部分气量将会被闲置或以较低的价格转出。为节约管道输送费用，防止管道输送能力的浪费，可采用建立储气库的方式，利用其在管道的低谷期进行储气。独立的天然气储运公司可以利用价格较低的运输费用来存储，然后在高峰时销售。"两部制"价格不仅可以满足不同天然气用户的需求，分摊管网建设和运营成本，还能够鼓励社会资本参与地下储气库建设，以便灵活地对天然气峰谷时段进行调节。

表7-4 陕京管道输气系统供各省（市）干线管道运输价格两部制费率

单位：元/m³

省份	管输费率			
	连续供气用户		可中断用户	
	管道容量费率	管道使用费率	最小费率	最大费率
陕西省（神木县）	0.073	0.07	0.07	0.14

省份	管输费率			
	连续供气用户		可中断用户	
	管道容量费率	管道使用费率	最小费率	最大费率
山西省	0.073	0.136	0.136	0.209
山东省	0.073	0.222	0.222	0.295
河北省	0.073	0.233	0.233	0.306
北京市	0.073	0.268	0.268	0.341
天津市	0.073	0.3	0.3	0.373
全线平均	0.073	0.241	0.241	0.314

资料来源：http：//fgcx. bjcourt. gov. cn：4601/law？fn = chl495s549. txt&dbt = chl。

三、实行财政补贴，分担部分成本

天然气储存是一项投资大、回收率高的工程。若完全依靠定价机制进行回收，则会增加市场风险，并会对下游产生很大的价格压力。为了更好地利用石油和天然气资源，可以在中央和地方政府的两个层面上给予适当比例的财政补贴，以实现对石油和天然气的合理分配。

1. 补贴形式

为了应对各种突发情况，满足人民群众的紧急需求，国家已经充分建立了广泛的应急储备，这些储备可以被分为两大类别：一类是国有资产，由公司代为保管；另一类是公司拥有，并得到国家的补助。政府对该公司提供的补贴是建立在其储备行为基础上的，只有在公司表现出一定程度的储备行为时，才能获得相应的补贴。如果缺乏储备行为，那么将无法获得相应的补贴资助。为了应对市场变化的需要，政府可以通过直接提供储备补贴强化其对储备物资的控制能力。这种储备物资数量调整方式具备高度的灵活性，允许政府在应对市场波动、满足紧急情况或者战略需求时进行有效干预和调控。但是，由于国家直接调拨是计划经济体制下的一种调控方式，导致市场反应迟钝，利益难以协调，甚至引发腐败和犯罪。国有企业采用代储方式储存石油，再根据实际储备量从政府那里获得对应的储备费用。但由于储备库的闲置成本难以收回，代储公司需要权衡风险和回报，以在储备和销售之间达到平衡。

与石油和食品等战略物资储备不同，天然气储备是以商业为主的。在补贴的方法上，可以根据储气库的建设规模，不同类型的储气库制定补贴标准。已建的储气库，完全由施工企业根据市场规律进行自主经营，不分配储气库的储气量。相对于目前国家在其他材料储备方面的资金投入，这一模式具有以下特征：一是根据天然气储存容量决定补助金额，既与天然气储存地点无关，也与实际造价无关，能够有效地减少管理费用，避免企业虚报费用，鼓励企业节省资金。二是仅对已经建好的天然气储备进行补助，避免企业在建造过程中出现延误。三是在进行储气设施分类后，大多数建设费用仍需通过实际运营和使用获取收益，仅有少部分成本会被政府补贴。这样既可以切实有效地促进储气设施的建设，还有助于避免不必要的资源浪费。四是补贴发放方式的不合理，导致政府提供的补贴一次性发放方式与储气库的实际使用情况之间缺乏直接联系。这一措施能够在建设初期为建设者提供必要资金支持，以降低其建设成本和风险，促进储气库的迅速建设和投入使用。同时，一次性的补贴也使政府能够更好地控制财政预算，避免因长期财政补贴导致的风险和负担。政府根据储气量进行定量补贴，使那些拥有优质资源的企业更为受益，尽管这在某种程度上存在不公平，但考虑到高质量资源优先被使用的市场规律，这种方式还是和市场运作机制相符的。

2. 补贴标准

将储气费用包含在销售价格中，这样可以有效地控制成本。同时，政府提供的资金补助对于企业实现投资回收、减轻市场价格压力意义重大。然而，需要考虑到补贴标准必须基于储气库的实际成本，既有利于企业，又能够促进企业的积极性，同时要避免高额补贴进行骗补或投入不必要的建设项目。不同类型的储气库建设投资成本可能存在较大的差异，如表7-5所示。

表7-5　不同类型的储气库建设投资成本　　单位：元/m³

储气库类型	欧洲	美国	中国
枯竭油气藏	5.0~9.2	1.7~4.2	0.84~3.3
含水层	5.8~9.2	2.5~4.2	2.5~5.0
盐穴	5.8~10.8	3.4~4.2	4.2
液化天然气	9.2~13.5	6.7~10.0	6.7~10.0
内村岩洞	16.7~25		

注：汇率：1元＝0.12欧元＝0.16美元。

资料来源：http：//center.cnpc.com.cn/bk/system/2017/11/13/001668244.shtml。

如果政府按实际造价来决定给企业的补助金额，则需对一座储气库的造价进行核定，这样不但会造成运行费用增加，还可能会产生腐败现象，使企业有虚报造价的动机。为此，政府可将已建成的、经过验证的有效库容作为补偿标准，在不考虑受助主体的实际费用的前提下，综合考虑各类储气库的造价差异。若以表7-5所列各种类型储气库建设费用的中位数为费用基础，以25%或35%为补贴标准，各种类型储气库的补贴方案如表7-6所示。

表7-6　各种类型储气库的补贴方案　　单位：元/m³

储气库类型	平均建设成本	补贴标准（25%）	补贴标准（35%）
枯竭油气藏	2.07	0.5175	0.7245
含水层	3.75	0.9375	1.3125
盐穴	4.2	1.05	1.47
液化天然气	8.35	2.0875	2.9225

储气设施建设的财政补助除了地下储气库和近海 LNG 接收站，其他各种日益普及的储气设施，如小型 LNG 储存器和高压气罐等，也应该被纳入财政补助范围，不应该受到限制。在现实生活中，小规模储气库、储气罐的单位储气量建设费用比大规模储气库、储气罐要高得多。因此，政府为减少管理费用，对于所有的天然气储存设施，不管其储存能力的大小、建设费用的高低，都只能按类别进行补贴。为了满足小型储气库有限的服务范围，当地政府有必要制定针对性的、差别化的补助政策，以满足需求。

3. 补贴规模

截至 2022 年底，全球已建成 716 座地下储气库，分布在 36 个国家，累计工作气量达到 $4230 \times 10^{8} \mathrm{m}^{3}$。我国只建成了 38 座地下储气库，这些地下储气库主要集中在华北地区和长江经济带。在天然气消费量方面，我国远落后于发达国家，工作气量仅为 $200 \times 10^{8} \mathrm{m}^{3}$，只占当年天然气消费量的 4.7%。而发达国家储气库的工作气量能达到当年天然气消费量的 17%~20%，日本可供消耗的液化天然气储备量为 80 天左右。根据法国苏伊士天然气公司的数据，在全球地下储气库现有工作气量中，占比最高的是枯竭油气藏储气库，占比为 80%；其次为地下含水层储量，占比为 13%；盐穴储量则占 7%。

我国天然气消费量于 2015 年达到 $1855 \times 10^{8} \mathrm{m}^{3}$，2020 年持续增加至 $3207 \times 10^{8} \mathrm{m}^{3}$，2022 年达到了 $3663 \times 10^{8} \mathrm{m}^{3}$。假设到 2025 年天然气消耗量继续增长，达到 $4500 \times 10^{8} \mathrm{m}^{3}$，储存气量占总消耗量的 8%，到 2030 年，消耗量将达到 $6000 \times 10^{8} \mathrm{m}^{3}$，占比将增至 15%，到 2040 年，天然气消耗量将达到 $8000 \times 10^{8} \mathrm{m}^{3}$，占比增至 25%。考虑国内情况和国际平均水平，将补贴幅度分别设置为 25% 和 35%，假设储气库分为枯竭油气藏、含水层、盐穴、液化天然气四类，分别占总储气能力的 70%、10%、5%、15%，进而确定的补贴规模如表 7-7 和表 7-8 所示。

表 7-7　储气库建设财政补贴规模（补贴 25%）

新增储气量及补贴额	储气库类型	枯竭油气藏	含水层	盐穴	LNG	合计
2025 年（8%）	新增储气能力（$\times 10^8 \mathrm{m}^3$）	252	36	18	54	360
	所需补贴额（$\times 10^8$ 元）	130.410	33.750	18.900	112.725	295.785
2030 年（15%）	新增储气能力（$\times 10^8 \mathrm{m}^3$）	378	54	27	81	540
	所需补贴额（$\times 10^8$ 元）	195.6150	50.6250	28.3500	169.0875	443.6775
	年均补贴额（$\times 10^8$ 元）	39.1230	10.1250	5.6700	33.8175	88.7355
2040 年（25%）	新增储气能力（$\times 10^8 \mathrm{m}^3$）	770	110	55	165	1100
	所需补贴额（$\times 10^8$ 元）	398.4750	103.1250	57.7500	344.4375	903.7875
	年均补贴额（$\times 10^8$ 元）	39.84750	10.31250	5.77500	34.44375	90.37875

表 7-8　储气库建设财政补贴规模（补贴 35%）

新增储气量及补贴额	储气库类型	枯竭油气藏	含水层	盐穴	LNG	合计
2025 年（8%）	新增储气能力（$\times 10^8 \mathrm{m}^3$）	252	36	18	54	360
	所需补贴额（$\times 10^8$ 元）	182.574	47.250	26.460	157.815	414.099
2030 年（15%）	新增储气能力（$\times 10^8 \mathrm{m}^3$）	378	54	27	81	540
	所需补贴额（$\times 10^8$ 元）	273.8610	70.8750	39.6900	236.7225	621.1485
	年均补贴额（$\times 10^8$ 元）	54.7722	14.1750	7.9380	47.3445	124.2297

新增储气量及补贴额	储气库类型	枯竭油气藏	含水层	盐穴	LNG	合计
2040 年（20%）	新增储气能力（$\times 10^8 m^3$）	770	110	55	165	1100
	所需补贴额（$\times 10^8$ 元）	557.8650	144.3750	80.8500	482.2125	1265.3025
	年均补贴额（$\times 10^8$ 元）	55.78650	14.43750	8.08500	48.22125	126.53025

若按建设费用的 25% 计算，则政府每年需要支出的财政补助金额约为 90 亿元；即使按 35% 的比例计算，每年的补贴金额也有 126.5 亿元。考虑到每年都有成千上万亿 m^3 的天然气被使用，则需要支付数十亿元的财政支持就不值一提了。

四、实行税收减免，激励企业投资

为了促进行业积极投资，提高储气库建设的运营收益预期，采取减税的优惠政策可以有效削减建设过程中的税费开支。税收优惠可分为建造期和运营期两个阶段。

1. 实施增值税"先退后征"

储气库建设初期支付的税赋主要来自垫底气和地表设备购置所产生的增值税和进口税且企业并未实现盈利。据苏伊士公司透露，建设地下自然气储存设施的投资不仅包括土地征用，还包含考察勘探、钻井作业、地面配套设施及天然气储存等众多方面。除了土地征用费用，其他费用在天然气储备中所占的比重如表 7-9 所示。

表 7-9　预计平均储气库投资成本组成　　　　单位:%

储气库类型	投资方面	勘探	垫底气	地面设施	井
枯竭油气藏		5	30	45	20

续表

投资方面 储气库类型	勘探	垫底气	地面设施	井
含水层	15	40	20	25
盐穴	5	15	50	30
LNG	0	0	100	0

资料来源：https://wenku.baidu.com/view/57be9cf48aeb172ded630b1c59eef8c75fbf9599.html?_wkts_=1690218986501。

关于地下储气库建设总投资的具体构成，占比较大的是垫底气，然而垫底气并不属于固定资产，因此无法进行资本化和计提折旧，也不属于无形资产范畴，因此无法进行摊销。鉴于垫底气的购置具有时效性，目前我国一般采用成本年值法，按照储气库年运行工作气量进行测算。国家对销售和进口天然气产品采用9%的税率征收增值税。假设该储气库总共需要投资30亿元，包括垫底气的费用占比40%，即12亿元，那么建设储气库购气费用中含有的增值税则为0.99亿元。由于天然气被用作垫底气不是用于销售，而是重新注入地下，使储气库公司对这笔增值税无法进行转嫁。储气库建设成本的计算涉及多个因素，其中地表设施及工程造价是主要影响因素。地面设施是一项固定资产，其增值税税率为13%。对于总投资高达30亿元的储气库而言，由于40%的投资用于垫底气，其他投资的增值税额高达2.07亿元，因此在该储气库建设投资中，国家征收的增值税额为3.06亿元。为促进我国储气库建设，可以采用"先退后征"政策，即国家将其在建设过程中所涉及的进项税全部返还给企业，企业销售或提供储气服务，按销项税征收，已返还的进项税不能再抵减。在税收分配体系中，增值税被视为中央地方共享税，分配比例为75%和25%。为避免加重地方负担，对于"先退"，是仅将中央共享部分返还给天然气储气库，地方共享部分不能退还，但可以从销项税额中扣除。按此标准，该储气库的建设资金可节约 2.295 亿元。

增值税实行"先退后征"与我国现行的增值税税率、出口退税等都有很大的区别。按照现行的增值税扣除政策,若进项税额超过了销项税额,剩余部分不得在当年扣除,无法减轻当年的税负。"先退后征"的做法实际上是将天然气储气库的增值税征收期限向后推迟,也就是说,企业在储气期间不用征收增值税,只有当项目完成并实现销售收入时才按照销售收入的比例来征税。另外,这种方式还有助于防止企业通过虚报储气量来逃税。通过实行"先退后征",不仅可以在建造期间减轻企业的税负,还可以有效地监管税收征收工作。

过去,政府曾推行针对石油设备及外商投资企业进口设备环节免征进口税政策。有企业建议在天然气储存设施建设中同样不征收进口环节税,但实际上这部分税收较低,并且减免该税会与鼓励设备国产化的政策相悖。

2. 实行企业所得税优惠政策

《中华人民共和国企业所得税法》第二十七条规定,从事国家重点扶持的公共基础设施项目投资经营的所得,可以享受免征、减征企业所得税的税收优惠。《中华人民共和国企业所得税法实施条例》第八十七条规定,企业所得税法第二十七条第(二)项所称国家重点扶持的公共基础设施项目,是指《公共基础设施项目企业所得税优惠目录》规定的港口码头、机场、铁路、公路、城市公共交通、电力、水利等项目。对于企业从事国家重点扶持的公共基础设施项目的投资经营的所得,自项目取得第一笔生产经营收入所属纳税年度起,第一年至第三年免征企业所得税,第四年至第六年减半征收企业所得税。但企业承包经营、承包建设和内部自建自用本条规定的项目,不得享受本条规定的企业所得税优惠。因此,天然气储气库企业可以根据自身情况,自行申报或不申报享受企业所得税优惠政策。如果企业想要获得税收减免,须将其视为公共基础设进行管理，实习第三方公平准入，同时由政府制定价格控制措施。

五、制定发展规划，提供信息公开

1. 提供公开信息服务

为确保储气设施的投资收益，企业需要在众多可行决策中选择最优方案。然而，企业的信息收集资源有限，获取市场信息相对不足，这可能会增加其投资决策的不确定性。政府主管部门能够通过召开会议、行业数据收集、公司报告提交等途径获取有效信息，尽可能地提高天然气行业的信息透明度，为企业的投资决策提供必要的信息支持。在此过程中，务必保护商业机密，不影响企业的正常经营。

政府可以利用社交媒体、电视、电台、期刊等多种方式向公众提供公开信息服务，出台相关政策，并向广大民众发布行业发展规划和报告，让公众了解相关信息，但是这些途径所获取的信息量不足且反应不及时。因此，设立一个能源部门的情报组织是明智的决定，该组织将负责收集、整理和发布有关能源产业的信息，以便于政府、能源企业和其他相关部门做出准确的决策。

2. 制定储气设施发展规划

国家发展改革委于2014年2月发布的《天然气基础设施建设与运营管理办法》规定，天然气基础设施建设和运营管理工作应当遵循统筹规划、分级管理、明确责任、确保供应、规范服务、加强监管的原则，培育和形成平等参与、公平竞争、有序发展的天然气市场。为了更好地规划和保障能源供应，有效提高能源利用效率，需要充分考虑对能源的需求，保障储气设施的维护和运营，确保储气设施的安全可靠性，注重环保和可持续发展，通过加强技术研发和设施建设来提高储气能力，同时合理利用现有资源，探索新的储气手段和技术。

建设储气库涉及巨额资金，并且面临着市场风险，且政府主管部门在地质、技术和市场方面相对缺乏专业知识，对投资风险的认知程度也有限。因此，地方政府要把储气库建设列入当地的发展计划中，优先保障天然气储存设施建设用地，并为企业提供场地等方面的咨询服务，尊重企业的商业决策自由，完善市场机制，在提高建设效率的同时将运营过程中的风险降至最低。

六、促进合作发展，创新商业策略

1. 吸纳技术、资金和管理经验

现阶段，国内已建成一批储气库，但因缺乏建设、运营和管理方面的经验，储气库数量和类型也相对有限。此外，国内还没有成功建造含水层储气库的经验，并且也缺乏独立运作的商业模式。李广群等（2000）提出，要促进我国天然气管道工业的发展，应积极推进国际合作，实现国际管道项目的跨境开发。近百年来，欧美等地区的发达国家的储气库建设已经有了显著的进展，相继推出了不同种类的储气库，范畴颇为广泛。我国针对内衬盐洞储气库的建设，也进行了初步的探索和研究。以合资或独资的形式引入外国投资者，在国内建设和运营储气库，有望推进我国的储气库技术，创新商业模式，并促进我国的储气设施建设。此举将为我国储气库建设进程注入新的活力，起到重要的促进作用。

外商对我国天然气储气库的投资一直停滞不前，原因有两个：一是缺乏可开采的石油、天然气、地下盐穴和含水岩层的储存库；二是天然气价格改革尚不够充分，且市场需求中缺乏有足够经济实力的参与者。随着储气义务的明确界定、供应责任的严格落实及价格机制的合理改进，储气服务的供需矛盾将逐步得到缓解。因此，为获取库源，政府除了鼓励我国社会资本与外国投资者合作建设，还可以积极承担部分库源建设，以鼓励外资企业独立投资建设。

建设储气库需要投入大量的资金。《国家发展改革委关于加快推进储气设施建设的指导意见》指出，各级政府要优先支持天然气

销售企业和所在区域用气峰谷差超过3：1、民生用气（包括居民生活、学校教学和学生生活、养老福利机构用气等）占比超过40%的城镇燃气经营企业建设储气设施。加大对储气设施投资企业的融资支持力度，积极支持符合条件的天然气销售企业和城镇天然气经营企业发行企业债券融资，拓宽融资渠道，增加直接融资规模。非垄断性储气设施在筹资方面，除了债务融资途径，还可以鼓励各类社会资本合作参与储气设施的建设和管理，从而缓解储气企业面临的财务压力。

2. 盘活建库资源

据能源信息署的统计，美国目前拥有414个地下储气库，其中330个是已枯竭的油气储藏地转型为储气库，占总储量的81.3%；另外，已经有40个盐穴储气库建成，占总储的10.67%；尽管盐穴储气库在总储气能力中所占比重不高，但它与地下高压储气罐相似，并具有快速调峰应急的能力，因此具有重要的作用。国内的石油、天然气及地下矿藏的所有权属于国家，不同于美国地下矿藏属于土地所有者。在这种垄断式的管理体制下，适合建造储气库的油气藏、盐穴等被国有企业控制，给其他企业带来了限制。已有储备资源的企业，若缺乏对储备资源的热情，将导致储备资源荒废和损坏。为了充分利用现有的建库资源，推动储气库建设进程，国家可通过招标、拍卖、挂牌等方式，开放一部分建库资源。

金坛盐穴储气库是中国石油西气东输工程的配套项目，因其在充填过程中产生的卤水不能有效地处置而延误了项目的进度。根据中国石油相关人士的说法，中国石油开采出来的卤水不仅不能被利用，还须由水库建设方自费处理，极大地增加了水库建设的时间和成本。而港华公司和盐业公司在储气库建设领域展开合作，实现了双赢的结果。盐业公司专注于储气库的建造和开采，港华公司负责注采设施及地表工程相关的工作。最终，储气库为盐业公司所有，港华公司签署长期租用协议支付租金。这种协作方式不仅使盐业公司可以从盐矿开采之外获得租赁收益，也激励它们积极参与储气库建设。对于港华公司，不仅节省了建设储气库的成本，也只需支付少量的租金。

第五节　本章小结

本章主要围绕社会资本参与地下储气库建设政策的需求意愿及后续政策优先序进行分析。首先，通过梳理相关政策措施需求意愿，将影响社会资本参与天然气储气库建设政策需求优先序的因素分为五类：第一类为"储气需求类"、第二类为"建造技术类"、第三类为"盈利能力类"、第四类为"信息服务类"和第五类为"建库资源类"。其次，结合社会资本需求，选定天然气储气库建设政策的子政策，对不同行业领域的管理者展开问卷调查，将调研数据进行实证分析，按照管理者对政策需求的强烈程度进行排名，并采用总分排序法，进一步确定政策需求的优先次序。最后，将总分排序法与实际调查结果相结合，得到管理者对天然气储气库建设政策需求的最终次序。经过上述分析，本书有助于深入了解天然气储气库建设政策的相关问题，并对其进行更加科学和全面的规划和指导。

根据需求最终次序分析发现，价格、开发、调峰、补贴等因素是影响管理者对天然气储气库建设政策需求的主要因素。这表明，应该重点关注建设天然气对社会资本盈利方面的影响。因此，需要政府以目前的情况为依据，调整地下天然气储气库建设政策，积极推动我国的社会资本参与天然气储气库建设。

第八章　社会资本参与地下储气库建设的政策优化路径及制度安排

第一节　路径优化的基本思路

现阶段，我国储气库建设仍是由政府主导，在一定程度上影响了我国储气库的建设和发展。为促进我国地下储气库发展，社会资本需要在设施建设中占据主导地位。正如本书前文实证结果所述：当前在我国地下储气库的建设中，社会资本投入仍有较大的提升空间，需要进一步加强相关政策的制定，以吸引更多的社会资本参与地下储气库建设。在第七章对社会资本参与地下储气库建设政策的需求意愿及后续政策优先序分析的基础上，本章立足于调动社会资本投资的积极性，提出优化社会资本参与地下储气库建设的政策路径，以期发挥社会资本投资经营的优势，克服其劣势，这不仅能使社会资本成为具有竞争优势的投资方，还能促进社会资本的成长，充分调动社会资本投资地下储气库建设的积极性。

一、路径优化的依据

本节将展示社会资本参与储气库建设发展路径优化的依据，以便对地下储气库建设的发展路径进行优化，其依据主要是从以下入手：

第一，国际经验启示。由于国内对于地下储气库支持政策的研究尚处于初始探索阶段，因此对于深层次的问题研究相对有限，如，地下储气库的税收优惠政策及社会资本对于该政策的需要程度。因此，本书在第四章通过分析国外主要发达国家和地区地下储气库市场化运营管理经验，总结我国天然气地下储气库建设的政策实践经验，得到了以下启示：充分利用政府的支持及先进的科技与装备，完善地下储气库市场化运营模式等。

第二，在建设地下储气库支持政策下，对影响社会资本投资意愿的因素进行分析。本书在第五章通过对限制社会资本投资行为背后深层次的制度环境因素和政策支持因素进行机理分析，发现天然气价格的变化、国家财税支持政策的变化等因素影响了社会资本投资行为。从政策因素来看，天然气价格的稳定、国家财税政策的支持对社会资本投资积极性的提高有显著的正效应。因此，社会资本投资地下储气库建设的行为有很大的提升空间。本书在第六章从天然气消费市场变化、天然气地下储气库成本及经济效益、天然气产业财税政策对天然气产业的综合影响、地下储气库投资相关风险四个方面，分析了可能会影响社会资本投资天然气地下储气库的因素，实证结果表明政策将会显著影响投资者的行为，从而说明社会资本投资地下储气库建设的空间有待提升。

第三，储气库建设发展的价值取向。作为天然气上下游产业的核心环节，地下储气库对于维护国家能源安全、保障国计民生具有重要意义。鉴于国内的天然气资源分配不均和供需不平衡的现状，我们需要依赖进口天然气来满足国家对天然气的需求。但是，由于极端天气条件和突发事件等原因，进口过程存在一定的风险，从而可能导致天然气进口增长缓慢。另外，中国的天然气消费存在地域性和季节性差异。因此，通过积极开发地下天然气储存，提高天然气储存能力，对于确保国家持续供应天然气具有至关重要的意义。

因此，在前述实证分析结论和国际经验启示的基础上，本章提出鼓励社会资本积极参与地下储气库建设的优化路径，主要内容包括以下两个部分：一是社会资本参与地下储气库建设路径优化的依据、要求、原则和目标等总体发展思路；二是从政策优化路径和制度安排两个方面提出建议。

二、路径优化的要求

现阶段，促进社会资本参与投资地下储气库建设必须以习近平"新时代中国特色社会主义思想"为指导，全面贯彻党的二十大精神，统筹推进"五位一体"总体布局、以"四个全面"为整体，贯彻落实中共中央、国务院关于深化石油天然气体制改革，加快石油天然气生产、储存、销售的要求，按照能源革命的战略思路，加快建设天然气储存设施，明确政府、供气公司、管道公司、城镇燃气公司、大用户等各方在天然气储存、调峰等方面的责任。因此，要建立和完善储气库辅助性服务的市场机制，以保证储气库的正常运行。同时，形成政府与社会资本共同承担成本的储气调峰体系，为推动天然气在国家新能源系统中作为主要发展能源提供重要支撑。

遵循能源革命策略。努力解决我国天然气储气库分布不均的问题，同时弥补天然气储气能力短板，遵循能源革命战略布局，利用资源优势，重塑国际合作与竞争优势。具体地说，应充分利用国家能源革命战略思想，构建新发展格局的战略布局，以国内大循环为基础，对地方与城镇燃气公司的储气能力进行统筹，充分利用地方和城镇的巨大消费潜力，使国内地区间形成双循环、相互促进的发展局面。

以国内大循环为基础，建设新的发展格局。我国地下储气库主要分布在中西部地区，而我国东南部地区需求较大。尽管近年来不断引进国外技术，但我国地下储气库行业目前仍处于发展初期，建设量较少且分布较为散乱，无法完全满足长三角、中南部和东南部等地区的需求。因此，必须在每个区域原有的基础上，强化天然气储存库基础设施建设，以求解决各种类型用户需求差异及负荷波动性对供应能力造成的影响等问题，保障生产和生活的需要。

三、路径优化的原则

第一，划分责任。管道公司应重在承担应急责任，这是因为在履行管输服务合同这一过程中，管道公司主要负责对其供应的城市煤气设施及非本单位的其他煤气设施进行维修、抢修和更新工作。而城市燃气公司应承担供气市场按时调峰的责任。在调峰期间，日调峰的责任单位应由地方政府统筹落实，这是因为对于城市燃气公司来说，其供气市场是相对固定和封闭的。

第二，坚持以市场为导向，进一步推动燃气价格市场化，并在全国范围内推行燃气合同。通过市场竞争形成储气服务价格和储气设施天然气购销价格，建立一套以市场为导向的储气调峰辅助服务机制，鼓励企业通过合建、租赁的方式，或与第三方公司合作购买储气设施，以实现天然气的储存和管理。

第三，加强统筹协调。充分发挥油气企业主体作用，完善储气设施建设工作机制，按照"布局合理、建设有序、运行高效"的原则，建立"以地下储气库和近海 LNG 接收站为主要储气对象、以内陆集约为主、以大型 LNG 储罐为辅、以应急为主"的多级储气调峰体系。

第四，加强对行业的监督管理。对违法乱纪、工作不到位的企业进行约谈、追究责任、严肃处理。政府及油气行业信用体系建设和监管范围应将企业建设储气设施、如何保障居民用气、履行合同规定等行为包括在内，以确保各方都能严格遵守标准和规定，确保油气行业的可持续发展。

四、路径优化的目标

1. 建立和完善储气能力指标

进一步加强地下储气库建设。供气企业应当在本企业燃气管网覆盖区域内，按照国家和省有关规定，建设不少于本企业年合同销售额15%的储气设施。供气企业在本企业燃气管网覆盖区域内的储气设施应与其他储气设施互联互通，并实现应急状态下的互保互供。

同时，由县级以上人民政府指定部门会同相关部门建立和健全天然气应急储备体系。其中，城镇燃气企业根据相关规定要求，建立和改进自己的天然气储存量指标体系，其他企业按照合同约定或者国家、省的相关规定，确保天然气储存容量。当遇到突发事件或者紧急情况时，一定要最大限度地确保与人民群众生活有着紧密联系的民生用气的安全。城市燃气经营企业应当根据与不可中断用户签订的购销合同，结合本地区实际，统筹安排用户的供气安全，优先保障居民、公共交通、商业等民生用气。并鼓励社会资本大力投资地下储气库建设，与城市燃气经营企业储气能力相匹配。

对于天然气储量指标不能重叠计算。2023年之后，各方面储气容量的匹配程度，要根据本年度的合同容量或实际使用容量，结合以上各项指标规定进行评估。作为一项暂时的过渡措施，对已有储备能力不达标部分，要与可中断用户签署可中断供应合同，并向可中断用户购买调峰能力，以实现稳定供给的目标。同时，各方面要按照2023年天然气储备评估指标及与当前天然气储备能力的匹配程度，将剩余的天然气储备设施建设计划和项目落实到位。

2. 规定指标核定范围

依据相关规则要求，对所涉及的标准指标及其核定范围进行制定和确认，以确保储气指标核定过程的科学性和准确性。储气指标的核定范围包括：一是天然气地下储存器的工作容量。二是沿岸液化天然气接收站的储罐容量。其储罐容量包括：①在建设完成后，其储存容量应以其储存容器容积与其每一项目储存容量的比值来计算；②在没有建设完成的情况下，其储存容量应根据其储存容器容积与其每一项目储存容量之比来决定。三是已有一定规模的 LNG 和

CNG 储罐能够满足下游配电网和终端气化站的需求。四是对中外合资建立的天然气储存设施，可以将其储存容量按照出资比例进行拆分，作为对各出资人的考核指标。具体的指标确认方案，应当通过有关的合同或者合作协议予以明确。同时，在储气指标核定之后，还需要制定相应的管理措施，以确保储气指标的合理利用和保护。综合考虑社会资本参与地下储气库建设的特点以及我国地方和城镇的战略需求，社会资本积极参与地下储气库建设路径优化的目标是：提高储气能力，规范储气指标核定范围，并最终实现我国天然气供需平衡。

第二节　路径优化的宏观引导

在目前的经济形势下，为促进地下储气库发展，提高天然气供给的安全性，需要采取措施来加大社会资本对地下储气库的投资意愿，从而促进社会资本的投资行为。这可以通过加强对天然气储存的政策扶持来激励社会资本的投资。同时，对地下储气库的布置进行深入研究，推动政策创新以加强关键技术。此外，对于规模优化，应着力推进城镇燃气规范管理和规模化整合，实现资源的充分利用，降低生产经营成本，提高企业经济效益，并为市民提供更为高效优质的服务。同时，是否获取利润也直接影响社会资本投资的积极性，可以通过建立定价策略和灵活的价格调整机制来维护市场份额和竞争力，以促进社会资本投资的积极性。

一、政策优化：强化地下储气库支持政策

1. 加强土地利用保障，促进项目迅速推进

加强对土地和其他审批方面的扶持。为加快天然气储存设施建

设，各地区要在土地使用、规划许可、环境影响评价、安全评价等方面加大对天然气储存设施建设的扶持力度，保障天然气储存设施建设土地需求。对分阶段建设的天然气储存设施，要做好新增用地的统筹安排。同时，还要根据国家天然气发展规划，结合本地实际，合理制定和完善天然气发展规划，统筹安排天然气发展规划和基础设施布局，进一步优化城市燃气规划设计方案。按照国家和省相关要求，进一步加强城市燃气行业环境影响评价工作。对天然气储存设施项目的土地，凡属《划拨用地目录》范围内的，一律划拨，按土地价格征收。

为加快国家规划地下储气库、LNG 接收站及相应管道的建设进度，各企业应积极行动。同时，各省（区、市）有关部门也应给予政策支持，共同推动工程进展。各省（区、市）有关部门应当确保本地区应急储气设施建设规划与土地利用、城乡建设等规划之间的协调，简化审批流程，并保证储气设施建设用地需求得到优先保障。此外，还应该鼓励储气设施实行集约化运营，共同使用设施，为减少用地和降低运营成本，可以倡导建设区域级和省级的应急储气中心。

2. 加强财政税收方面的支持

多措并举，加快天然气储备的建设。在建立储气库时，要遵循"谁投资，谁获益"的原则，以已有的储蓄和国家财政政策为依据，把中国石油、中国石化作为主要的投资对象，积极投资储库建设。鼓励社会资金以独资或与中国石油、中国石化合作等方式共同参与建立地下天然气储备系统。各地要采取优先项目、财政、税费补贴和政策支持等多种形式，鼓励当地企业投资建设天然气储气库。同时，要积极与地方企业开展合作，共同参与储气库的建设。各级政府还要加速对储气库的管理和运作，扩大其建设规模。在风险防范的前提下，鼓励地方政府、金融机构、企业等创新合作机制和投融资模式，通过利用贷款、基金、租赁、证券等多种金融工具积极推进政府和社会资本合作，吸引社会资本积极参与储气设施建设和运营。

在精确计量的前提下，对满足储备指标要求的企业，研究实施地下储气库的配套支持政策。天然气储存设施的运营企业，按照现行的增值税期末留抵税额退税政策执行；鼓励地方政府利用专项债投资建设符合要求的天然气储存设施；鼓励金融机构向天然气储存设施提供多元化的金融服务。支持天然气储备公司的债券融资和天然气储备项目的发展；积极制定投资扶持政策，对天然气储存设施进行财政补贴和奖励；同时，政府在政策上给予支持、审批等方面的便利，营造一个良好的市场环境，促进价格机制的形成。

3. 开展符合国情的项目评价体系

为符合我国国情，必须在现有 VFM 评价体系的基础上，找出一个可行性评价体系。财政部发布的操作指南规定了 PPP 项目所需遵循的流程：项目识别→准备→采购→执行→移交。其中，在项目识别和准备中进行科学论证和决策是确保项目成功实施的必要条件。值得注意的是，这些论证和决策并非针对采用 PPP 模式而做出，而是需要系统地论证该项目是否具有必要性及可行性，并且这一点至关重要。根据政府投资方式，需要对该项目在技术、工程和市场等方面进行可行性研究，以确认其是否符合经济发展需求，并判断引入社会资本是否可行。同时考虑到社会资本投资条件及获取回报所需时间间隔等问题，在第三方评估与政府审批后进一步了解引入社会资本后能否优化投资效果与提高收益风险分配等信息。在 PPP 项目进行评价时，不能仅依赖于单一的成本效益（VFM）分析方法；针对不同类型 PPP 项目的市场需求和政府需求，进行可行性研究及风险评估等多方面分析。在 PPP 项目的评价中，VFM 主要用于对采用和不采用该模式的项目成本进行比较，而可行性论证则需要综合考虑经济价值、技术创新价值、环境改善价值和社会发展等方面的因素。因此，正确的决策是确保项目成功实施的关键。同时引入第三方评估机构能够公正评估项目，并降低各利益相关方道德风险、避免利益转移，提高整体运行效率，并促进政府科学决策和精细管理。

4. 完善地下储气库投融资机制

地下储气库能够带来自身产生的经济效益以及对天然气产业链上下游所带来的协同效应，因此从长远角度来看地下储气库投资是具有可盈利性的。目前，我国主要由中国石油化工集团有限公司、中国海洋石油集团有限公司和中国石油天然气股份有限公司等大型能源企业进行投资。为了实现多元化投资主体并响应国家号召，建议采用混合所有制、与地方政府或民企合作、PPP融资及租赁等方式促进项目的实施。除了以上方法，在进行地下储气库设施的投入时，还需尽可能选择未枯竭型石油资源，以降低成本并节约整个项目固定基础设施费用。

PPP模式因其融资功能优势，得到公共和私营部门的青睐。中标者需要在规定期限内完成融资并签署特许经营权协议才能生效，否则会取消中标资格并没收保证金。遵守招标流程有利于项目顺利运行。调查发现，PPP项目在融资体系中债务比率较高，因此需要多样化的融资工具和条件。银行贷款是广泛使用的一种方式，但存在单一性问题。其他可尝试方式包括发行政府或企业债券、实现股权投入及吸引长期稳定收益基金等参与项目融资，且根据不同优势进行不同方式参与PPP项目的支持机构也应当如此操作。商业银行可以通过自身投行部门以债权人身份参与解决财政困难问题，在PPP项目有回报后，是否取得满意的收益率也很有可能进一步影响未来被投资的项目。可以通过直接投资的形式，如资产管理计划、信托计划等方式，或是购买证券化产品作为项目受益者来进行基础设施建设的投资。目前，保险资金主要采用债权投资的方式进行基础设施建设的融资。例如，在股权投资方面，可参与成立PPP项目基金以共同支持相关项目公司发展。除了提供股权，该类基金还可以提供债务和担保等其他支持形式，只有在 PPP 市场融资环境改善后才选择退出。此主要作用是通过以股票投资的方式缓解初期 PPP 项目所面临的财务压力，并能够吸引更多社会资本注入该领域中且发挥潜力。

二、技术优化：发展和推广储气库科技和装备

1. 科学确定储气库工作压力，提高储气能力

强化在储气领域的技术和装备发展，不断完善我国储气库科技发展战略，推动政策创新，鼓励企业积极参与储气库科技研发。目前，国内所建成的天然气储层均采用原储层的孔隙水压力来确定其上限工作压力，虽然这样做是安全的，但不能充分发挥建筑的承载力优势。这是因为，原始储层孔隙水压力只是油气运移的一种表征，不能体现出地质结构的内在承载力，其失稳状态与储层的地应力、岩体力等因素密切相关。而美国、加拿大等国家都明确提出了最大安全气库储存压强是以储层、盖层破断压力 80% 为上限的。

因此，在这个问题上，必须科学确定我国天然气库区地质结构的安全承载力，并根据国际天然气库容的最高安全压强，提升我国现有及正在建设的天然气库的工作压强及储气容量。目前，我国在新疆呼图壁、江苏金坛等地已进行了初步的工作压力提高试点，并取得了一定的成果。大庆升平气库储层的最高压力是 32Mpa，其工作气体容量只有 $24 \times 10^8 m^3$。如果将气压提高到 36.5Mpa（相当于 10 个大气压），则工作空气的容量将增加一倍，达到 $48 \times 10^8 m^3$。

尽管如此，我国储气库技术水平与发达国家相比还有很大的差距，如缺少高压大容量注采的核心技术和装备、注气压缩机仍然依靠进口，这些都给钻井等建库项目带来了更高的技术需求。基于此，提出以下建议：①中石化储气库的建设有其自己的特点，而且不同类型的储气库目前的技术水平也存在很大的差异，应当站在国内建库规划和选址的立场上，充分发挥科学研究的优势，集中力量

在关键技术上取得突破。在此基础上，进一步开展地下储气工程地质评价、注排机理及廉价储气监测等方面的研究。②在学习国外储气库建设技术的基础上，对与我国石化储气库地质特点相适应的核心技术进行研究，将储层渗流作为主要内容。在此基础上，以井—面为限制，强化数值仿真技术在油气藏中的运用，建立"地下—地表"一体化的油气藏数值仿真模型，将两者有机结合，实现油气藏"井—井—地表"一体化设计、运行与管理。③对于与美国、法国、德国等国家的科研合作，应加大科研力度，争取早日攻克该领域的关键技术难题。

2. 利用地下采盐溶腔改建储气库

加强对盐溶腔改造为储气库技术的优化，同时开展综合支持工作，制定相应的技术规范和标准。李文阳和闫建文（2018）认为，"十一五"时期，中国石油在江苏金坛利用取套重新完井技术成功地将5个采盐形成的溶腔改建成储气库，形成近 $1 \times 10^8 m^3$ 的工作气量，有力支撑了西气东输管道安全平稳供气。实践表明，该方法有效地改善了采盐后闲置的溶腔。经过严密的技术检验、评估，合理的工艺参数，精细的施工作业和可靠地监测，成功将该井改造成一个天然气储存库。将采盐空洞改为储气库省去空洞工艺，不仅可缩短三年多的时间，还可节约大量空洞的电力，减少工程投资。据不完全统计，江苏、河南、安徽、山东、云南、青海等地还有400余座空置溶洞，经试验评估，其中1/3的空置溶洞可被改造，可储气 $20 \times 10^8 \sim 25 \times 10^8 m^3$。

尽管我国已经有了将盐溶腔改造为储气库的成功案例，但由于这是首次在国际上采用该技术，因此需要技术研发部门加强总结并改进该技术，同时提供综合支持，并制定相关的技术标准和规范。

3. 加强地下含水层建造气库技术，增加气库地质资源

中国东部储气库匮乏的根本原因在于中国的地质特征，能够建造天然气库的资源基本被开发利用，甚至华北地区的苏桥天然气田，都已建成天然气储库。根据IGU统计，全世界有近百座含水层

储气库，工作气量达 $457×10^8 m^3$。俄罗斯共有 25 座储气库，其中 8 座含水层储气库的工作气量为 $253×10^8 m^3$，占总工作气量的 29%。法国共有 15 座储气库，其中 12 座含水层储气库工作气是总气量的 90%①。

第一，尽管在国内已有利用含水层建设水库的研究，但在实践层面尚未展开兴建水库的工程。分析其中的原因：一是多年来，石油和固体矿物的寻找是地质勘探的重点，而对于中浅层的含水构造勘探数据很少，现在只有石油勘探和矿产勘探的部分资料。因此，到目前为止，在我国东部一些经济比较发达的区域，还没有找到具有中等埋藏区域、大范围圈闭和大范围构造的含水层。二是由于油藏快速注采过程中气水两相渗流驱动机制过于复杂。气水两相渗流是复杂油藏快速注采过程中，在地下形成的一种气液两相渗流形式。为了提高采收率和改善开发效果，需要了解储层中不同类型的孔隙和裂缝对气水两相渗流的影响。目前，这方面还存在很多问题。此外，结构完整性评价与控制、合理的注采参数设定等关键技术也亟待突破。

第二，还需研发复杂地质条件储气库地面工程关键技术和装备，实现核心装备国产化，摆脱进口依赖。同时，还需形成高压高转速往复式注气压缩机组制造技术、大规模高效国产化烃水露点控制装置、水下精确爆燃双金属复合管制造技术、双金属机械复合管聚合物增强工艺技术、站场设施安全监测及评估技术，以增加气库地质资源。由于缺乏可建库的条件，我国目前基本只在含水层、盐层中才能建库，且盐岩地层建库工作正处于起步阶段。因此，为加快储气库建设进程，应加紧进行水层地层建库技术攻关，争取早日取得突破性进展。

第三，针对我国储气库井筒高品质建设及长寿命运行的需求，为提高复杂地质条件下储气库钻采与井筒监控关键技术，应开展系

① 资料来源：https://baijiahao.baidu.com/s? id = 1687044129241965111&wfr = spider& for = pc。

统创新，形成大压差钻井防漏堵漏及储层保护技术、韧性水泥浆固井技术、老井利用及疑难复杂井处置技术、大流量注采完井技术、并简监控与评价技术等。

4. 推广盐层双井技术，增强天然气储备能力

积极倡导盐层双井技术，增强天然气的储备能力。盐层气库双井成穴工艺的应用，可以在紧急情况下，利用水力将储穴中的垫底气完全替换掉，使储穴中的垫底气得以开采。尽管该技术比单井建腔多打一口井，但是因为减少了溶解盐液注入循环压力，省去了不压井的操作步骤，所以其造价与单井建腔相当，而且能够将约占水库容积40%的垫底气转为战略性储备气，在紧急情况下起到保障供应的作用。中国石化在金坛、淮安、云应、平顶山地区的储气库将利用两口井共同构筑空穴，并在未来几年内建成后投入使用，作为长期的战略性储气库，对于我国的能源安全保障具有重要的意义。

在推行岩层双井技术的过程中，各种形式的气田都有其各自的危险因子，必须加强对可燃性、易爆性气体的安全管理。在安全环保管理和风险控制能力上，我国主要在稳定性评估、优化运行管理和密封性检验等技术上较为薄弱。在此基础上，提出一种新的解决方案：①对储气库进行安全性分析，提高其安全度；②以事故防范为核心，系统地评估储气库的安全性，找到薄弱环节，采取有效的安全措施对危险进行控制和排除，加强标准化工作，着力抓基础、抓标准，根据储气库运行特点，强化生产指挥平台的建设。中国天然气储气库建设仍是一项艰巨的任务，应继续加大技术攻关力度，研究大型储气库协同建设的新技术，推动政策创新，促进社会资本进行关键设备的研发，为储气库高质量建设提供有力的技术支持，保障我国天然气供给安全。

三、规模优化：推进城镇燃气规范化管理和规模化整合

1. 加强规划引导，提高用气总量

在当前的社会背景下，加强规划引导的作用日益凸显。通过更

加科学和合理的规划，可以提高天然气效率和保障天然气供应，实现可持续发展。在实施过程中，将城市燃气发展作为切入点和落脚点，对城市燃气行业的发展进行科学规划，使其成为一个能源充足的地区，并将其资源优势转化为经济优势，以推动经济的发展和壮大。

我国还需在商业储备的基础上，加强管网运营和管理，并制定相应的运营和管理政策，确保其稳定运行和服务水平不断提高。应规划并建立符合我国国情的天然气战略储备规模和模式，支持天然气主支线管网建设，进一步完善天然气管网布局，优化输气主干管道，形成我国天然气主干线在省域内互联互通、布局优化的官网建构。通过加快推进国家级输气干线和省际管网的连接，加强储气调峰设施的建设，以提高各省管道与国家级输气干线和省际管网的互联互通程度，实现多渠道的资源供应，从而提高天然气供应的保障水平。与此同时，制定一系列的激励和补贴政策，以支持城市天然气工业的发展，加强对乡镇天然气的气化建设及提高天然气公共服务的质量，使用户能够更好地享受现有成果。

强化整体规划和布局。各地区按照国家石油、天然气等相关规划及国务院对各环节主要储气库的规定，编制并公布国家每年重点储气库建设项目目录；同时，还应制定并公布各地区天然气储存设施建设专项规划，提交各区域天然气储存设施建设项目目录；指导有较大峰谷差或需求增长较快的地区，按照一定程序留足发展空间，分阶段、有秩序地进行建设。调整并结束层层递进的储气量管理模式，避免小型化、分散化，从源头上消除安全隐患。

加快调峰气田的建设，加大对上游地区的天然气供给。建设调峰气田的目的是对整个气区的天然气供应进行调整，根据市场的需要，对储层物理性好、具有较强的注入和产出能力的气田进行注气和生产。在国外，许多大气田都有一套不以采收率为主要目标的"调峰"系统，这种系统在平衡气田产量、满足市场需求方面具有良好的作用。

借鉴国外优秀建库经验。为解决目前我国天然气开采中存在的采气井产量结构波动大的问题，参考国外的成功经验，选择适当的储层，通过调整地表集输流程，将其转变为调峰气田，在夏天时，将市场上的剩余天然气注入调峰气田，在冬天进行高速开采。该方法不仅可以增加气田在高峰时段的供气容量，减少长时间的输送网络系统调节的工作量，而且产出的气体只要进行简单的脱水处理就可以直接进入调峰气田，节约纯化处理的成本。

2. 改进管理体制，规范市场运作

制定全面的能源战略、规划和政策，以调控能源总量平衡，保障能源供应的安全。借鉴浙江、云南等地的成功经验，完善我国对特许经营工程的监督机制，进一步明晰燃气公司的业务和服务水平，以最大限度地保护用户的利益。加强对城镇燃气市场的控制，梳理当前城镇燃气特许经营合约，对合同条款和紧急情况计划的完整性、正确性进行评价。对于尚未签署或有瑕疵的专利，可在评估结果的基础上补充、重新签名或重新竞标，并统一特许授权的模板。

加强企业日常监督与考核，重点关注运营主体的合同履行能力、供应保障能力、服务质量和用户投诉处理情况、安全防控及应急救援能力保障等方面，保证企业承担社会责任，提供优质的燃气服务。对于评估不合格的公司，要责令其进行改造，如果没有改造的能力，或者改造的效果很差，就应当终止合作，暂时由政府接手，并尽快完成特许经营的重新招标工作，引进有实力、有信誉的专业运营公司，确保用户能享受稳定的天然气供应。同时，还需与相关部门进行协调，共同推进能源管理和监管工作的顺利进行。

3. 推动规模化整合，为人民谋福利

鉴于我国城市天然气行业的运行特点，应增加生产和运营企业的规模并降低其运营成本，通过降低终端天然气价格进一步向用户发放改革红利。同时，实现产业链的协调，可以降低当地政府的管理成本，减少企业间的冲突和对抗。将区域内实行同网同价，逐步推广到全国范围内的用户，使其不再因为地域、城乡的不同而花费更多的经济代价，享受同等优质天然气公共服务。

四、价格优化：完善终端销售价格疏导渠道

1. 以热值计量为契机推动市场化改革

天然气的上游公司都是从管道中购买热值计量，然后通过换算以容积为单位进行出售。该计量既要考虑各类型天然气的热值差别、石油价格、汇率等因素的影响，也要考虑各类型天然气在各阶段的转化损失。

由于中国对液化石油气及通过管道输送天然气的需求不断增加，因此，公司与消费者之间的交易争端越来越多。采用热值计量方法将有助于建立公平合理的市场天然气定价机制，使不同等级天然气价格差别得以体现，更好地与国际天然气交易中的计量标准接轨。上游厂家针对客户的需求发布对应的热值，根据不同的区域和用户的需要，推广不同热值的天然气，让用户能够比较清楚地了解不同类型的能源，以此做出最优选择，使天然气原有的商品价值性质得到充分发挥。以进口 LNG 为例，充分发挥其高热值和优良气态的优势，通过直接供应方式，提高其在近海 LNG 接收站的价格水平，如工业和发电厂等，从而提高市场销量。同时，在用户对于天然气需求较为稳定的情况下，可根据市场的实际情况，合理调整进口液化天然气的采购期，降低因石油、汇率等因素造成的风险。在签署买卖合同时，各方应在条款中约定燃气热值的定价方法及交货标准，并对交货时因燃气热值变动而产生的计量偏差及由此产生的损益予以确认，以避免产生不必要的计量争议。

2. 合理确定管道输配气的准许收益率

目前，完善我国天然气定价机制的当务之急，就是要抓住管网

运行机制改革这一机遇，降低过高的管线天然气许可回报率，通过优化天然气产业链定价，正确处理进口天然气亏损问题，以实现天然气全产业链的持续发展。天然气管网输配和电力电网输配都是网络型自然垄断行业，且有类似的投资和操作风险。根据李廷东等（2021）对管道输配气的准许收益率进行确定的方法，权益资本收益率可以基于同期国务院国资委对管道输配气企业的考核结果确定的资产回报率，并与上一监管周期同类管道输配气企业实际平均净资产收益率进行计算。而债务资本收益率可以根据管道输送、配气公司的实际融资结构及贷款利率计算出来，并以同期人民币贷款市场报价利率为上限。此外，资产负债率的核定也可以参考国资委的考核标准，并考虑上一监管周期同类天然气基础设施运营企业的资产负债率平均值。通过对管道输配气准许收益率的合理确定，以满足运营成本及合理投资的需求，提高管道输配气的效率和经济效益。

3. 稳步推进人民币国际化

随着中国日益崛起成为世界经济的重要角色，人民币的国际地位越来越受到关注。因此，稳步推进人民币的国际化已成为现代中国经济发展的必然趋势。鉴于天然气所具有的金融性质，我国不可避免地会与国际上主要的天然气大国进行能源金融博弈。应当继续加强诸如人民币跨境支付系统之类的跨境业务基础设施建设，通过以区块链技术为代表的数字货币，提高人民币跨国界支付的便利性，继续提高国外人民币外汇储备及国际业务中人民币结算比例，使人民币汇率基本上保持在合理范围内，持续推进人民币在国际市场上的定价与结算。

此外，以"一带一路"为契机，利用亚投行等金融机构，通过加强与共建"一带一路"国家在金融市场方面的合作，巩固人民币在世界上的地位。同时，利用人民币在能源领域的定价能力，减少因美元汇率波动而带来的价格风险，促进我国经济稳步发展。

4. 深化能源定价机制改革

为化解当前天然气领域的矛盾，天然气价格改革具有关键性意义。然而，这种改革不仅要针对价格水平进行调整，还要注重改革价格形成机制。对于天然气储备库和调峰气量定价企业，应坚持以市场为导向，利用市场竞争的方式，决定储气库采购价格和对外销售价格，综合考虑购买燃气、储存服务等费用因素，依据市场供需状况，独立确定燃气储备对外销售价格。对于峰谷差较大的地区，在终端销售方面，积极采取一种季节性差价政策，最大限度地利用价格杠杆，减小天然气负荷的峰谷差。在有条件的区域，可以先开放大型客户的终端天然气定价。目前，我国能源市场化程度不高，国内外价格差距较大且市场同质化现象问题突出，为此需要加强能源市场准入管制；为了进一步推动能源市场化，必须因时制宜、积极稳妥地推进能源定价机制改革，探索实行"两部定价"，鼓励用户自主选择供气方式及形式，发展多个气源供气方式；强化在储气领域中的技术和设备创新，促进相关法规政策的出台，为我国能源经济可持续发展打下更坚实的基础。

5. 通过成本调整价格

城市燃气公司购置储气设施和租用库容所产生的费用，可以由天然气终端售价进行合理引导。我国天然气售价持续处于较低水平，因此，应将对我国目前供气结构进行调整，以便提高天然气的均价；城市群中需要共同建设与之配套的储气设施，但其远距离输气成本较高。因此，尽可能将经济比较发达、价格承受能力较强的地区作为目标市场，在经济发展水平相当的条件下，要对本地及相邻地区进行重点开发，使管道网络早日建成，以充分发挥管道的规模及范围效益；各城市燃气公司可以按照一定的比例租用储罐，租用费用由终端售价合理引导。根据天然气在淡旺季的需求量，实行中、短期和长期天然气价格挂钩，使天然气在不同季节之间产生合理价差，为天然气储备创造收益合理的市场环境；不断开展新的勘探、建造、运作、发展技术和过程的研究，降低储量费用、建设费用、运营费用，这将使各个气田的天然气开采费用总体降低，进而使总体平均费用降低，以此调节天然气售价。

五、组织优化：发挥社会资本的带动作用

1. 完善国家及地方政策和法律法规

第一，要明确国有资本和社会资本的界限。着重规范政府国有资本与社会资本之间的关系，旨在推动公共产品市场化供给，通过提供法律支持以增加社会资本对公共服务的投资。

第二，要对股份制企业中所涉国有资产的产权设立、处置办法和处理过程进行明确。例如，在燃气销售业务中涉及大量的城镇用地，这类土地的所有权及分配方法应当划分清楚，确定是按公共用地来分配，还是通过租赁、融资等方式将其作为资产投入项目中。但是，其目标是在不损害国家财产利益的情况下，通过降低政府与社会资本的合作成本，增加社会资本对公共产品、服务的投入，减少政府支付费用的负担。

第三，要规范合作过程中的项目注册登记，确保所有参与方的权益得到充分保障，调动社会资本参与储气库投资的热情，使项目管理体系规范化。同时，明确天然气经营企业的储备义务，加快完善相应的国家政策法规，从制度和体制层面保障天然气储备在良好外部政策环境下的管理。

第四，制定更多的税收优惠政策。在社会资本投资地下储气库的初期，投入成本较高、收益率较低，要积极争取政府的税收优惠，降低企业的税负，降低企业的成本，充分调动社会资本参与地下储气库建设的积极性。

2. 转变政府职能，建立协调推进机制

各级政府应在与社会资本合作的过程中，采取联合审核制度。由市政府牵头，组建政府和社会资本合作模式的联合审核小组，对其合作模式进行审核。联合评审组定期举行联合评审会议，并成立专家评审小组，成员包括各个咨询中介。每一阶段的工作计划，由联合评审组召集，并综合专家及各部门的意见，最后敲定。"联审制"的确立，能使多个部门就相同问题进行交流和协调，从而推动社会资本合作顺利进行。

充分发挥现有公共资源交易平台的作用，将那些具有良好的可行性和施工条件的公私合营项目，应纳入市公共资源交易平台，对工程建设的各个环节实行公开招标。且在政府与社会资本合作项目中，从选择合作伙伴到建设再到竣工运营，都要对其进行公开，加强社会监督，减少"以权谋私"的风险。

3. 建立合理的风险分配机制

在 PPP 模式的推进中，风险是不可避免的问题。尤其是在当前经济增速下降的情况下，各种隐性风险逐渐显现。与此同时，企业和其他社会经济主体希望能够与类似公共部门这样稳定可靠的合作伙伴一起应对可能面临的风险。公共部门和私营企业通常会规避或回避自己无法承受的风险，造成风险不合理的分配。实现有效控制并产生最佳效益，需要将风险分配给识别和解决该问题能力最强的一方，并以最小代价抓住机会应对挑战。在契约双方主体共同承担不可避免风险的前提下，根据规则，公共部门应该分摊合理比例的风险负担。

在我国天然气地下储气库建设引入社会资本后，建立合理风险分配机制是非常重要的。具体风险有以下几个：一是投资风险，社会资本投入储气库项目存在一定程度的投资风险。因此，在建立合理的风险分配机制时，需要考虑如何对不同阶段投资进行评估和划分，并及时调整和补偿。例如，在项目完成之前出现了无法控制的情况，社会资本应得到相应赔偿。二是运营风险，除了投资风险，储气库项目还存在着运营风险。例如，在使用过程中出现安全事故、天然气价格波动等情况都可能导致损失。因此，在设计合理的风险分配机制时，需要明确各方责任，并确定相应赔偿标准。三是政策环境变化带来风险，政策环境变化也可能给储气库项目带来一定程度的影响。例如，未来，政府在推出新能源政策或相关税收优惠等措施时，可能会导致当前社会资本所承担的部分成本发生改变。因此，在建立有效的风险分配机制时，需要考虑政策环境的不确定性并进行充分的评估。四是建设开发风险，即项目开发、设计建设、技术创新的风险。五是操作风险，包括预期的成本超支、延期、质量和其他类似的风险。六是市场风险，如利率、汇率的变动，通货膨胀的影响以及税率的变化等，公共部门应该承担的风险有政治风险、市场风险、不可抗力风险。由于公共部门根基较稳，承受能力较强，所以自然灾害等风险一般应由政府部门承担。社会资本承担的风险包括建设开发风险、操作风险、建设安全、运营安全风险。建立合理的风险分配机制是保障天然气地下储气库项目健康发展和各方权益的重要举措，能够充分发挥社会资本的积极作用。

第三节　路径优化的制度安排

一、构建规范的市场化调峰机制

1. 以购销合同为基础规范天然气调峰

全面实施燃气采购与销售合同管理，在供用气双方签订的购销协议中，应该详细说明年度供气量、分月度供气量或月度不均衡系数以及最大和最小日供气量等参数。同时，也要确定一种违约的惩罚机制，鼓励企业就地购买 LPG，并与该公司签署分时采购（负荷调整）合同，加强高峰期间的保障。对于超出合同规定的部分，原则上由用户通过市场采购等方式来解决。但是，在紧急保供的时候，必须为使用者提供所需的协助，所增加的费用由使用者自行承担。如果供气公司不能满足合同要求，公司将承担从供气公司购买的附加成本。

2. 积极推行天然气运输、储存、气化、液化和压缩服务的合同化管理

基础设施建设单位要与运营单位签署服务协议，对不同时段、不同种类的管道输送服务进行合理安排。为了提高基础设施的运行效益，需要设备使用者和运营商联合起来，强化对天然气用户曲线的科学预测。当设施运营单位无法按照约定提供服务时，超过市场正常运作范围的保供费用（包括天然气价格、服务费）由运营单位负责；当基础设施还有剩余容量，并且有第三方需要的时候，基础设施运营公司应一视同仁地向基础设施开放，并可以采用可停机、不可停机等不同的服务契约方式，以维持天然气稳定供应。

二、构建储气调峰辅助服务市场

1. 深化能源定价机制改革

我国应当建立一个公平公正的能源市场，对石油、煤炭和天然气等能源进行价格调控。首先，鼓励以私营企业为代表的新兴市场主体，加大对内需的投入力度，增强市场的活力，进一步提升整个产业的市场化水平，并最终建立一个可以在市场上有效制定能源价格、提升能源价格透明度的机制。其次，还需对能源价格进行调控，完善能源价格调控工作机制。通过建立我国能源价格的风险预警体系，实现对国际能源价格的实时监测、评估与预测，从而提出应对措施，以保持我国能源价格的基本稳定。最后，在为能源系统提供保障的基础上，应逐步对世界进行开放，同时，国内的能源价格也要及时与国际接轨，从而提升我国在国际能源定价中的地位。

2. 坚持储气调峰成本合理疏导

储气调峰在实施过程中所面临的问题也逐渐凸显出来，其中最

突出的问题之一便是高昂的成本。首先，政府可以通过一系列的政策支持，鼓励和引导社会资本参与储气调峰等来降低其成本。对于城市地区自建、自用储气设施的建设、运营，将其投资、运营费用纳入城市天然气管网费用，政府应给予合理补偿；同时，为了鼓励各供气企业在调峰中所发挥各自的作用，政府应给予相应的价格优惠。其次，还可以通过提高储气调峰的市场化程度，增加其收益，以弥补成本上的不足。城市燃气公司从第三方租赁中采购的储气服务及储气数量，在与同行保持一致、定价公平的前提下，应合理控制成本开支；鼓励经营者通过供应储气库服务及利用天然气季节价差来进行销售收益的合理分配；应对外开放由管道公司管理的地下天然气储存设施，按照市场价提供相应服务，确保其投资收益。最后，加强对天然气管道输配价格管理和成本的监督，对价格进行合理调整以确保其合理性，及时采取措施降低输配价格偏高的管道输送比例，以降低储气调峰的整体成本。

三、构建规范有序的市场环境

完善市场参与者的行为规范及市场监管机制，以便增强市场对经济发展的支撑作用。各地在颁发和改变特许经营权时，要将其履行储气责任和保障民生用气等方面纳入考核内容。对于未按照规定配置储气能力、连年气荒（供气紧张）、不签订购销合同的城镇燃气企业，要按照《城镇燃气管理条例》等有关法律法规要求，责令其改正或吊销其经营许可，收回其特许经营权，淘汰一批实力不强、信誉不佳、保供能力不强的城市燃气公司，从而推动城市燃气行业的高质量发展。天然气供应公司在其储存容量未达标、项目规划不落地、不开工、进度严重滞后的情况下，要根据具体情况，适当减少该企业的天然气终端销售比例，减少天然气数量，由井口和接收站转售给与其无关的第三家公司，不能进行综合操作以及不能用于中、下游和终端销售；对天然气供应企业利用其产业链优势、强制转移储气量调峰责任的情况，在用气高峰时段，各种类型的企业都会出现价格垄断协议和滥用市场支配地位等垄断行为，应加强对这些行为的调查和通报，提高城市燃气供应的质量和效率，确保人民群众的正常生活。

同时，也需要加强对市场信息的披露和透明度，建立公平竞争的市场秩序。加强对天然气储备调峰工作的监管和安排，对进展不畅、不遵守规定和不履行承诺的企业，应约谈、追究责任和联合惩罚。由国家发展改革委、能源局会同相关部门对储气调峰能力建设情况展开跟踪检查，对未做好工作的部门、企业和相关的人员进行通报、批评和曝光；加强对地方及有关企业天然气储备能力、保证居民用气的信用监督，对于不能按照规定履行储备调峰责任及大规模恶意中断居民天然气供应的企业，要根据具体情况，将这些企业纳入石油天然气行业失信名单，以及依法对严重违反信用准则的公司进行联合惩戒，并将其纳入当地的信用监测和油气行业失信联合惩戒机制，通过"信用中国"进行公示，从而确保市场经济体系的稳定和经济的可持续发展。

四、制定政府与社会资本合作模式的法律

制约政府与社会资本合作模式发展的主要原因是缺乏法律法规。因此，对政府与社会资本合作模式进行专门立法，既能明确公私之间的权利与义务、风险边界，又能明确服务型政府的作用，细化政府监督程序、监督对象、监督内容。建立一个集中的法制框架，可以将社会资本投资模式的应用范围扩展到多个领域，为选择合作方而制定的标准合约管理争议解决机制，通过法律的方式对退出机制等方面进行规定，让项目运作的整个生命周期可以有章可循。

再者，社会资本的参与需要政府给予政策上的支持，包含税收鼓励措施和政府保证的义务。简单来说，需要对政府与社会资本合作项目政策体系进行完善和规范，具体包括资格审批、合同管理、

融资环境、定价、质量监督等方面。除此之外，中央政府和地方政府在社会资本投资的运作过程中，应该按照项目的多样化需要，对法律、法规进行不断修改和完善。同时，还需要制订和改进社会资本投资业务的规范操作，从项目设计到施工监管再到融资接收设施，在操作阶段对合同条款进行的修改甚至是违约，都要进行详细地说明，并且建立各种各样的评价指标，其中应包括风险度量之类的其他工具，制定合同标准，以保证项目的顺利进行。

与此同时，还要建立合同文本书库，社会资本投资的项目具有不同的特征，会导致其适用标准也存在差异。因此，一般的标准文本已经不能满足需求，要按照其实际情况来设定合同条款，迅速提高合同谈判的效率、减少交易成本，这是目前最重要的。在制定社会资本投资地下储气库管理法规的过程中，可以参考国外的管理经验，以便做出科学、有条理的管理条例或储备法。由此，各级政府、上游企业和燃气企业在国家天然气储备体系中的责任和义务也将得到更加明确的规定。法律的制定是建立在经验与过程之上的，我国社会资本投资地下储气库建设尚处于初级阶段，可供立法借鉴的经验与教训并不多，即便借鉴了国外的经验，也要不断地对规则进行调整，防止僵硬的法律条文对我国社会资本投资的发展与推广产生阻碍作用。

第四节　本章小结

本章结合了前述章节所涉及的理论及实证分析，考虑了我国地下储气库行业目前仍处于发展初期、建设量比较少且分布较为散乱的情况。以我国地下储气库主要分布在中西部地区，而东南部地区比较稀少为基础，在统筹推进地方和城镇燃气企业储气能力建设的制度约束下，提出了建设地下储气库背景下促进社会资本积极参与的总体思路、优化路径及制度安排。

第一，按照能源革命的战略思路，以解决我国天然气发展中存在的不均衡、不充分等问题为目标，加速补齐我国天然气储备能力的短板，明确政府、供气企业、管道企业、城镇燃气企业、大用户等各方在天然气储备调峰中的职责和义务，激发社会资本参与的热情。

第二，以习近平新时代中国特色社会主义思想为指导，以"五位一体"总体布局和"四个全面"战略布局为统领，形成职责明确、人人参与、成本分担、运行顺畅、灵活高效的储备及调峰机制，为提高天然气在现代能源系统中的地位奠定坚实的基础。

第三，以提升地下库储气库的储气能力、规定储气指标的核定范围为目标，推动社会资本积极参与地下储气库建设的路径优化，以达到我国天然气供需平衡的目的。

第四，提出促进社会资本积极参与地下储气库建设优化路径是：推动政策形态优化、技术形态优化、规模形态优化、价格形态优化和组织形态优化。除此之外，通过制度的安排来构建规范的市场化调峰机制、储气调峰辅助服务市场及规范有序的市场环境，制定政府与社会资本合作模式法律、放宽政府与社会资本合作项目融资的政策。

第九章　研究结论与展望

第一节　主要研究结论

一、我国天然气地下储气库建设发展情况总结分析

"十四五"时期是我国能源向清洁化转型的关键时期。天然气作为一种低碳清洁的化石能源，具有二氧化碳排放量低、经济实惠、储量丰富等优势，是我国化石能源向非化石能源过渡的最佳能源消费品种之一，因此我国能源转型要不断提高天然气在能源消费结构中的占比。首先，天然气绿色环保。天然气之所以被称为"节能减排"的重要抓手，是因为其含碳量低，二氧化碳的减排潜力较大，开发和利用天然气有助于实现"双碳"目标和应对气候变化。其次，天然气经济实惠，利用效率高，综合效益好，具有较大的经济优势，在改善大气环境、实现"双碳目标"中能够发挥重要作用。最后，天然气资源丰富。近年来，随着我国天然气勘探开发持续发力，天然气新增探明地质储量逐年提高。目前，我国常规天然气的探明地质储量在世界上排名第六。

第一，本书对天然气地下储气库建设的必要性进行研究。研究

表明，加快储气库的建设不仅是实现"碳达峰""碳中和"战略目标的迫切需求，更是保障天然气调峰应急和保供能力的现实选择。我国储气调峰需求巨大，天然气储备的作用是保障天然气产业链的正常、高效运转，包括调节用气峰谷差、应对天然气供应意外中断和作为战略储备，提高天然气行业运营效率和企业经营效益。当前，我国天然气市场供需紧张，加之"双碳"目标及政策的驱动，加快储气库的建设十分必要。

第二，本书对我国天然气地下储气库建设的发展历程及现状进行分析。结果表明，尽管我国天然气地下储气库的建设起步晚，与美俄等国家还有一定的差距，但是我国在迈向储气库大国的路上快步向前，用近20年的时间走过了国外50年的发展历程，取得了令世界瞩目的辉煌成就，推动了我国由采输气调峰向地下储气调峰的历史性转型升级。我国储气库建设的发展历程划分为以下三个阶段：一是模仿借鉴期（1992~2000年）。我国最早是1975年建设首座储气库，1999年才成功建成地下储气库，并于2000年建成并投产。二是探索实践期（2000~2010年）。在充分学习国外建库技术的基础上，结合我国建库工艺、地质条件和设备能力等实际情况，因地制宜地探索出一套适合我国国情的储气库建设工艺和技术，并成功建设了一批储气库。三是创新突破期（2010年至今）。受制于我国复杂的地质条件，国外建库选址和建库技术并不适用，因此在这个阶段我国储气库建设者勇于突破、大胆创新，最终建成了许多打破世界纪录的储气库，弥补了我国储气库建库资源匮乏的缺陷。

第三，本书剖析了我国储气库建设发展面临的主要问题，主要体现在建库技术上、建库资源和运营模式上。经过了数十年的技术攻关，我国地下储气库实现了从无到有、供气量从小到大，储气库的建设已经取得了伟大成就。但是，我国储气库的工作气量和运行能力仍然远低于世界平均水平，储气库的建设还面临诸多问题，主要体现在以下三方面：一是我国建库技术不成熟，体系不完善；二是建库资源缺乏，建设难度大；三是运营模式不佳，投资主体单一。因此，我国天然气地下储气库的建设仍然任重道远。

二、我国天然气地下储气库建设的政策评价分析

随着我国天然气行业的迅速发展，天然气在国家能源体系中的地位日益增强。再加上国家"双碳"战略目标的驱动，清洁能源的使用成为经济社会低碳转型的必然要求。但是，天然气储备能力有限，各种基础设施建设滞后等问题突出，制约了天然气的安全稳定供给，不利于天然气产业的健康发展。为了加速储气基础设施建设，进一步提高储气库容量，国家发展改革委及能源局近年来不断出台了各类支持政策，主要从地下储气库建设、调峰能力、投资主体及优惠政策等方面进行了相关的战略部署。

能源安全作为国家安全战略部署的重要组成部分，一直是世界各国关注的重点。近年来，天然气消费的大幅增长，也体现出我国乃至世界对天然气的需求都是巨大的，然而我国储气库建设起步比发达国家晚得多，因此要尽快追赶上国际水平，储气库的扩建势在必得。从对储气库建设支持政策的内涵也可以看出，为推动储气库的建设进度，国家不仅对各个储气库项目工程制定了实现目标，大力鼓励地下储气库的加快发展，也在选址、审批、投资和运营等方面提供了众多优惠政策，体现了我国对天然气地下储气库发展的决心。

在我国建设天然气储气库的 20 多年中，为适应产业的发展出台了多项政策予以支持，但在实际执行过程中，受到各个部门协调难度及政策与当时发展形势不适配等的限制，产生了许多突出问题，如技术监督和安全管理体系不健全、储气库市场化运营受阻、财政资金支持政策不完善、建设用地审批难度大等，阻碍了我国建设地下储气库的进程。本书通过梳理国外几个国家和地区地下储气库市场化运营及管理经验，为我国地下储气库发展建设提供一定的

思路。

随着储气库建设规模的扩大及经济社会的稳步发展，引入社会资本、实行市场化的运营模式显然能够更好地满足市场对天然气的需求。为此，我国也将市场化运营模式逐渐引入储气库建设中。当然，闭门造车不可取，先进的理念和技术离不开各国的相互交流。纵观发达国家天然气储气库的发展进程可以发现，它们最终也走向了市场化运营模式之路。通过学习和借鉴，国外储气库市场化运营管理经验主要有以下几点：一是制定相应的法律法规。二是引入市场化竞争机制。三是建立完善的监管体系。这些管理经验对于推进我国天然气地下储气库的市场化运营也有着重要的借鉴意义。

中国储气库建设虽然起步晚，但始终在迈向储气库大国的路上快步向前，取得了令世界瞩目的成就，开拓了中国复杂地质条件下储气库技术创新之路，奠定了中国天然气战略储备格局的基础，推动了中国由采输气调峰向地下储气调峰的历史性转型升级。20余载的发展，中国储气库建设创造了众多非凡奇迹和科技创新成果，为中国正在开展的大规模储气库建设提供了技术保障，有效缓解了我国天然气夏秋产能过剩、冬春供不应求的矛盾。未来，中国仍会朝着解决天然气供需矛盾的目标持续奋斗。

三、社会资本投资天然气地下储气库的实现机制总结

目前，我国正处于战略发展关键期，如何抓住机遇，确保天然气高效安全供应，满足我国经济增长需要，保障能源安全，成为当前需着重解决的问题。本书通过研究社会资本投资天然气地下储气库实现机制，着眼于分析地下储气库支持政策与社会资本投资行为之间的作用机理，并探讨政策对社会资本投资行为所产生的影响因素。同时，本书从评价体系、招标过程、法律制度、风险分担机制四个方面提出当前我国天然气地下储气库建设引入社会资本环节上的不足。通过深入探讨这些问题，以期能够更好地引导我国天然气地下储气库建设朝着科学化、规范化方向迈进，形成良性循环发展态势。

第一，分析了地下储气库支持政策与社会资本投资行为的作用机理，分别从地下储气库项目引入社会资本投资的现实条件、优势分析及模式构建来展开。从现实条件来看，天然气项目引入社会资本既有国家能源管理部门相关政策的支持，有利于形成多元市场主体建设、多方资本参与的天然气管网项目建设发展模式，也能顺应天然气行业改革趋势，发展前景良好。从优势情况来看，有利于加速天然气市场化改革步伐，促进天然气项目管理优化和技术创新，降低天然气项目建设成本等。从具体模式构建来看，主要以 PPP 模式来分析天然气地下储气库项目所涉及的参与主体、项目运作机制、风险分担机制和收益分配机制。

第二，重点梳理了地下储气库支持政策对社会资本投资行为的具体影响，包括天然气价格变化、国家财税支持政策的变化，以及天然气储备交易市场建设、独立核算储气库业务等其他影响因素。天然气价格部分从储气库运营成本机制、定价机制、服务价格三个方面阐述了对社会资本投资的影响。从财税支持政策来看，我国对于储气库建设财税支持力度不足，在建设保障基金、储备设施折旧方式、战略储备天然气税收优惠、战略储备成本补偿、专项财政补贴等方面，给予储气库建设的鼓励性财税支持不足。

第三，从评价体系、招标过程、法律制度、风险分担机制四个方面提出当前我国天然气地下储气库建设引入社会资本环节上的不足，以期为优化项目评价标准和激励机制提供依据，并吸引更多的社会资本参与该领域建设工作。

四、地下储气库支持政策下社会资本投资意愿及其影响因素总结

近年来，以能源低碳化、清洁化著称的能源转型和"碳中和"在新能源及天然气产业的发展过程中起了重要作用。我国对天然气市场的发展给予高度重视，发布了一系列支持政策，以期推进天然气市场高质量发展。同时，天然气市场表现良好，目前，我国已成为全球第一大天然气进口国和第三大天然气消费国。因此，加快地下储气库建设，提高天然气调峰和应急能力是促进天然气产业发展的必要保障。但是，如何鼓励社会资本积极参与地下储气库建设，形成多元主体参与的储气库投资体制，这一问题亟须得到解决。为研究社会资本投资地下储气库建设意愿和行为的影响因素，本书分别从天然气消费市场变化、天然气地下储气库成本及经济效益、天然气产业财税政策对天然气产业的综合影响、地下储气库投资相关风险四个方面进行了分析总结。

本书根据相关影响因素分析，结合 UTAUT 与感知风险理论，基于社会资本的视角，构建投资意愿模型。首先选取了 UTAUT 模型的核心变量，包括绩效期望、付出期望、社群影响、促成因素四个主要变量。另外，由于在投资领域收益与风险并存，投资者对于风险的识别和把控是较为重要的环节，因此在 UTAUT 模型的基础上，本书引入感知风险变量，构建了地下储气库建设投资意愿理论模型。本书借鉴相关学者的研究，设计调查问卷，采用线上线下相结合方式进行调研，并得出以下主要结论：

社会资本对天然气地下储气库的投资意愿和行为受多方面因素的影响。实证结果表明，绩效期望、社会影响、付出期望、便利条件显著正向影响投资意愿，感知风险负向影响投资意愿。其中，付出期望与投资意愿的原假设并未得到验证，可能的原因是：一方面天然气良好的市场前景会带来可观的经济收益；另一方面国家大力发展清洁能源，提倡天然气的使用，符合宏观的政治经济环境。因此，即便是投资地下储气库建设会有较高的投入成本，但是社会资本方依然愿意选择投资。

便利条件可以直接正向影响投资行为，政府愿意对储气库建设提供一定的信贷融资、财政补贴和税收减免等政策，将会显著地影响投资者的行为。同时，投资意愿也对投资行为产生显著的正向影响，二者共同促进社会资本对地下储气库建设的投资行为。虽然社会资本对地下储气库的投资意愿会对投资行为起到一定的传导作用，但是受多种客观现实因素的影响，致使某些社会资本方即使存在投资意愿，也未必会做出实际的投资行为。

五、社会资本参与地下储气库建设政策需求及优先序总结

为不断加快储气库建设，提高天然气调峰和应急能力，实现天然气产业快速发展，国家发展改革委及国家能源局出台了一系列支持政策，以期吸引社会资本参与天然气地下储气库建设，促进天然气产业持续健康发展。基于这一目标，政策主要围绕地下储气库的建设、调峰能力、投资主体等方面展开。然而，随着社会的不断发展，社会资本在享受这些政策效益的同时，对政策的需求也在逐渐提高。因此，本书从社会资本的实际角度出发，分析不同社会资本对地下储气库建设支持政策的需求意愿及优先序，探查其影响因素，并提出了有效改善和促进社会资本参与地下储气库建设的相关对策建议。

首先，通过梳理相关政策措施需求意愿，本书将影响社会资本参与天然气储气库建设政策需求优先序的因素分为五类：第一类为"储气需求类"；第二类为"建造技术类"；第三类为"盈利能力类"；第四类为"信息服务类"；第五类为"建库资源类"。其次，结合社会资本需求，选定天然气储气库建设政策的子政策，对不同行业领域的管理者展开问卷调查，将调研数据进行实证分析，按照管理者对政策需求的强烈程度进行排名，并采用总分排序法进一步确定政策需求的优先次序。最后，将总分排序法与实际调查结果相结合，得到管理者针对天然气储气库建设政策需求的最终次序。经过上述分析，本书有助于深入了解天然气储气库建设政策的相关问题，并对其进行更加科学和全面的规划和指导。

在上述分析的基础上，本书进一步提出政策建议，以满足管理者对天然气储气库建设的需求意愿。通过对不同的需求提出具体的政策建议，从储气需求、建造技术、盈利能力、信息服务和建库资源出发，推动天然气储气库的建设和发展。对于"储气需求类"，实行供保责任和调峰定价，以满足储气需求；对于"建造技术类"，分别通过对外合作和自主建设等方式来提高建造技术水平，进而提高建设效率；对于"盈利能力类"，可以考虑实行财政补贴、税收减免、合理化储气费用等措施，以帮助企业提升盈利能力；对于"信息服务类"，对天然气储气库建设的发展进行规划，信息实行公开，以提高透明度；对于"建库资源类"，对天然气储气库建设进行企业开发和政府规划，以确保建造过程中资源的充分利用。本书就上述方面提出具体建议：①严格供气责任，培育储气市场；②理顺能源价格，体现储气价值；③实行财政补贴，分担部分成本；④实行税收减免，激励企业投资；⑤制定发展规划，提供信息公开；⑥鼓励合作建设，创新商业模式。

根据需求最终次序分析发现，价格、开发、调峰、补贴等因素是影响管理者对天然气储气库建设政策需求的主要因素。这表明，应该重点关注建设天然气对社会资本盈利方面的影响。因此，需要政府以目前的情况为依据，调整地下天然气储气库建设政策，积极推动我国的社会资本参与天然气储气库建设。

六、社会资本参与地下储气库建设的政策优化路径及制度安排

本书结合前述章节所涉及的理论及实证分析，考虑我国地下储气库行业目前仍处于发展初期、建设量比较少且分布较为散乱的情况，以我国地下储气库主要分布在中西部地区，而东南部地区比较稀少为基础，在统筹推进地方和城镇燃气企业储气能力建设的制度约束下，提出了建设地下储气库背景下促进社会资本积极参与的总体思路、优化路径及制度安排。

第一，要明确加快天然气产供储销体系建设的任务要求是遵循能源革命战略思想，要不断着力解决天然气发展不平衡不充分问题，加快补足储气能力短板，明确政府、供气企业、管道企业、城镇燃气企业和大用户的储气调峰责任与义务，促进社会资本参与的积极性。

第二，以习近平新时代中国特色社会主义思想为指导，以"五位一体"总体布局和"四个全面"战略布局为统领，形成职责明确、人人参与、成本分担、运行顺畅、灵活高效的储备及调峰机制，为推动天然气在现代能源系统中的地位奠定坚实的基础。

第三，以提高地下库储气库的储气能力、规定储气指标的核定范围为目标，推动社会资本积极参与地下储气库建设的路径优化，以达到我国天然气供需平衡的目的。

第四，本书提出促进社会资本积极参与地下储气库建设优化路径：推动政策形态优化、技术形态优化、规模形态优化、价格形态优化和组织形态优化。除此之外，通过制度的安排来构建规范的市场化调峰机制、储气调峰辅助服务市场及规范有序的市场环境，制定政府与社会资本合作模式法律、放宽政府与社会资本合作项目融资的政策。

第二节　未来研究方向

尽管我国天然气地下储气库的建设起步晚，与很多发达国家相比还存在一定的差距，但是我国在迈向储气库大国的路上快步向前，取得了许多辉煌的成就。我国地下储气库开发潜力大，要想实现突破性的进展，还需要突破一些关键技术，解决一些重点问题，如天然气的产气区与消费区分布不均，储气库的投资成本较高，后续的安全管理、科学运行等方面还存在经验不足的问题等。除此之外，国内储气库库容占比与世界平均水平还有一定差距，严重影响了供气平衡。刘建勋和刘岩（2022）指出，为了进一步加快地下储气库建设和发展，国家实施了一系列措施，但效果没有特别显著，储气库建设的进程仍然较为缓慢，主要的原因在于储气库建设缺乏完善的统筹规划，相关行业标准不够规范等。未来，还需要做更多的努力，进一步推动我国地下储气库的高效平稳发展。

一、加快储气库能力建设，保障运行安全高效

加快储气能力建设是贯彻落实习近平总书记指示精神和党中央部署，履行社会责任、保障供气安全的重大举措。要不断提升天然气持续安全平稳的供应能力，推进天然气的高质量发展，要建设好储气库这一重大民生工程。随着我国天然气需求的快速增长，天然气供需缺口不断扩大，天然气平稳供应与储气库的储气能力不足间的矛盾进一步突出。中国储气库建设的地质条件复杂，要持续开展技术攻关，加快储气库的高效建设与安全运行。对此，马新华等（2022）提出了需要解决的几项难题：一是复杂气藏储气库的库容问题，一方面未能充分利用现有的库容，另一方面如果对其进一步扩容，操作起来难度较大；二是新型储气库的技术配套问题，诸如油藏和低渗透率砂岩，就目前的技术而言，还达不到要求，有待进一步研究；三是储气库注采相关问题，单井产能的钻完井配套技术有待进一步提高；四是为了加快地下储气库的大型化和集约化，相应的地面处理工艺和设备必不可少，如何改善这些工艺和设备，使之用起来更加方便灵活，提高效率是需要进一步研究的方向；五是目前的储气库在风险管控方面的手段不够丰富，因此还需要进一步提升储气库的风险识别以及安全管控能力；六是随着各行各业的技术水平的不断提高，储气库的数字化转型也必须跟上发展的节奏，在此之前需要克服技术基础薄弱的难题。

新形势下，中国储气库的高效建设与安全运行实现的前提是要解决上述难题。中国复杂深层储气库建设中面临的诸多难题，无法依靠直接借鉴国外储气库的建设经验来解决，因此仍需要我们进一步提高技术，进行针对性的技术攻关，为天然气地下储气库探索新类型、新领域，通过技术创新来不断促进中国储气能力快速提升。

二、推进智慧储气库发展，加强数字孪生建设

朱喜平等（2023）认为，我国地下储气库在信息化和数字化的发展建设方面持续推进，但是其智慧化发展仅仅处在探索阶段。虽然在储气库建设和运行的许多环节中，已经采用了人工智能技术，但从总体来看，智慧储气库的建设路线并没有形成统一的认识与标准。人工智能的广泛应用在提高工作效率，降低企业成本等方面起了重要的作用。在天然气地下储气库的工作方面，很多企业使用了数值模拟软件，有效提高了工作效率，但是由于不同企业使用的软件不同，因此很多数据不能做到兼容互通。针对这些问题，智慧储气库需要进行针对性的研究，如加强数据治理、提高数据质量、优化学习算法等，努力实现地下储气库在"数据—建模—预测"上的一体化发展。另外，针对所使用的核心软件，技术人员要加快其国产化的研发，从而减少对外国的依赖，加强自主性。加强数字孪生建设，探索机理模型和机器学习模型相结合的方法，逐步实现储气库全生命周期的可视化、自主化及智能化管理。

三、加强储气库联动保障，促进企业合资合作

根据我国总体战略部署要求，我国已逐步形成四大区域性联网协调的储气库群，未来储气库建设也会朝着更加集约、高效、智能、经济的方向进一步发展。目前，我国天然气在产、供、储、销方面已经形成完整体系，油气管网的骨架基本形成，基本实现了干线管道的互联互通。未来，储气库建设将依托天然气"全国一张网"继续完成深度融合和联动，在天然气产业链中发挥越来越大的作用。2020 年 4 月 23 日，国家发展改革委、财政部等多部门联合印发的《关于加快推进天然气储备能力建设的实施意见》指出，要多方合资建设储气设施，加大各大储气库建设方、政府投资平台及其他注入资金企业的合作力度，落实各方主体责任，建立健全定期考核制度，共同提高储气库建设能力。因此，要不断促进社会资本的加入，相互合作，促进储气库的快速发展。另外，针对盐穴储气库，为了充分利用现有的盐岩资源，减少因不合理利用而造成的损失，国家可以统筹规划储气库项目的建设用地，在政府的主导下，以合资公司方式整合当地盐企和储气库多元投资方。

四、加快储气库建设布局，提高空间利用多元化

李国永等（2021）认为，要积极开展油气藏储气库及盐穴储气库库址筛选和建设，特别是像东部和沿海地区，对于天然气的需求比较旺盛，另外，也存在某些地区虽然建设的长输管道比较完善，但对天然气的需求仍远远高于天然气的供给。对于油藏及含水层的建库，还存在技术攻关问题。总体来说，要进一步加快我国储气库的建设布局，在选址时要尽可能进行全面的普查和评估，从而确定最佳建库目标。天然气市场需求的旺盛持续促进天然气管道的高速发展，在"全国一张网"的大背景下，我国要发现并加快补足储气库的"短板"，然后进一步提升其储气能力，加快储气库建设布局，促进天然气的产、供、储、销体系健康发展。

朱力洋等（2021）认为，在储气库进行调峰时，可以充分利用其采气降压产生的压差，将这个过程中的机械能转换成电能，这种方式具有明显的优势，不仅投入少、收益高，而且符合国家绿色发展理念，节能降耗，促进企业绿色发展。另外，在空间利用多元化方面，盐穴储气库的特殊性使之不仅能实现对天然气的储存，未来还可以应用于更多方面，主要是其在稳定性和封闭性方面优势较为突出，因此未来还可以用于压缩空气储能、储油、储氢、储氦等，应用前景广阔。

五、完善储气库运营模式，实现投资主体多元化

高思萱和杨艳萍（2023）认为，虽然从天然气的发展特点来看，我国与欧美等国家有较大的区别，但是随着我国天然气市场的发展，能源领域也在逐步改革和完善其体制机制，未来天然气的发展方向必然是实现储气库的独立和专业化运营。为了完善储气库运营管理模式，要吸引更多的社会资本参与进来，实现投资主体的多元化，有助于促进储气库运营管理的发展进步。我国储气库运营管理的发展，要学习其他国家储气库运营发展的经验，但是不能盲目地借鉴，要充分考虑到我国的现实情况，制定出一套适合我国的储气库管理运营模式。对此，本书提出以下展望：首先是建立独立的市场化运营，优化企业内部管理机制；其次是建立合理的价格机制，逐步完全进入市场进行公平竞争；再次是提升运营服务能力，实现储气服务的专业化和规范化；最后是建立健全的市场监管，建立相关法律法规，促进业务的竞争和规范。

参考文献

[1] Agarwal R, Prasad J. Are Individual Differences Germane to The Acceptance of New Information Technologies [J]. Decision Sciences, 1999, 30 (2): 361-391.

[2] Ajzen I, Fishbein M. Understanding Attitudes and Predicting Social Behaviour [M]. Englewood Cliffs, NJ: Prentice Hall, 1980.

[3] Alberini A, Gans W, Velez-Lopez D. Residential Consumption of Gas and Electricity in the US: The Role of Prices and Income [J]. Energy Economics, 2011, 33 (5): 870-881.

[4] Andres. The Impact of Privatization on Firms in the Infrastructure Sector in Latin Countries [M]. Chicago: University of Chicago Dissertation, 2011.

[5] Arthur B. Shale Plays and Lower Natural Gas Prices: A Time for Critical Thinking [J]. World Oil, 2009, 230 (1): 15.

[6] Bartsch V, Ebers M, Maurer I. Learning in Project-based Organizations: The Role of Project Teams' Ssocial Capital for Overcoming Barriers to Learning [J]. International Journal of Project Management, 2013, 31 (2): 239-251.

[7] Blazquez J, Martin-Moreno J M, Perez R, et al. Fossil Fule Price Shocksand CO_2 Emissions: The Case of Spain [J]. Energy Journal, 2017, 38 (6): 161-176.

［8］Breyer S G. The Natural Gas Shortage and the Regulation of Natural Gas Producers ［J］. Harvard Law Review, 1973, 86 (6): 887-941.

［9］Cavalier E A, Giust V, Maggi M. Efficient Mechanisms for Access to Storage with Imperfect Competition in Gas Markets ［J］. Energy Economics, 2013 (36): 481-490.

［10］Clarke. Has Private Participation in Water and Sewerage Improved Coverage. Empirical Evidence from Latin America ［J］. Journal of International Development, 2013 (21): 327-361.

［11］Coase R H. The Problem of Social Cost ［J］. Journal of Law and Economics, 2013, 56 (4): 837-877.

［12］Compeau D R, Higgins C A. Computer Self-efficacy: Development of A Measure and Initial Test ［J］. MIS Quartely, 1995, 19 (2): 189-211.

［13］Davis F D, Bagozzi R P, Warshaw P R. User Acceptance of Computer Technology: A Comparison of Two Theoretical Models ［J］. Management Science, 1989, 35 (8): 982-1003.

［14］Davis F D. A Technology Acceptance Model for Empirically Testing New End-user Information System: Theory and Result ［D］. Cambridge, MA: MIT Sloan School of Management, 1986.

［15］DeLeon P. The Missing Link Revisited: Contemporary Implementation Research ［R］. Policy Studying Review, 1999, 16 (3-4): 311-318.

［16］Durand-Viel L. Strategic Storage and Market Power in the Natural Gas Market ［C］. Conference on Energy and Environmental Modeling, Moscow, 2007.

［17］Ejarque J M. Evaluating the Economic Cost of Natural Gas Strategic Storage Restrictions ［J］. Energy Economics, 2011 (33): 44-55.

［18］Esnault B. The Need for Regulation of Gas Storage: The Case of

France [J]. Energy Policy, 2003, 31 (2) 167-174.

[19] Estrada J, Fugleberg O. Price Elasticities of Natural Gas Demand in France and West Germany [J]. The Energy Journal, 1989, 3 (10): 77-90.

[20] Fishbein M, Ajzen I. Belief, Attitude, Intention and Behavior: An Introduction to Theory and Research [M]. MA: Addison-Wesley, 1975.

[21] Galbi D A. Regulating Prices for Shifting between Service Providers [J]. Information Economics and Policy, 2001 (13): 393-410.

[22] Gassner. The Nature of the Firm [J]. Economics, 2009 (3): 4.

[23] Geman H, Ohana S. Forward Curves, Scarcity and Price Volatility in Oil and Natural Gas Markets [J]. Energy Economics, 2009, 31 (4): 576-585.

[24] Hawdon D. Efficiency Performance and Regulation of the International Gas Industry—A Bootstrap DEA Approach [J]. Energy Policy, 2003 (31): 1167-1178.

[25] Herbert J H. Trading Volume, Maturity and Natural Gas Futures Price Volatility [J]. Energy Economics, 1995, 17 (4): 293-299.

[26] Hood Christopher C. The Tools of Government [M]. London: Macmillan, 1983.

[27] Jain A K, Dubes R C. Algorithms for Clustering Data [M]. NJ: Prentice-Hall, 1988.

[28] Jain A K, Murty M N, Flynn P J. Data Clustering: A Review [J]. A Computing Surveys, 1999, 31 (3): 264-323.

[29] John P. Analysing Public Policy [M]. London: Pinter, 1998.

[30] Johnson T L, Keith D W. Fossil Electrically and CO_2 Sequestration: How Natural Gas Prices, Initial Conditions and Retrofits Determine the Cost of Controlling CO_2 Emissions [J]. Energy Policy, 2004, 32 (3): 367-382.

[31] Jones C T. A Dynamic Analysis of Interquel Substitution in U. S. Industrial Energy De - mand [J]. Journal of Business Economic Statistics, 1995, 13 (4): 459-465.

[32] Kalashnikov V V, Matis T I, Perez - Valdes G A. Time Series Analysis Applied to Construct US Natural Gas Price Functions for Groups of States [J]. Energy Economics, 2010, 32 (4): 887-900.

[33] Kessler J, Schillo B, Sheby M. Is Natural Gas Really the An- swer?: Targeting Natural Gas in US Climate Change Mitigation Policy [J]. Energy Policy, 1994, 22 (7): 623-628.

[34] Knut E R, Eirik L S. The Global Natural Gas Market: Will Transport Cost Reductions Lead to Lower Prices? [J]. International Associa- tion for Energy Economics, The Energy Journal, 2009, 30 (2): 17-40.

[35] Krichene N. World Crude Oil and Natural Gas: A Demand and Supply Model [J]. Energy Economics, 2002, 24 (6): 557-576.

[36] Kucsicsa G, Dumitric C. Spatial Modelling of Deforestation in Ro- manian Carpathian Mountains Using GIS and Logistic Regression [J]. Journal of Mountain Science, 2019, 16 (5): 1005-1022.

[37] Lacasa L, Luque B, Ballesteros F, et al. From Time Series to Complex Networks: The Visibility Graph [J]. Proceedings of the National Academy of Sciences, 2008, 105 (13): 4972-4975.

[38] Lee H, Park J, Lee J. Role of Leadership Competencies and Team Social Capital in IT Services [J]. Journal of Computer Information Sys- tems, 2013, 53 (4): 1-11.

[39] Linn S C, Zhu Z. Natural Gas Prices and the Gas Storage Report: Public News and Volatility in Energy Futures Markets [J]. Journal of Futures Market, 2004, 3 (24): 283-313.

[40] Mac Avoy P W, Moshkin N V. The New Long-term Trend in the Price of Natural Gas [J]. Resource and Energy Economics, 2000, 22 (4):

315-338.

[41] Macavoy P W. Price Information in Natural Gas Field: A Study of Competition, Monopsony, and Regulation [M]. London: Yale University Press, 1962.

[42] Masih A M M, Albinali K, DeMello L. Price Dynamics of Natural Gas and the Regional Methanol Markets [J]. EnergyPolicy, 2010, 38 (3): 1372-1378.

[43] Mu X. Weather, Storage, and Natural Gas Price Dynamics: Fundamentals and Volatility [J]. Energy Economics, 2007, 29 (1): 46-63.

[44] Neuner E J. Natural Gas Industry—Monopoly and Competition in Field Markets [M]. Norman, Oklahoma: University of Oklahoma Press, 1960.

[45] Nick S, Thoenes S. What Drives Natural Gas Prices? A Structural VAR Approach [J]. Energy Economics, 2014, 45: 517-527.

[46] Niu G, Yang B S. Dempster-Shafer Regression for Multi-step-ahead Time-series Prediction towards Data-driven Machinery Prognosis [J]. Mechanical Systems and Signal Processing, 2009, 23 (3): 740-751.

[47] Pressman J L, Wildvasky A. Implementation [M]. Berkeley: University of California Press, 1973.

[48] Putnam R. Bowling Alone: America's Declining Social Capital in America [J]. Journal of Democracy, 1995, 6 (1): 65-78.

[49] Salamon L M. Tools of Government: A Guide to the New Governance [M]. Oxford, New York: Oxford University Press, 2002.

[50] Seaman A H. An Assessment of Telecommunications Reform in Development Countries [J]. International Economics & Policy, 2005 (15): 443-446.

[51] Taylor S, Todd P A. Understanding Information Technology Usage: A Test of Competing Models [J]. Information Systems Research, 1995, 6 (2): 144-176.

［52］Thompson R L，Higgins C A，Howell J M. Personal Computing：Toward A Conceptual Model of Utilization ［J］. MIS Quarterly，1991，15（1）：125-143.

［53］Urga G，Wahers C. Dynamic Trans Log and Linear Logit Models：A Factor Demand Analysis of Interfuel Substitution in US Industrial Energy Demand ［J］. Energy Economics，2003，25（1）：1-21.

［54］Van Ruijven B，Van Vuuren D P. Oil and Natural Gas Prices and Greenhouse Gas Emiss-ion Mitigation ［J］. Energy Policy，2009，37（11）：4797-4808.

［55］Wallsten. An Econometric Analysis of Telecom Competition，Privatization and Regulation in Africa and Latin America ［J］. Journal of Industrial Economics，2001（49）：1-19.

［56］Wang T，Zhang D，Broadstock D C. Financialization，Fundamentals，and the Time-varying Determinants of US Natural Gas Prices ［J］. Energy Economics. 2019，80：707-719.

［57］Wiser R，Bolinger M. Can Deployment of Renewable Energy Put Downward Pressure on Natural Gas Prices? ［J］. Energy Policy，2007，35（1）：295-306.

［58］Yu Y，Hao J-X，Dong X-Y，et al. A Multilevel Model for Effects of Social Capital and Knowledge Sharing in Knowledge-intensive Work Teams ［J］. International Journal of Information Management，2013，33（5）：780-790.

［59］本刊编辑部. 温故而知新——2016 年行业热点回顾及启示 ［J］. 中国石油和化工，2017（1）：20-26.

［60］布迪厄. 布迪厄的社会学代表著作 ［M］. 蒋梓骅，译. 北京：译林出版社，2012.

［61］曹琛. 我国天然气定价机制研究 ［D］. 青岛：中国石油大学（华东），2007.

［62］曹琳，赵辉，喻高明．基于蒙特卡洛梯度逼近方法的油藏开发生产优化［J］．石油天然气学报，2012，34（6）：132-136+169.

［63］曹亚楠．民族地区民间金融发展研究［J］．现代商业，2014（2）：130-131.

［64］常琪．我国天然气价格规制研究［D］．青岛：中国石油大学，2008.

［65］陈冬．城市公用事业运营模式改革：以上海为例的研究［J］．上海经济研究，2014（9）：38-47.

［66］陈静，田甜．社会资本研究综述［J］．湖北经济学院学报（人文社会科学版），2019，16（2）：22-25+35.

［67］陈璐．天然气在我国能源结构中的比较优势及其战略地位研究［D］．荆州：长江大学，2014.

［68］陈思源，张奇，王歌，等．基于博弈分析的我国天然气储气库开发策略及运营模式研究［J］．石油科学通报，2016，1（1）：175-182.

［69］陈振明．政策科学——公共政策分析导论［M］．北京：中国人民大学出版社，2003.

［70］程成．社会资本参与我国城镇化基础设施建设的实证研究［J］．宏观经济，2014（3）：9-10.

［71］代由进，吕剑凤，丁桂霞，等．净现值法和实物期权法在煤层气开发项目投资决策中的应用比较［J］．煤炭技术，2020，39（10）：196-200.

［72］丁国生，李春，王皆明，等．中国地下储气库现状及技术发展方向［J］．天然气工业，2015，35（11）：107-112.

［73］丁国生，魏欢．中国地下储气库建设20年回顾与展望［J］．油气储运，2020，39（1）：25-31.

［74］丁浩，刘玲，陈绍会，等．我国天然气定价机制改革的影响及其政策建议——基于"两广"地区天然气价格形成机制改革的实践

[J]．价格理论与实践，2012（6）：36-37.

[75] 杜连勇．自然垄断产业规制理论及应用——以天然气产业为例 [D].济南：山东大学，2009.

[76] 段世霞，袁姗花．微信支付消费者使用意愿影响因素实证分析——基于 UTAUT 和 SEM 理论 [J].企业经济，2017，36（6）：29-36.

[77] 樊纲．市场机制与经济效率 [M].上海：上海人民出版社，1995.

[78] 房琪，李绍萍．中国天然气产业发展的税收效应实证研究 [J].中国石油大学学报（社会科学版），2021，37（6）：21-29.

[79] 高军，吴欣桐，石凯，等．价格改革对天然气产业链的传导效应及对策建议 [J].天然气工业，2016，36（1）：146-151.

[80] 高思萱，杨艳萍．国内外储气库经营管理现状研究与展望 [J].化工管理，2023，655（4）：8-11.

[81] 高志远，王立杰．基于 CGE 模型天然气价格波动的传导效应 [J].企业经济，2014（5）：176-180.

[82] 耿新，张体勤．企业家社会资本对组织动态能力的影响——以组织宽裕为调节变量 [J].管理世界，2010，201（6）：109-121.

[83] 郭洁琼，周韬，李刚，等．传统管理背景下中国地下储气库经营模式 [J].油气储运，2022，41（9）：1004-1013.

[84] 郭立新，陈传明．企业社会资本与企业绩效——以战略决策质量为中介 [J].经济管理，2011（12）：43-51.

[85] 国家发展和改革委员会．"十四五"现代能源体系规划 [EB/OL].（2022-01-29）[2022-07-06].https：//www.ndrc.gov.cn/xxgk/zcfb/ghwb/202203/t20220322_1320016.html.

[86] 国家发展和改革委员会．关于加快推进天然气储备能力建设的实施意见 [EB/OL].（2020-04-14）[2021-01-09].https：//www.ndrc.gov.cn/xxgk/zcfb/tz/202004/t20200414_1225639.html.

[87] 国家发展和改革委员会．国家发展改革委关于加快推进储气

设施建设的指导意见 ［EB/OL］. （2014－04－29）［2020－03－01］. https：//www. ndrc. gov. cn/xxgk/zcfb/tz/201404/t20140429_964104. html.

［88］国家发展和改革委员会. 国家发展改革委关于明确储气设施相关价格政策的通知 ［EB/OL］. （2016－10－15）［2021－02－25］. https：//zfxxgk. ndrc. gov. cn/upload/images/202210/2022109125652. pdf.

［89］国家发展和改革委员会. 天然气发展"十三五"规划 ［EB/OL］. （2017－06－07）［2020－08－18］. https：//www. ndrc. gov. cn/fggz/fzzlgh/gjjzxgh/201706/t20170607_1196794. html.

［90］国家能源局. 中国天然气发展报告（2022）［EB/OL］. （2022－08－19）［2022－10－06］. http：//www. nea. gov. cn/2022－08/19/c_1310654101. htm.

［91］韩丹，慕静，宋磊. 生鲜农产品消费者网络购买意愿的影响因素研究：基于 UTAUT 模型的实证分析 ［J］. 东岳论丛，2018，39（4）：91-101.

［92］贺远琼，田志龙，陈昀. 环境不确定性、企业高层管理者社会资本与企业绩效关系的实证研究 ［J］. 管理学报，2008，5（3）：423-429.

［93］赫永达，孙巍. 国际天然气价格波动对居民生活及产业结构的影响——基于非完全竞争 CGE 模型的政策模拟 ［J］. 云南财经大学学报，2017，33（3）：72-81.

［94］姬强，刘明磊，范英. 国际天然气价格驱动因素的结构性变化 ［J］. 数理统计与管理，2016，35（6）：951-960.

［95］江文. 中国天然气产业规制研究 ［D］. 合肥：合肥工业大学，2011.

［96］金素. 规制理论在中国天然气产业改革中的应用 ［D］. 厦门：厦门大学，2006.

［97］金泽良雄. 经济法概论 ［M］. 满达人，译. 兰州：甘肃人民出版社，1985.

［98］靳大勇. 促进民间资本进入我国城市基础设施建设［J］. 经济与管理研究, 2014（6）: 77-79.

［99］瞿静川, 张蓉, 田红英, 等. 我国天然气地下储气库运营与定价模式改进对策研究［J］. 价格理论与实践, 2022（7）: 191-194.

［100］孔祥文. 中国天然气产业规制改革研究［D］. 青岛: 中国石油大学（华东）, 2006.

［101］雷鸿. 中国地下储气库建设的机遇与挑战［J］. 油气储运, 2018, 37（7）: 728-733.

［102］李丹华, 龚小辉, 钱文斌. 天然气在发展低碳经济中的技术经济性分析［J］. 城市燃气, 2011（5）: 33-36.

［103］李德山, 张淑英, 邓翔. 天然气价格变动对四川省物价水平的影响分析——基于改进的投入产出价格影响模型［J］. 干旱区资源与环境, 2017, 31（8）: 19-25.

［104］李广群, 王占楚, 陈向新. 借鉴俄罗斯经验发展我国天然气管道工业［J］. 油气储运, 2000（6）: 1-6+59-63.

［105］李国永, 徐波, 王瑞华, 等. 我国天然气地下储气库布局建议［J］. 中国矿业, 2021, 30（11）: 7-12.

［106］李汉卫. 中国天然气产业规制改革研究［D］. 上海: 复旦大学, 2009.

［107］李洪斌. 激发社会资本在新型城镇化中的投资活力［J］. 经济纵横, 2014（9）: 1-10.

［108］李建君. 中国地下储气库发展现状及展望［J］. 油气储运, 2022, 41（7）: 780-786.

［109］李亮, 徐凌. 天然气价格驱动因素的结构性分析［J］. 价格月刊, 2018（9）: 7-12.

［110］李路路. 社会资本与私营企业——中国社会结构转型的特殊动力［J］. 社会学研究, 1995（6）: 46-58.

［111］李廷东, 何春蕾, 董振宇, 等. 完善我国天然气定价机制的

路径与政策 [J]. 天然气技术与经济, 2021, 15 (1): 68-75.

[112] 李文阳, 闫建文. 如何高质量高效率建设储气库 [N]. 中国石油报, 2018-03-13 (002).

[113] 李郁芳. 体制转轨时期的政府微观规制行为 [M]. 北京: 经济科学出版社, 2003.

[114] 李玥莹, 吴杰. 储气库会计核算问题探究 [J]. 财务与会计, 2019 (5): 51-54.

[115] 刘丹. 推进天然气基础设施建设 PPP 模式的困境与对策研究 [D]. 重庆: 重庆大学, 2017.

[116] 刘恒阳. "双碳" 背景下天然气地下储气库机遇与挑战 [J]. 石油与天然气化工, 2022, 51 (6): 70-76.

[117] 刘建勋, 刘岩. 中国地下储气库建设的发展现状及展望 [J]. 应用化工, 2022, 51 (4): 1136-1140+1145.

[118] 刘江日. 社会资本推进城镇化建设的问题与对策 [J]. 当代财经, 2015 (2): 5-11.

[119] 刘军峰. 农户家庭天然气接入意愿与持续使用行为——基于陕西案例的 UTAUT 模型实证分析 [J]. 运筹与管理, 2022, 31 (12): 185-192.

[120] 刘俊颖, 何溪. 房地产企业开发绿色建筑项目的影响因素 [J]. 国际经济合作, 2011, 303 (3): 82-85.

[121] 刘满平. 我国天然气基础设施短板待加强 [J]. 中国石化, 2018 (6): 40-43.

[122] 刘胜林. 装配式建筑投资意愿影响因素研究 [D]. 济南: 山东建筑大学, 2020.

[123] 刘晓君, 李丹丹. 装配式建筑开发意愿的影响因素及作用机理研究 [J]. 建筑经济, 2019, 40 (7): 53-57.

[124] 刘烨, 巴玺立, 王念榕, 等. 中国储气库地面工程技术现状及优化建议 [J]. 油气与新能源, 2021, 33 (6): 19-26.

［125］刘毅．处在十字路口的中国基础领域改革［M］．北京：中国经济出版社，2013.

［126］柳国华．天然气上下游产业价格传导阻滞研究［J］．价格理论与实践，2018（4）：60-63.

［127］龙彼刚，莫浩华．美国天然气价格管理及其对我国的启示［J］．价格月刊，2009（12）：33-35.

［128］吕淼．欧洲天然气管网基础设施运营与监管［J］．能源，2019（9）：66-71.

［129］罗旻海，李森圣，王瑞莲，等．推动页岩气效益开发的油气资产折旧方法优化研究［J］．天然气与石油，2022，40（6）：146-152.

［130］马朝阳．基于集对分析与实物期权理论的谦比希铜矿投资评价研究［D］．北京：北京科技大学，2019.

［131］马惠新．国内外天然气价格形成机制探讨［D］．北京：中国地质大学（北京），2011.

［132］马明勇，杨明，杨鑫．基金投资者投资意愿影响因素研究——基于兰州市调研数据的实证分析［J］．甘肃金融，2022，529（4）：39-46.

［133］马万军，杨炜樱．中国天然气地下储气库现状及发展趋势［J］．基层建设，2019，10.

［134］马新华，郑得文，魏国齐，等．中国天然气地下储气库重大科学理论技术发展方向［J］．天然气工业，2022，42（5）：93-99.

［135］毛超，李世蓉，井昕．中国工厂化建造的关键驱动因素和路径［J］．重庆大学学报（社会科学版），2016，22（1）：74-81.

［136］聂光华．中国天然气价格变动传导效应分析［J］．天然气工业，2012，32（12）：114-117+137.

［137］牛春华，吴艳艳，沙勇忠．数字治理视角下接触追踪技术的公众使用意向与行为研究［J］．图书情报工作，2022，66（18）：53-71.

［138］欧文·E·休斯. 公共管理导论［M］. 北京：中国人民大学出版社，2001.

［139］潘月星，赵军. 我国进口液化天然气（LNG）价格传导机制研究［J］. 价格理论与实践，2017（9）：60-63.

［140］彭赟，李悦，郭明晶，等. 我国天然气价格体制改革与价格规制机制设计［J］. 中国矿业，2012，21（12）：14-16+20.

［141］钱蔚. 基于系统动力学方法的我国天然气产业财税政策研究［D］. 南京：南京理工大学，2019.

［142］秦冬冬. "新气管道"管输定价研究［D］. 北京：中国石油大学（北京），2016.

［143］秦虹，盛洪. 市政公用事业监管的国际经验及对中国的借鉴［J］. 城市发展研究，2006（1）：57-62.

［144］全俐颖，马远. 中国天然气海外供应体系多元化及战略储备研究［J］. 长春金融高等专科学校学报，2022，162（1）：84-91.

［145］史普博. 丹尼尔·F. 规制与市场［M］. 上海：上海三联书店，1999.

［146］宋建林，陈韶华. 我国天然气管输运价制定方法研究［J］. 管道技术与设备，2001（6）：9-11.

［147］苏东水，苏宗伟. 产业经济学［M］. 北京：高等教育出版社，2021.

［148］孙国林. 装配式建筑成本控制关键影响因素研究［D］. 重庆：重庆大学，2018.

［149］孙慧. 我国天然气产业结构分析与优化升级研究［D］. 北京：中国地质大学（北京），2018.

［150］孙俊华，陈传明. 企业社会资本与多元化战略：一个多视角的分析［J］. 科学学与科学技术管理，2009，30（8）：176-181.

［151］孙齐，田磊，樊慧，等. 碳达峰碳中和目标下中国天然气利用政策体系思考［J］. 国际石油经济，2022，30（9）：47-53.

［152］田春丽．市政工程公私合作项目投融资决策研究［M］．北京：清华大学出版社，2012．

［153］王敬琪．基于 UTAUT 模型的"互联网+医疗"产品偏好研究［J］．科研管理，2017，38（S1）：176-185．

［154］王丽娅．社会资本投资基础设施领域研究［M］．北京：中国经济出版社，2013．

［155］王美田，丁浩．我国天然气产业价格规制研究——采用系统思考方法和因果回路图工具的实证分析［J］．价格理论与实践，2012，333（3）：23-24．

［156］王晓燕．城市社会设施经营与管理［M］．北京：经济科学出版社，2013．

［157］王学军，陈武，王孝斌．"西气东输"项目天然气收费模式与定价策略探讨［J］．武汉大学学报（工学版），2004（2）：102-105．

［158］王亚莉，孔金平．天然气开发投资现状分析及政策建议［J］．天然气工业，2009，29（9）：110-112．

［159］王震，任晓航，杨耀辉，等．考虑价格随机波动和季节效应的地下储气库价值模型［J］．天然气工业，2017，37（1）：145-152．

［160］魏欢，田静，李建中，等．中国天然气地下储气库现状及发展趋势［J］．国际石油经济，2015，23（6）：57-62．

［161］魏媛媛．我国天然气产业规制问题的研究［J］．江西科技师范学院学报，2009（1）：11-15．

［162］文习之，刘春明，陈禹臣．佛山市天然气储备能力建设的现状与发展［J］．上海煤气，2022，358（6）：22-25．

［163］肖建忠，王璇．中国液化天然气现货价格的传导机制［J］．天然气工业，2019，39（11）：117-125．

［164］谢灯明，何彪，蔡江莹，等．森林康养潜在游客感知风险对行为意向影响研究［J］．林业经济问题，2020，40（1）：66-71．

［165］谢地．政府规制经济学［M］．北京：高等教育出版社，2003．

[166] 胥永. 中国天然气产业特点及政府规制研究 [D]. 上海: 上海社会科学研究院, 2010.

[167] 徐博, 刘盈, 孙文宇, 等. 推进我国天然气行业供给侧结构性改革的政策与建议研究 [J]. 世界石油工业, 2019, 26 (5): 11-22.

[168] 徐东, 唐国强. 中国储气库投资建设与运营管理的政策沿革及研究进展 [J]. 油气储运, 2020, 39 (5): 481-491.

[169] 徐陌之. 民企参建储气库难在哪儿 [J]. 中国石油和化工产业观察, 2021 (8): 18-19.

[170] 徐若然. UGC 类智慧旅游服务平台用户使用行为探究——基于 UTAUT 模型 [J]. 经济与管理研究, 2021, 42 (6): 93-105.

[171] 许亮. 基础设施项目投融资理论与实务 [J]. 上海: 复旦大学出版社, 2012 (3): 12-16.

[172] 许月潮. 中国天然气产业政府规制改革研究 [D]. 北京: 中国地质大学 (北京), 2006.

[173] 薛凤, 黄圣明. 天然气价格变动影响效应研究——基于 VAR 模型和脉冲响应函数的分析 [J]. 价格理论与实践, 2018 (11): 46-49.

[174] 杨凤玲, 周庆方, 杨庆泉. 美国天然气价格研究及启示 [J]. 天然气工业, 2004 (4): 16-17+114-117.

[175] 杨鹏鹏, 袁治平. 企业社会资本影响企业动态能力的机理分析——以民营科技小企业为例 [J]. 情报杂志, 2008, 27 (9): 146-150.

[176] 杨义, 陈进殿, 王露, 等. 中国储气库业务发展前景及运营模式发展路径探析 [J]. 油气与新能源, 2021, 33 (4): 11-15+38.

[177] 姚莉, 肖君, 吴清, 等. 地下储气库运营管理及成本分析 [J]. 天然气技术与经济, 2016, 10 (6): 50-54+83.

[178] 余晓钟, 黄琴, 王富平, 等. 我国天然气项目 PPP 模式研究 [J]. 天然气技术与经济, 2020, 14 (6): 67-71.

[179] 张成福, 党秀云. 公共管理学 [M]. 北京: 中国人民大学

出版社，2001.

[180] 张光华．中石化地下储气库建设现状及发展建议［J］．天然气工业，2018，38（8）：112-118.

[181] 张国巧．公政策分析［M］．上海：复旦大学出版社，2012.

[182] 张海梁，于玉良，王逊．盐穴储气库投资及供气成本分析［J］．城市燃气，2018，517（3）：12-17.

[183] 张洪兴，耿新．企业社会资本如何影响经营绩效——基于动态能力中介效应的分析［J］．山东大学学报（哲学社会科学版），2011（4）：106-113.

[184] 张建国，谷立静．房地产企业开发绿色建筑的影响因素和对策建议［J］．中国能源，2014，36（2）：18-22+14.

[185] 张孝松．天然气管输定价的依据和方法［J］．中国物价，2000（8）：29-32.

[186] 张耀钢，应瑞瑶．农户技术服务需求的优先序及影响因素分析——基于江苏省种植业农户的实证研究［J］．江苏社会科学，2007（3）：65-71.

[187] 张颙，杜波．关于完善储气调峰定价机制的探讨［J］．国际石油经济，2018，26（7）：38-43.

[188] 赵海益．"双碳"目标下的资源税改革研究［J］．税务研究，2022，452（9）：64-68.

[189] 赵华，王斌，陈家杰，等．利用蒙特卡洛方法评估多个勘探圈闭的策略［J］．中国石油勘探，2019，24（3）：331-340.

[190] 赵树栋，王皆明．天然气地下储气库注采技术［M］．北京：石油工业出版社，2000.

[191] 赵映川．中国天然气产业规制改革研究［J］．科技创业，2012，25（4）：37-39.

[192] 郑继兴，申晶，王维，等．基于整合型科技接受模型的农户采纳农业新技术行为研究——采纳意愿的中介效应［J］．科技管理研

究，2021，41（18）：175-181.

［193］郑勇华，孙延明，朱建华．工业互联网平台使用意愿影响因素研究——基于改进 UTAUT 模型［J］．科技管理研究，2020，40（14）：123-130.

［194］郑玉华，罗东坤，胡奥林．我国天然气产业链价格形成机制研究［J］．天然气工业，2007，27（6）：139-141.

［195］植草益．微观规制经济学［M］．北京：中国发展出版社，1992.

［196］中华人民共和国中央人民政府．关于加快储气设施建设和完善储气调峰辅助服务市场机制的意见［EB/OL］．（2018-04-26）［2020-10-26］．https：//www. gov. cn/zhengce/zhengceku/2018-12/31/content_5433966. htm.

［197］中华人民共和国中央人民政府．国务院关于促进天然气协调稳定发展的若干意见［EB/OL］．（2018-08-30）［2021-02-20］．https：//www. gov. cn/gongbao/content/2018/content_5323087. htm.

［198］周国栋．中国天然气价格激励规制研究［D］．成都：成都理工大学，2004.

［199］周建双，王建良．国外天然气定价与监管模型比较［J］．中国物价，2011（11）：60-63.

［200］朱力洋，熊波，王志军，等．天然气压差发电技术在地下储气库的应用［J］．天然气工业，2021，41（3）：142-146.

［201］朱喜平，张平，王多才，等．基于价值链分析的智慧储气库顶层设计［J］．油气储运，2023，42（4）：361-374.

［202］朱雅婧．老年用户对技术支持感知和期待的影响因素研究——基于 UTAUT 理论模型的分析［J］．当代传播，2022，226（5）：76-82.

［203］邹才能，何东博，贾成业，等．世界能源转型内涵、路径及其对碳中和的意义［J］．石油学报，2021，42（2）：233-247.

附　录

附录1　天然气地下储气库建设投资意愿调查问卷

尊敬的受访者：

您好！

为研究当前社会资本投资天然气地下储气库建设意愿及其影响因素，本团队正在进行一项关于天然气地下储气库建设投资意愿的调查问卷，恳请您用几分钟的时间来填写这份问卷。本次调研为学术性活动，不涉及任何商业活动，问卷实行匿名制，最终调研所获所有数据仅用于统计分析。我们将根据您反馈的信息建立相关模型进行分析，有关的统计分析不会涉及调研对象的隐私，我们承诺将对所有信息实行严格保密。

感谢您的大力支持和帮助！祝您身体健康，工作顺利。

第一部分：基本信息（请您在相应的选项后打√）

1. 您的性别？

○男　　　　　　　　　○女

2. 您的年龄？

○30 岁以下 　　　　　　○31~40 岁

○41~50 岁 　　　　　　○50 岁以上

3. 您的学历？

○专科及以下 　　　　　　○本科

○研究生及以上

4. 您的工作年限？

○0~5 年 　　　　　　○6~10 年

○11~15 年 　　　　　　○15 年以上

5. 您的职位？

○部门主管 　　　　　　○部门领导

○中层领导 　　　　　　○高层领导

第二部分：影响因素调查（请您在相应的选项后打√）

测量题项：完全不同意、不同意、不确定、同意、非常同意；

对应分值：1~5 分

测量题项	非常不同意	不同意	不确定	同意	非常同意
期望绩效					
1. 投资地下储气库可以获得可观的经济效益					
2. 地下储气库可以带来社会效益，保障国家能源安全					
3. 投资地下储气库符合企业长期战略目标					
付出期望					
1. 地下储气库的建设难度大、建造成本更高					
2. 地下储气库的建设周期更长、资金投入更大					
3. 地下储气库建设的管理成本（后期运营、维护）更高					
社会影响					
1. 高层领导对地下储气库建设的投资意愿会影响企业投资意愿					

续表

测量题项	非常不同意	不同意	不确定	同意	非常同意
2. 同行其他企业的投资行为会影响本企业的投资意愿					
3. 地下储气库建设产业链各方参与度会影响您投资意愿					
便利条件					
1. 政府对地下储气库建设提供信贷融资支持					
2. 政府针对地下储气库建设设立了财政补贴					
3. 政府出台了相应税收减免政策					
感知风险					
1. 储气库建设技术不成熟、体系不完善					
2. 储气库运营模式不完善，相关企业成本难回收					
3. 地下储气库建设后安全性能难以保证					
投资意愿					
1. 您支持企业投资地下储气库建设					
2. 所在单位愿意投资地下储气库建设					
3. 愿意向同行推荐投资地下储气库建设					
投资行为					
1. 您或您所在单位已经在投资天然气地下储气库					
2. 您或您所在单位在扩大地下储气库建设的投资规模					
3. 已经联合其他企业投资地下储气库建设					

附录 2　管理者对市政基础设施行业针对天然气储气库建设政策需求排序问卷

从管理者对市政基础设施行业针对天然气储气库建设政策各子项政策的需求视角出发，选取九项市政基础设施行业政策的子政策：天然气交易实行市场定价、储气服务实行市场定价、管道运输实行"两部制"价格、实行财政补贴、企业所得税优惠、增值税先退后征、制定储气设施发展规划、提供公开信息服务、合作建设储气设施。研究不同特征禀赋管理者对市政基础设施行业针对天然气储气库建设政策需求差异，探寻管理者对市政基础设施行业针对天然气储气库建设政策的需求优先序，为政府完善市政基础设施行业政策提供决策依据，制定社会资本投资政策提供参考依据，实现天然气储气公共政策的供给与管理者需求的有效对接。

1. 您的企业股权性质是？［单选题］ ＊

○国有企业　　　　　　　　○民营企业

2. 您的投资规模？［单选题］ ＊

○100 万元以下　　　　　　○100 万~500 万元

○500 万~1000 万元　　　　○1000 万~5000 万元

○5000 亿万~1 亿万元　　　○1 亿万元以上

○N/A

3. 您的企业属于什么行业？［单选题］ ＊

○农、林、渔、牧业　　　　　○制造业

○采矿业、新能源及可再生能源业　○信息服务业

○批发零售业　　　　　　　○建筑业

○其他服务业

4. 您的企业经营年限？［单选题］ ＊

○3 年以下　　　　　　　　○3~5 年

○5~10 年　　　　　　　　○10 年以上

5. 请您对市政基础设施行业针对天然气储气库建设政策的需求进行排序。［排序题，请在中括号内依次填入数字］ ＊

［　］明确储气义务

［　］规范供气合同

［　］天然气交易实行市场定价

[　]"两部制"价格

[　]财政补贴

[　]增值税先退后征

[　]企业所得税优惠

[　]发展规划公开信息服务

[　]合作建库

[　]吸纳资金、技术和规模